KB022771

초연결 사회의
도래와
우리의 미래

The Advent of Hyper-connected Society and Our Future

이 도서의 국립중앙도서관 출판시도서목록(CIP)은 서지정보유통지원시스템 홈페이지(http://seoji.nl.go.kr)
와 국가자료공동목록시스템(http://www.nl.go.kr/kolisnet)에서 이용하실 수 있습니다.(CIP제어번
호: CIP2014015052)

The Advent of Hyper-connected Society and Our Future

초연결 사회의 도래와 우리의 미래

유영성 외 지음 | 경기개발연구원 엮음

한울
아카데미

발간사

    인터넷에서 웹서치(web search)를 통해 필요한 정보를 찾고 소셜 네트워크 서비스(Social Network Service: SNS)로 서로 대화하는 일이 일상사가 된 지 오래이다. 이는 20여 년 전만해도 우리에게 없는 세상이었고 상상하기도 어려웠다. 이 모든 것은 정보통신 기술이 빠르게 발전하며 나타난 결과물이다. 이제는 인터넷이 사람들 간의 연결이나 교류를 뛰어넘어 사물들 간에도 연결되고 교류를 가능하게 한다는 이른바 사물인터넷(Internet of Things: IoT) 세상이 펼쳐지고 있다. 구글 글래스(google glass), 스마트 워치(smart watch), 홈오토메이션(home automation) 등에서 수많은 예를 볼 수 있다. 더욱 놀라운 것은 모든 만물이 인터넷으로 연결되고 서로 교류하게 된다는 만물인터넷(Internet of Everything: IoE)도 머지않아 가능해진다는 것이다.

    최근 들어 열리는 관련 학술대회나 발표회 등을 볼 때 이런 사회를 이른바 초(超)연결 사회라고 표현하는 것 같다. 20~30년 후 우리의 삶은 '초연결망'을 기본 인프라로 깔고 있을 것으로 보인다. 그렇다면 이런 상태에서의 우리의 삶은 어떤 모습일까? 자못 궁금하지 않을 수 없다. 개인용 컴퓨터보다 인터넷이 준 세상의 변화 충격이 월등히 컸듯이 사물인터넷, 더 나아가 만물인터넷의 초연결성이 가져다 줄 충격의 크기는 상상하기 어려울 정도라는 생각이 든다.

어쩌면 우리들의 후세대들은 지금까지의 인류와는 종자가 다른 신인류로 탈바꿈한 세상 속에 있을지도 모른다. 지금도 1970년대 출생 세대를 연결 세대라고 일컫고 있음을 볼 때 앞으로 출생하는 세대는 초연결 세대라 불러도 무방할 것이다.

초연결 사회에서는 기본적으로 인간 활동의 시공간 제약이 사라지고 무한한 창의적인 활동이 가능해질 것으로 보인다. 이로 인해 생겨나는 새로운 성장 기회와 가치의 창출은 가히 기하급수적일 것이다. 이런 문제의식에서인지 올해 초 박근혜 대통령이 한 과학기술인 모임에 참석해 미래에 우리를 먹여 살릴 미래 신산업으로서 사물인터넷의 중요성을 피력한 바 있다. 여러 선진국들이 초연결성 관련 산업의 육성을 미래 국가 전략 차원에서 다루는 것을 봐도 그렇다. 이러한 긍정적 측면과 달리 초연결성은 소위 빅브라더(big brother) 현상이나 정보 침해 등 지극히 위험스러운 요소도 동반할 것으로 보인다. 이러한 점들은 우리가 사는 공동체 사회의 건강한 모습의 유지를 위해 필요한 윤리적·법적·제도적 논의와 장치를 요구할 것이다.

초연결성은 미래 우리의 운명을 좌우할 정도의 중요한 주제임에 틀림없어 보인다. 그런 만큼 이에 대한 다양한 측면에서의 연구가 필요하다. 그럼에도 아직까지 이에 대한 제반 논의들은 단편적이거나 산발적이었다. 일부 연구 보고서가 있기는 하나 이들은 한정적 주제에 특화하고 있어 초연결 사회를 전반적으로 파악할 수 있는 안목을 주기엔 역부족이다. 이 책은 초연결 사회에 대한 기존의 흩어져 있는 논의들을 하나의 일관된 주제로 정리하고, 여러 영역에서 발현되는 초연결 현상들을 체계화한 틀 속에서 포괄적으로 검토한 저술이란 점에서 그 의의가 크다 하겠다. 구체적으로 개념 고찰, 상태 진단에서부터 각 사회 영역별로 예상되는 모습, 적용 사례, 법제, 정책 등등에 이르기까지 해당 내용을 총 11개 장 속에 기술하고 있다. 이 책이 향후 우리 사회의 초연결성 논의나 정책적 대비책 마련에 좋은 참고 자료로 활용되기를 기대한다.

끝으로 경기개발연구원의 유영성 박사를 비롯해 이 책을 준비하고 저술하느라 애쓴 집필진의 노고에 감사를 드린다.

2014년 6월
경기개발연구원 원장
홍순영

초연결 사회의 문명사적 도전과 응전을 위한 우리의 가이던스

인간의 사회생활은 '연결의 과정'이다. 태어나면서 부모, 형제자매와 연결되고 학교에서 동료, 선배와 연결된다. 사회에 나가서는 각종 일터에서 여러 구성원, 수많은 조직과 연결된다. 또한 결혼을 통해 특정 남녀와 연결된다. 병이 나면 병원에서 의사, 간호사와 연결되고 죽음에 이르러서는 하늘과 연결된다. 인간 만사가 '연결의 연속'이다. 그 연결 속에서 인간은 수많은 정보와 사람들을 만나게 되고 그 정보와 사람의 연결로 생겨난 네트워크 속에서 각자는 적절한 선택을 하고 그에 따른 결과에 책임을 지면서 각자의 인생을 만들어간다.

역사적으로 보면 인간 생활에서 연결을 위한 선택의 폭은 기하급수적으로 확장되어왔다. 그 이면에는 네트워크 혁신이 자리하고 있다. PC가 등장하기 전의 네트워크 혁신은 교통수단과 전화였다. 자동차, 기차, 비행기, 배, 전화기는 인간과 인간의 연결 포인트를 급속도로 확장시켰다. 그 시대는 '네트워크 혁신 1.0시대'이다. 그러나 1980년 전후 PC가 등장하면서 인

류 사회에 인터넷이 일반화되기 시작했다. 시간과 공간을 초월한 연결의 글로벌 확장이 순식간에, 지금까지와는 전혀 다른 새로운 모습으로 등장했다. PC가 위치한 곳에서는 인터넷을 통해 전 세계와의 연결이 가능했다. PC 인터넷 시대는 '네트워크 혁신 2.0 시대'이다.

그런데 오늘날 사회생활에서의 '연결 현상(connectvity phenomenon)'은 어떠한가? 사람 - 사물 - 시공간 - 단위 시스템이 스마트폰 같은 새로운 인터넷 혁명을 통해 고도로 상호 연결된 더 큰 연결 시스템, 일종의 지구적 메타 연결망 구조가 현대 사회생활에서 작동하고 있다. 그러한 새로운 '연결 현상'이 장착된 사회를 '초연결 사회'라 부르고 이러한 시대는 '네트워크 혁신 3.0 시대' - 창발(創發)적 모바일 네트워크 시대이다.

초연결 사회란 스마트폰, 블로그, 트위트, 페이스북 등 다양한 사회적 네트워크 시스템, 인공위성을 통한 정보통신 기술(Information & Communication Technology: ICT)의 획기적인 발전으로 인간과 인간, 인간과 사물, 사물과 사물 등으로 연결 포인트가 급증하고 연결 범위가 초광대역화되면서 시공간이 더욱 압축된 생활과 새로운 성장 기회와 무한한 가치 창출이 가능한 사회를 말한다. 이른바 새로운 가능성의 세계이다. 초연결 사회가 우리 앞에 등장한 데는 인류의 진화와도 연관이 있다.

한국 사회 벤처 1세대의 리더였으며 현재 카이스트에 재직 중인 이민화 교수는 인류가 과거의 '호모 사피엔스(Homo sapiens)'로부터 여러 단계를 거쳐 오늘날 '호모 모빌리언스(Homo mobilians)'로 진화하고 있다고 주장한다. 스마트폰과 소셜 네트워크 등과 같은 창발적 모바일 네트워크를 활용하는 인간으로 진화하고 있다는 의미이다. 초연결 사회는 호모 모빌리언스의 사회다. 인터넷, 컴퓨터, 휴대전화를 하나로 융합한 스마트폰을 기반으로 전 세계가 ICT 시스템으로 연결되어 그 속에서 새로운 부와 새로운 행동 양식이 등장하고, 이는 새로운 경쟁과 협동, 네트워크 지능, 집단 지성, 새로운 사회 공동체를 생성하게 한다. 이는 초연결 사회적 새 문명을 제대로 따라 가지 못하거나 선도하지 못하는 국가·도시·기업·개인은 도태할 수 있다는 의미를 담고 있다. 스마트 국가, 스마트 도시, 스마트 기업, 스마트 개인으로 변해야만 초연결 사회의 리더와 구성인이 될 수 있다. 초연결 사회에 맞도록 '지금부터 행동(act now)'하고, '함께 행동(act together)'하며 과거와는 '다른 방식으로 행동(act differently)'하는 지혜가 필요하다. 어떻게 해야 할 것인가? 심도 있는 연구가 필요하다.

현재 초연결 사회는 어떠한 모습을 하고 있고 그 속에서 미래 사회는 어떻게 변화하며, 그러한 변화에 대응해 우리는 무엇을 해야 할 것인가? 이는 우리 사회가 지혜를 모아 함께 논의하고 풀어나가야 할 중차대한 과제인 동시에 토인비(Arnold Joseph Toynbee)가 말하는 도전과 응전을 통한 한국의 새로운 문명사를 만들어 가기 위한 행동 과제이다. 이러한 역사적 과제에 직면한 중요한 시기에 초연결 사회의 모습과 대응 과제를 공론화하고 우리가 어디로 가야 하는지를 제시하는 선도적 연구가 최근 시도되었다.

경기개발연구원 미래비전연구실의 유영성 박사를 중심으로 한 일단(一團)의 연구팀이 지난 1년간 '초연결 사회의 도래와 우리의 미래'라는 연구를 진행한 것이다. 그 연구 결과는 초연결 사회 속에서 우리가 나아가야 할 방향타를 제시한다. 유영성 박사 연구팀은 초연결 사회의 개념에서부터 그 사회를 움직이는 작동 메커니즘, 초연결 사회의 다양한 6가지 모습(혁신 - 산업 - 사회 문화 - 도시 - 교통 - 법률), 초연결 사회의 국가 간 경쟁력 비교와 한국의 실태, 그리고 초연결 사회를 위한 정책에 이르기까지 귀중한 정보와 혁신적 논리, 다양한 정책적 시사점, 현실적 정책 권고를 일목요연하게 제시한다.

연구 결과의 모든 사항이 새롭고도 창의적이다. 연구 결과의 한 사례를 보면, 가령 초연결 사회 속의 도시 공간이 스마트 시티로 변혁되어야 한다는 연구팀의 접근은 괄목할 만하다. 한국은 도시에 거주하는 인구 비율이 90%를 넘었다. 스마트 시티로의 도시 혁신이 국가의 혁신이다. 연구팀은 스마트 시티의 모습을 보여주는데, "스마트 시티란 텔레커뮤니케이션(tele-communication)을 위한 유·무선 기반 시설이 인간의 신경망처럼 도시 구석구석까지 연결되고 집에서 업무 처리가 가능한 텔레워킹(teleworking)이 일반화되어 있으며, 시민의 불만 요소와 요구가 실시간으로 도시 정부에 전달·처리되는 정보 시스템을 구비한 도시"이다. 스마트 시티 속에는 도시민이 필요로 하는 의료·직장·주택·교육과 보육·교통·문화·안전 등의 기본 수요가 첨단 기술(정보통신·에너지·환경 기술·바이오 기술·신소재 기술·문화산업 기술)과 고도로 융합된다. 여기서 새로운 일자리, 지속적인 경제성장과 편리한 도시 생활, 그리고 시민 수요 맞춤형 - 시공간 맞춤형 실시간 도시 경영이 가능하다. 유영성 박사팀의 연구 결과는 스마트 시티의 국내외 사례와 한국에서의 적용 방안을 가이드한다. 한국의 도시 공간이 나아가야 할 모습과 방안을 제시하고 있어 도시 계획과 도시 경영에도 좋은 가이던스 (guidance)와 도움이 될 것으로 본다. 스마트 시티 외에도 총 11장으로 구성된 각 장의 내용마다 초연결 사회를 개척하기 위한 창조적 발상과 국내외 사례, 다양한 해법을 발견할 수 있을 것이다.

이 단행본이 초연결 사회 정책을 총괄하는 미래창조과학부를 비롯해 스마트 시티와 스마트 교통 등을 담당하는 국토교통부와 관련 부처, 국회의 정책 수립에 참고가 되길 바란다. 또한 새로 출범하는 지방자치단체장을 포함한 지방정부와 지방의회 관계자와 시민단체, 기업체, 학계와 연구기관 등의 전문가, 나아가 좋은 미래 사회를 꿈꾸는 일반 독자들께 일독을 권한다. 마지막으로 유영성 박사를 중심으로 한 경기개발연구원의 초연결 사회 연구팀의 창의적 연구 성과에 경의와 축하를 표한다. 연구의 결과가 이처럼 예쁜 책으로 발간되기까지 애쓴 한 분 한 분께 감사를 드린다. 네트워크 혁신 3.0 시대의 초연결 사회에 대응할 지혜를 모으는 동참의 길에 이 단행본을 추천하는 바이다.

2014년 6월
홍익대학교 스마트도시 과학경영대학원 교수
전 국토연구원장
박양호

차례

들어가며

우리는 사이버(cyber)상의 연결을 보편적인 삶의 모습으로 받아들이며 살아간다. 최근 스마트폰의 광범위한 보급으로 기존의 인터넷, 네트워크 등으로 연결된 삶에, 모바일 방식의 실시간 연결까지 가능해지고 빅데이터 (big data)의 활용과 클라우드 컴퓨팅(cloud computing)의 도움으로 대규모 데이터의 실시간 처리 능력이 대폭 향상되는 일이 벌어지고 있다. 또 사물 인터넷으로 대표되는 연결 대상의 확대로 인해 이제 개인뿐만 아니라 사물 중심의 연결이 늘어가고 있기도 하다. 미래 학자들에 의하면 네트워크에 연결된 사물이 2009년 이미 세계 인구를 초과한 상태이며, 향후 30년 내에 미래 인터넷이 사람 - 사물 - 공간 - 시스템을 하나의 그물망으로 엮는 연결 생태계가 형성될 것이라고도 한다. 이런 추세하에 이른바 연결된 상태는 물리 세계와 사이버 세계와의 실시간 연결, 그리고 사이버 세계를 자신의 내부에 품는 사물 세계 간의 네트워크 연결이 급격히 증폭되는 삶으로 진화 발전하고 있다. 이러한 현상들은 최근 들어 학자들이나 기관의 중요 관심 사항이 되고 있으며 연결성이 매우 높거나 연결성 자체를 초월한 새로운 것을 의미하는 초연결성(hyper-connectivity)으로 표현된다.

이러한 초연결성은 정보통신의 인터넷 연결 차원에서 크게 네 가지 영역으로 표현할 수 있다. 즉 사람인터넷(Internet of People: IoP), 사물인터넷(Internet of Things: IoT), 만물인터넷(Internet of Everything: IoE), 만물지능인터넷(Intelligent IoE: IIoE)이 그것이다. 이는 초연결적 차원에서 연결의 대상 폭과 지능적 수준이 점차 확대·발전해가는 단계를 나타낸다. 이에 비춰 볼 때 초연결 사회(hyper-connected society)는 초연결성 수준이 낮은 단계에서 높은 단계로 구현되어가면서 사회적 상황과 맞물려 나타나는 각 단계별 사회를 말하며, 궁극의 단계에서는 완숙한 연결 수준, 즉 만물지능인터넷이 구현되는 수준에 도달한 사회라 할 수 있다. 이러한 초연결 사회는 각 단계별로 다소의 차이가 있다 하더라도 기본적으로 인간과 인간을 둘러싼 환경적 요소들이 상호 연결되어 시공간의 제약이 극복되고 새로운 성장 기회와 가치의 창출이 가능한 사회가 될 것으로 여겨진다.

초연결성은 비록 빅브라더 현상이나 정보 침해 등 부정적 요소를 내포하겠지만 사회 그 자체가 하나의 새로운 가치 창조의 플랫폼으로 작용하게 하며, 사회 전반에서 실현될 수밖에 없는 도도한 시대적 흐름이다. 그런 만큼 미래에 국가의 운명을 좌우할 중요한 요소로 받아들여진다. 최근 미국을 비롯한 선진국들은 초연결성의 혁신적·가치 창출적 동인들을 신(新)성장 동력 확보와 국가 발전의 지렛대로서 활용하기 위해 국가 경쟁 차원의 전략적 관심을 기울이는 것을 볼 수 있다.

그동안 초연결 사회에 대한 논의가 여러 분야에서 있어온 것이 사실이다. 그러나 공개된 자료를 근거로 판단해보건대 대체로 추상적 개념 수준의 고찰이나 각 영역별로 미래 학자들의 관심사 차원의 검토, 사업 컨설팅 차원의 부분적 분석이 대부분이었다고 할 수 있다. 심지어 학술적 차원의 종합적 검토의 일환인 학회가 최근 몇 차례 있었으나 문제 제기 차원이 주를 이루는 정도였다. 이에 이 연구는 낮은 단계에서 진행 중이고 가까운 미래에 더 성숙한 수준의 초연결성이 구현될 것으로 전망되는 초연결 사회에 대한 기존의 흩어져 있는 논의들을 하나의 일관된 주제로 정리하고, 여러 영역에서 발현되는 초연결 현상들을 체계화한 틀 속에서 포괄적으로 검토하고자 했다.

이 연구는 크게 11개의 장을 할애해 초연결 사회의 모습을 살펴본다. 제1장은 초연결성 또는 초연결 사회의 개념을 고찰하고 현 초연결 사회의 상태가 어느 정도인지 한국과 전 세계로 구분하여 진단했다. 국내외 초연결성 상태를 한마디로 정리하면 도입 단계를 지나 개화의 초기 단계로서 성장의 가속도가 증가하는 초입 단계에 들어섰다고 할 수 있다.

제2장에서는 초연결 사회가 도래하는 배경과 동인은 무엇인지 살펴보았다. 세상은 정보통신 기술이 발전하면서 스마트(smart)화·유비쿼터스(ubi-quitous)화해가고 있으며, 인터넷은 네트워크를 통한 연결의 범주를 넘어 네크워크의 네트워크화, 연결 대상의 엄청난 규모로의 확대 등 초연결 상태로 진행 중이다. 이를 뒷받침하는 차원에서 빅데이터, 클라우드 컴퓨팅, SNS(Social Network Service) 등이 사회의 주요 현상으로 출현하고 있다. 이러한 초연결 사회 도래의 배경적 현상 아래 몇몇 중요한 동인, 즉 연결 세대(C세대)[1]의 출현과 이들에 의한 연결 욕구의 증대, 연결 비용의 감소와 연결 속도의 증가, 산업에서 디지털화의 가속, 사용자 경험(User Experience: UX)과 롱테일(Long Tail)의 중요성 증대 등이 초연결 사회의 도래를 부추기고 있음

---

1   콘텐츠(contents) 세대라고도 하며 콘텐츠를 창조하고(Creation), 이를 선별·재구성한 후(Curation), 페이스북·트위터 등으로 공유하면서(Connection), 공동체와 소통하는(Community) 것을 특징으로 한다.

을 알 수 있다.

제3장부터 제8장까지 6개의 장에 걸쳐 초연결 사회의 여러 분야, 즉 혁신, 산업, 사회 문화, 도시 공간, 교통, 법제로 구분해 고찰했다. 제3장 혁신 분야에서는 인간 중심의 사고, 인간만의 창의성, 산업 내·산업 간 융합이 초연결 사회의 혁신 원천으로 부각되며, 정보통신 기술(Information & Communication Technology: ICT)의 플랫폼화, 환경 변화에 유연한 비즈니스 모델, 창의적 인재의 육성·확보, 빅데이터의 분석·활용 등이 초연결 사회의 혁신 핵심 역량이 될 것임을 살펴보았다.

제4장에서는 초연결 사회에서 산업 시스템이 어떻게 전격적으로 변화하는지를 조망했다. 미래 초연결 사회의 공장이나 제조 시스템은 노동자(사람) - 기계(로봇) - 무수한 마이크로칩(사물) 그리고 스마트 마이크로 공장(공간), 이들을 지원하는 산업 시스템의 초연결 산업 생태계로 변화해간다 할 것이다. 이 밖에 초연결 산업의 시장 규모가 어느 정도인지 추정한 값들을 세계 시장과 국내 시장으로 구분해 살펴보았다. 아직 추정 값의 정확도나 추계 방법론상의 미숙한 측면이 있으며 기관마다 그 차이가 제법 크다는 점 등을 고려할 때 그 정확성을 신뢰하기 어렵지만 국내외 다른 산업에 비해 상당히 큰 규모임은 분명하다 할 것이다.

한편 초연결 사회로 진행됨에 따라 보안 문제가 크게 부각될 수밖에 없음에 비춰 볼 때 사이버 보안 산업이 점차 주목받을 것으로 사료된다. 실제 사이버 보안 산업의 시장 규모는 전 세계적으로나 국내적으로 꾸준히 성장하고 있고 향후 2018년까지의 전망에 따르면 연평균 약 15%의 고속 성장이 기대된다.

제5장에서는 초연결 사회의 사회 문화의 변화 모습을 살펴보았다. 먼저, 융합적 차원의 사회 유연화가 초연결이 심화됨에 따라 발생하는 사회적 파장의 주요 특징임을 알 수 있었다. 사회 유연화는 포디즘(fordism)에서 포스

트포디즘(post fordism)으로의 전환과 더불어 사회의 연결을 강화시키는 정보통신 기술의 발달에 의해 필연적으로 발생할 수밖에 없다는 것이다. 이러한 사회 유연화의 기저 위에서 초연결 사회가 되었을 때 생기는 노동 세계, 교육 체계, 가족생활의 변화는 지금과는 사뭇 다른 모습을 보일 것으로 예상한다. 다음으로 초연결 사회의 주요 문화 현상으로 사이버 공간과 현실 공간의 융합, 리셋 증후군(reset syndrome), 스킵 증후군(skip syndrome), 유목민(nomadic) 정체성, 텍스트 대신 이미지 중심 문화, 디지털 해독 문화, 쏠림 현상, 인스턴트 관계, 정보 격차(Information Divide), 개인화된 미디어 문화의 확산 등이 나타날 것으로 보인다.

제6장에서는 도시 공간의 모습을 살펴보았다. 초연결 사회를 도시 공간적 관점에서 조망하면 이는 물리 또는 가상의 공간에서 사회 구성원 간에 다양한 연결이 가능할 뿐만 아니라 도시를 구성하는 물리 객체와 가상의 객체들이 서로 연결되어 창발(創發)적 현상을 보여주는 생활공간이 된다. 이러한 초연결 생활공간은 현재 추진 중인 스마트 시티(smart cities)의 확대·발전된 양태로 이해할 수 있다. 이 장에서는 현재 도시민의 생활, 생산과 생활 공간, 비즈니스, 공공 정책 영역에서의 연결성과 활용도는 본격화되기 아직 많이 미흡한 실정이나 향후 도시가 초연결화되면 도시와 빌딩의 관리, 교통 〔커넥티드 카(connected car), 운전 행태 기반 보험, 교통량 관리〕, 공장 자동화, 물류 유통, 원격 의료 등에서 연결 작업이 광범위하게 늘어날 것으로 전망한다.

초기 초연결 사회에 대한 도시 공간적 접근의 대표적인 사례로서 리벨리움(Libelium)사의 스마트 월드(Smart World)를 들 수 있으며, 바르셀로나 시, 인천 송도 등 수없이 많은 스마트 시티 구축 사례가 현재 진행 중임을 알 수 있다.

제7장은 초연결 사회에서의 도시 교통의 변화를 조망한다. 초연결 사회

교통의 주요 특징으로 U-Transport 13대 서비스의 제공을 들 수 있다. 이 밖에도 스마트 모빌리티(smart mobility), 스마트 하이웨이(smart highway), 스마트 카(smart car) 등이 초연결 사회 속에서 구현될 것이며, 원격 근무가 본격화하고 집카(zip car), 카쉐어링(car sharing) 등이 확대·발전함에 따라 교통 분야에서 공유 경제(sharing economy)가 활성화될 것으로 전망한다.

제8장에서는 변화하는 인터넷 연결 환경 속에서 발생하는 각종 사회적 문제들에 대한 규범적 해결책을 법이 제대로 담아내지 못하는 점을 미래 인터넷의 과제적 상황과 연결해 분석한다. 현재 인터넷은 최초 설계 시에 현재 이용하고 있는 서비스 방식, 무선·센서 기술, 이동성, 보안성 등이 고려되지 않았다. 따라서 초연결 사회의 인터넷은 현재 인터넷의 문제점을 극복하는 차원의 법제도적 장치를 마련해야 하지만 더 나아가 처음부터 설계하고자 하는 네트워크로서의 미래 인터넷의 요구 사항을 반영해야 할 필요가 있다. 이 장에서는 초연결 사회에 부합하는 미래 인터넷의 모습을 이용자에 의한, 이용자를 위한 인터넷, 콘텐츠의 인터넷, 사물인터넷, 서비스의 인터넷으로 규정하고 이에 수반되는 문제로 프라이버시, 보안 문제, 콘텐츠 보호와 유통 문제, 소비자 보호 문제, 사물지능통신 서비스 문제를 해결하기 위한 법제도적 과제와 보완책을 제시한다.

초연결 사회의 모습에 대한 각 분야별 고찰에 이어 제9장과 제10장은 기존 사례와 정책 동향에 대해 고찰했다. 먼저, 세계 주요 도시의 초연결화 프로젝트를 살펴보면 한국과 다른 점을 몇 가지 발견할 수 있다. 첫째, 도시의 주요 목표를 지속 가능 성장에 초점을 두고 친환경 도시로 전환하기 위해 다양한 ICT 기술을 적극적으로 도입했다. 둘째, 시 당국의 분할되어 있는 기능적 한계를 극복하기 위해 통합도시운영센터를 구축하려 한다. 셋째, 시 당국에서 수집한 데이터를 시민들에게 적극적으로 공개한다. 넷째, 정보통신 인프라 측면에서 대부분의 도시가 공공건물에 무료 와이파이(Wi-Fi) 서비스를 제공한다. 다섯째, 소규모 도시 전체를 대상으로 초연결 사회의 모습을 실험하는 테스트베드(test bed)를 구축한다. 이 장에서는 이러한 차이점들을 감안해 좀 더 한국에 부합하는 초연결 사회의 도래 대응 전략으로 도시 전체에 복수의 서비스를 제공하는 특구 접근법을 제안한다.

다음으로 정책적 측면을 살펴본 제10장에서는 초연결 사회 관련 선진 외국과 한국 모두 최근에서야 본격적으로 전략적 노력을 기울이기 시작했으며 그 내용상 한국이 크게 뒤지지 않는다는 것을 알 수 있었다. 한국의 경우 특히 IT 분야의 경쟁력이 뛰어나다는 이점을 지니고 있음에 비춰 볼 때 선도적인 정책적 대응이 뒤따른다면 초연결 사회가 국가적 경쟁력 우위 확보에 큰 지렛대 역할을 할 수 있을 것으로 전망된다.

마지막으로 초연결 사회로의 발전을 추동하는 변수들을 살펴보고 한국의 현재 역량은 어느 정도인지 검토해보았다. 여러 가지 항목과 자료를 볼 때 초연결 사회를 대비하는 현재 한국의 역량은 선진국에 비해 뒤떨어지는 것으로 나타났다. 이에 제11장은 한국이 나아가야 할 방향을 제시하고 특히 역량 강화에 힘을 기울여야 할 것을 강조한다.

대표 저자
유영성

제**1**장

초연결 사회의 개념과 진단

유영성 · 최민석

제1절 초연결 사회란?

1. 초연결의 개념

우리는 인터넷을 비롯한 네트워크에 연결되어 살아가는 것을 보편적인 삶의 모습으로 받아들이는 세상을 살고 있다. 전 세계인의 상당수가 인터넷을 이용해서 세상 소식을 접하고 서로 소통하며, 구매 행위를 비롯한 일상의 상당수가 네트워크를 통해 이루어진다. 특히 일찍이 초고속 인터넷 인프라 구축을 완성한 대한민국에서 국민은 연결된 삶의 최전선에 서 있다고 볼 수 있다.

최근 스마트폰의 광범위한 보급으로 연결된 삶에 더해 실시간 연결이 가능해지고 클라우드 컴퓨팅(cloud computing)의 도움으로 현장에서의 실시간 데이터 처리 능력이 대폭 향상되었다. 또 사물인터넷(Internet of Things: IoT)으로 대표되는 연결 대상의 확대로 인해 이제 개인뿐만 아니라 사물 중심의 연결이 늘고 있다. 이런 의미에서 연결된 삶은 사이버 세계와의 실시간 연

〈표 1-1〉 초연결성의 개념적 층위

구분	특징
사람인터넷 (Internet of People: IoP)	ICT를 통한 사람들 간의 연결 극대화
사물인터넷 (Internet of Things: IoT)	사물들 간의 연결, 사물과 사람 간의 연결
만물인터넷 (Internet of Everything: IoE)	프로세스를 중심으로 사람과 사물, 데이터 연결
만물지능인터넷 (Intelligent IoE: IIoE)	인간을 중심으로 사물, 데이터, 프로세스, 시간과 공간, 지식 등의 지구와 인류 문명의 모든 요소를 상호 연결

결 그리고 물리 세계의 사이버화의 방향으로 변화하고 있다. 즉 물리 세계
와 사이버 세계 간의 간극이 빠르게 줄어드는 것이다.[1]

초연결성(hyper-connectivity)의 사전적 정의는 연결성이 매우 높거나 연
결성 자체를 초월한 새로운 것을 말한다.[2] 이러한 추상적 차원의 사전적 의
미를 정보통신의 인터넷 연결 차원에서 좀 더 구체적으로 표현하면 초연결
성은 크게 네 가지 연결 영역의 개념적 층위로 구분해 살펴볼 수 있다(〈표
1-1〉참조).[3]

첫째, 사람인터넷(Internet of People: IoP)은 전 지구적 차원의 수많은 사
람들 간의 연결이 네트워크 중심에서 유·무선 기기 사용으로 가능한 것을
의미한다. 사람인터넷 상태에서 초연결 사회는 스마트폰과 복수의 통신 수

---

[1] 비슷한 관점에서 미래의 세계를 컴퓨터화된 스마트 세계로 보기도 한다("… a highly
computerized physical world known as the smart world(SW), which is created on
both cyberspaces and real spaces"(Jianhua Ma et al., 2005: 54).

[2] www.TheFreeDictionary.com

[3] 이와 관련한 내용은 최민석·하원규·김수민(2013)을 주로 참조했다.

〈그림 1-1〉 사물인터넷·사물지능통신의 개념적 범주(광의)

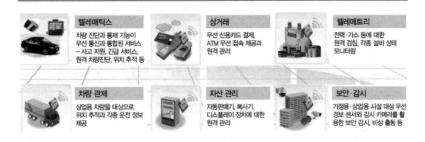

자료: 조영빈(2013).

단〔전화, 이메일, 인스턴트 메신저(instant messenger), SNS 등〕을 이용함으로써
사회 구성원들의 연결성이 크게 증대된 네트워크 사회(Network Society)라
할 수 있다. 2012년 말 스마트폰 사용자가 10.8억 명이며[4] 2014년 1인 1모
바일폰(mobile phone) 시대가 될 것으로 전망한다.[5]

둘째, 사물인터넷은 인간의 개입이 없거나 최소인 상태에서 기기 또는
사물 간의 통신과 연결이 가능한 새로운 모습의 네트워크 환경을 말한다.[6]
달리 말해, 사물인터넷은 정보통신 기술(Information & Communication Tech-
nology: ICT)을 기반으로 주위 모든 사물을 연결해 사람과 사물, 사물과 사물
간에 정보를 교류하고 상호 소통하는 지능형 인프라이다. 이 사물인터넷이
최근 들어 통신, 방송, 인터넷 인프라를 사람 대 사물에서 사물 간 영역으로
확대·연계해 사물을 통해 정보를 지능적으로 수집·가공·처리해 상호 전달
하는 사물지능통신(Machine-to-Machine: M2M)[7] 개념과 혼용해 사용되기도

---

4 www.Go-Gulf.com

5 www.DigitalTrends.com

6 IoT란 용어는 최근 M2M과 혼용해 사용되고 있기도 하다. 그 밖에 D2D, WSN, USN,
   Web of Things(WoT) 등이 유사 용어에 해당한다.

<그림 1-2> 사물인터넷 정보 패러다임(DIKW 모델)

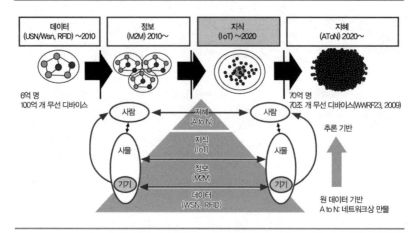

자료: 장원규(2013).

한다.[8] 실제 이들은 용어의 차이에도 동일한 현상을 사물지능통신(M2M)은 통신의 주체를 기기(machine) 중심으로 표현한 것이라면, 사물인터넷은 인간을 둘러싼 환경을 중심으로 설명한다.

디바이스(device) 간, 디바이스와 사람 간의 정보를 연결해주는 인프라의 지능형 정보 서비스로서 사물인터넷·사물지능통신은 협의의 정의에 해당하고, 좀 더 광의로는 통신과 IT 기술을 결합해 원격지의 사물, 차량, 사람의 상태 정보, 위치 정보 등을 확인할 수 있도록 연결하는 제반 솔루션이며 이는 모니터링, 감시, 제어, 트래킹(tracking), 결제, 정보 제공 등을 수행하는 개념이라 할 것이다.

---

7 국내에서는 M2M을 '사물통신'이라고 부르다가 2009년 공식 명칭 공모전을 통해 '사물지능통신'으로 명칭을 통일했다.

8 미래창조과학부에서는 사물인터넷(IoT/M2M)을 공식 명칭으로 사용한다.

이를 정보 관점에서 살펴보면, 엄밀히 말해 사물지능통신 개념이 사물인 터넷 개념으로 진화하고 있다고 볼 수 있을 것이다(〈그림 1-2〉 참조). 주변의 사물로부터 필요한 측정값 등을 제공받던 데이터(data) 단계를 지나, 사물이 서로 연결되는 환경을 통해 지능적 통신 기반을 마련하는 정보(information) 단계로 진화하고, 더 나아가 인터넷 네트워크를 기반으로 자율적으로 정보 를 생성·전달·저장하며 이를 가공·변환하는 지식 정보(knowledge) 단계를 거쳐, 최종적으로는 네트워크를 통해 모든 사물이 연결되고 이를 통해 인간 과 밀접하게 창의성을 발휘하는 지혜(wisdom)가 생성되는 단계(사물인터넷 시대)로 나아가는 흐름 속에 있는 것이다(장원규, 2013).

사물인터넷은 RFID(Radio-Frequency Identification) 기술을 활용하는 것에 서부터 셀룰러 모듈(cellular module)을 이용하는 것까지 다양한 특징을 보인 다. 이들이 각각 상당수 보급된 상태이고 또 증가 추세인 것이 사실이다. 실 제 M2M 디바이스는 2011년 약 20억 개가 새롭게 보급되었고, M2M 셀룰러 모듈의 2011년 출하량은 약 1억 개이다(박재헌·임정선, 2013; IDATE, 2012). RFID 태그는 1944년부터 2005년과 2011년까지 누적해서 각각 24억 개와 151억 개가 보급되고, 2011년과 2012년 각각 29억 개와 40억 개가 새롭게 사용되었다.[9] 그렇지만 전체적으로 1% 내외의 보급률을 보여 아직 네트워 크 창발성 발휘에 필요한 임계치(critical mass)를 넘지 않았다는 의견이 지배 적이다(WEF, 2012).

셋째, 만물인터넷(Internet of Everything: IoE)은 사람과 사물에 이어 프로 세스와 데이터가 상호 밀접하게 연결된 새로운 형태의 네트워크 환경을 말 한다(〈그림 1-3〉 참조).[10] 이는 사물인터넷의 사물들이 향상된 컴퓨팅 능력

---

[9] www.IDTechFx.com(Retrieved June 28, 2012); www.TechnologyReview.com (Retrieved January 4, 2013).

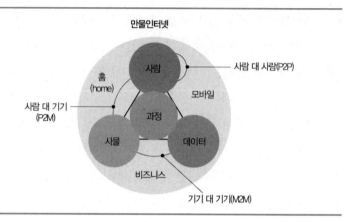

〈그림 1-3〉 만물인터넷의 개념

만물인터넷

사람 ── 사람 대 사람(P2P)

홈
(home)

모바일

사람 대 기기 ── 과정
(P2M)

사물   데이터

비즈니스

기기 대 기기(M2M)

자료: Evans(2012).

과 상황 인식 능력, 그리고 전원 공급의 독립성 등을 확보하고 새로운 정보에 접근할 수 있게 되면 세상의 모든 만물이 상호 밀접하게 연결되는 환경으로 진화할 것이라는 관념의 연장에서 나온 개념이다.[11]

만물인터넷은 네트워크들의 네트워크 개념으로 프로세스를 중심으로 연결된 수많은 사람들과 사물, 그리고 데이터가 다시 프로세스 간의 연계를 통해 수십 억 또는 수조 개가 연결될 수 있는 네트워크를 말한다. 이는 프로세스와 데이터가 강조되었다는 점에서 사물인터넷과 차별된다 할 것이다.

넷째, 만물지능인터넷(Intelligent IoE: IIoE)은 인간을 중심으로 사물, 데이터, 프로세스, 시간과 공간, 지식 등의 지구상 모든 요소를 서로 연결하고, 센서와 액추에이터(actuator)를 통해 물리적 세계와 디지털 세계가 연계되거

10 이는 2012년부터 시스코(Cisco)사의 컨설팅 사업부인 인터넷 비즈니스 솔루션 그룹 (Internet Business Solution Group: IBSG)이 적극적으로 주창하는 개념이다.

11 시스코사는 인터넷 발전 단계를 유선 컴퓨팅 → 모바일 컴퓨팅 → 사물인터넷 → 만물인터넷으로 본다.

나 하나로 융합된 새로운 네트워크 환경을 말한다. 이는 만물인터넷으로부터 확장된 개념으로 만물인터넷에 추가적인 것들을 연결한 만물인터넷의 업그레이드 버전인 것이다. 구체적으로 이 상태에서는 개인·사회·인류 차원의 가치와 지구의 물리적 요소(시간, 공간, 생물, 무생물, 자연), 디지털 자원(데이터와 정보), 그리고 인류의 지식이 양방향·실시간으로 연결됨으로써 지구 차원의 지능이 발현되는 새로운 네트워크 환경이 조성된다. 이러한 환경 하에서 새로운 네트워크를 이용해 인간이 물리적 자원과 사이버 자원을 실시간으로 제어하고 관리함으로써 시간과 공간의 제약이 극복되는 본격적인 유비쿼터스(ubiquitous) 세상이 될 것으로 기대된다(하원규·김동환·최남희, 2002; 형태근·하원규·최남희, 2009; McKinsey & Company, 2013). 이 연구에서는 이런 세상을 완전한 의미의 '초연결 사회(hyper-connected society)'라고 본다.

초연결 사회의 주요 특징으로 상시 연결성(always on)과 접근 가능성(readily accessible), 풍부한 정보(information rich), 상호작용(interactive), 사물인터넷, 상시 기록 보관(always recording)이 제시된다(Fredette et al., 2012: 113). 또, 초연결 사회는 사람과 사물, 사건의 밀접한 연결과 더불어, 모든 것들의 경계가 모호해진다는 점, 그리고 중앙집권형 관리 체계에서 책임(accountability) 기반의 분권화된 시스템으로 발전한다는 특징이 있다(Fredette et al., 2012: 113). 한편, 초연결 사회의 대표적인 위협 요인이자 부작용으로 개인의 프라이버시가 위협받는다는 것(*Global Times*, 2013.6.20), 초연결 사회의 모든 개체가 해킹 대상이 된다는 것(Fredette et al., 2012: 113), 모든 것들의 연결로 인해 시스템이 예기치 못한 방향으로 작동할 수 있어 시스템의 불안정이 존재한다는 점(세계경제포럼, 2012.6), 경제적·사회적 양극화가 심화된다는 점, 그리고 이른바 '연결 가운데의 소외(connected, but alone)'의 문제가 발생할 수 있다(Irving, 2011; Turkle, 2012).

2. 초연결 사회의 정의

초연결 사회에 대한 정의는 캐나다 사회과학자인 아나벨 콴 하세(Anabel Quan-Haase)와 배리 웰먼(Barry Wellman)의 연구에서 처음 비롯되었다(Barry, 2001). 초기 초연결 사회에 대한 정의는 네트워크 사회에 초점을 둔 것으로 네트워크로 연결된 조직과 사회에서 이메일, 메신저, 휴대전화, 면대면 접촉 등 다양한 방법을 통해 주로 인간과 인간 간의 상호 소통이 가능한 사회로 규정했다.

최근 스마트 기기, SNS 등의 등장과 활용으로 인간 간 연결은 더욱 활발하게 진행되고 있을 뿐만 아니라 사물인터넷, 사물지능통신 등 ICT의 기술적 발전에 따라 인간과 사물, 사물과 사물 등으로 연결 범위가 확대되는 추세로서 초연결 사회는 궁극적으로 인간과 인간을 둘러싼 환경적 요소들이 상호 연결되어 시공간의 제약을 극복하고 새로운 성장 기회와 가치의 창출이 가능한 사회라고 정의할 수 있다.

한편, 수많은 학자와 기관에서 초연결(사회)의 중요성을 강조하고 있기도 하다(〈표 1-2〉 참조). 특히 앨빈 토플러(Alvin Toffler)는 일찍이 저서『부의 미래(Revolutionary Wealth)』를 통해 위기는 가장 중요한 심층 기반인 시간을 잘못 다룬 것에서 발생하는 것으로 사회 전체의 비동시화 효과가 부의 창출을 방해하기 때문으로 디지털화 등 ICT의 기술적 발전은 시간과 공간의 제약을 제거함으로써 부의 창출을 용이하게 만들고 미래 사회에서는 정보 등 무형의 자산이 더욱 중요해질 것이라 언급한 바 있다(Toffler, 2006). 이를 통해 초연결 사회는 시공간 등의 연결을 통해 새로운 사업적 기회를 창출하고, 경험하지 못했던 새로운 가치를 제공할 가능성이 과거에 비해 더욱 높아질 수 있음을 추론해볼 수 있다.

이미 우리는 이러한 과정을 목도하고 있다. 최근 기술적 완성도가 높아

〈표 1-2〉 유력한 학자와 기관의 초연결에 대한 견해

학자·기관	주요 내용
앨빈 토플러(Alvin Toffler, 2006)	시간, 공간, 지식(정보) 등 부의 창출 기반, 가치관, 사회구조, 문화, 비즈니스 구조 등은 모두 상호작용하며 기존 경계를 파괴함으로써 새로운 부의 창출 시스템을 구체화할 수 있다고 봄.
≪이코노미스트(The Economist)≫ (2011)	네트워크에 연결된 기기의 수가 증가함에 따라 기존보다 높은 수준의 성장과 가치 있는 거시 경제 트렌드 변화를 전망.
시스코 시스템스(Cisco Systems, Inc., 2011)	네트워크에 연결된 사물(things)이 2008년과 2009년 사이 이미 전 세계 인구를 초과해 초연결 시대로 가고 있음을 제시.
세계경제포럼(World Economic Forum: WEF, 2012)	새로운 기회와 도전 과제를 제공할 수 있는 초연결이 개인-개인, 소비자-기업, 국민-정부 등의 관계를 재정립하는 데 깊이 관련되어 있으며, 경제적·사회적 변화의 근본적인 원인이라 강조.
돈 탭스콧(Don Tapscott, 2013)	사람, 사물 간의 연결이 폭발적으로 증가하는 초연결 시대에는 어떤 나라나 기업도 독자적으로 성공하기는 어렵기 때문에 협업, 투명성, 공유, 권력 분산을 통한 개방만이 기업의 생존과 경쟁력 제고를 보장.

자료: 박정은(2013).

진 증강현실(augmented reality)은 현실과 가상을 연결함으로써 시공간의 개념적 구분을 파괴하고, 2000년대 중반까지 연구·개발과 시험 적용 단계에 머물러 있던 증강현실 기술은 무선 속도 증가, GPS 기능을 갖춘 스마트폰 등의 등장으로 실용화 단계에 진입함은 물론 구글 글래스(Google Glass) 등과 같은 형태로 제품화에 이르렀다. 즉 기술적 발전은 궁극적으로 더 다양한 객체 간 연결을 통해 인간의 시공간 제약을 극복함으로써 기존과는 차별화된 경험을 제공하는 것 외에 인간이 가진 본원적인 문제들을 해결하는 것이 목적이라고 할 수 있다.

세계경제포럼(World Economic Forum: WEF)은 초연결 시대가 새로운 기회와 도전 과제를 제공할 수 있음은 물론 개인-개인, 소비자-기업, 국민-

정부 등의 관계를 재정립하는 데 깊이 관련되어 있어 경제적·사회적 변화의 근본적인 원인이라고 강조한 바 있다. 즉 모든 것이 연결되어 방대한 양의 정보, 지식 등이 생산·교환됨에 따라 수많은 사업적 기회가 창출되고 빈부의 격차 해소, 효율적인 자원 사용 등이 가능해지는 등 세계가 안고 있는 문제에 좀 더 능동적으로 대처할 수 있는 사회가 바로 초연결 사회이다.

따라서 초연결 사회는 과거에 비해 새로운 가치와 성장 기회를 창출하기 위해 인간과 관련된 유·무형의 모든 영역으로 다양하고 강한 연결의 확장이 이루어질 수 있는 사회로서 기술적 발전은 이를 가능하게 하는 최적의 수단이 되며, 그 가치는 더욱 높아질 것이다.

제2절 초연결 상태 진단

1. 세계적 차원의 초연결 상태[12]

1) 진단 방법

초연결 사회는 정보통신 측면에서 볼 때 연결의 정도가 진화하면서 진행하는 것인 만큼 현재의 초연결 상태를 횡단면적으로 말한다 하더라도 사회의 다양한 영역에서 다양한 연결 상태가 혼재한다고 할 수 있다. 이러한 상태를 감안할 때 한 사회의 초연결 상태 진단은 크게 세 가지 방법으로 구분해 행할 수 있다. 첫째, 〈표 1-1〉에서 밝힌 초연결성의 다양한 개념적 층위에 각각 부응하는 상태가 어느 정도인지를 가늠하는 것이다. 둘째, 대상들의 연결에서 연결 방식의 차이에 주목하는 것이다(Turck, 2013). 즉 대상들

---

12 이와 관련한 내용은 최민석·하원규·김수민(2013)을 주로 참조했다.

의 동종성(수평 연결성)과 이종성(수직 연결성)을 구분해 진단하는 것을 말한다. 셋째, 대상들의 연결 수준에 따른 분석 방법이다. 이는 연결 가능성 정도(잠재적 연결 대비 실제 연결 정도)와 연결 강도(단위 기간 내 연결 횟수나 연결된 상태의 지속 시간)를 가늠하는 것을 말한다.

이러한 세 가지 방법을 각기 적용한 진단 결과가 유의미한 정보를 줄 수 있으나 이보다는 이 세 가지 방법을 적절히 혼합해 초연결성을 진단하는 것이 좀 더 풍부하고 유익한 정보를 제공할 수 있어 바람직할 것으로 보인다. 하지만 이론적 기대와는 달리 실제 적용 단계에서 만족할 만한 진단 결과를 얻기란 쉽지 않다. 이는 각 방법에 공히 적용되는 사항으로 확보 가능한 자료의 한계 문제가 있다. 설혹 자료의 양 측면에서 충분한 자료 확보가 가능하다 할지라도 자료의 질에서 문제가 있을 수도 있다.

더군다나 첫 번째 방법은 각 개념적 범주의 구분을 실제에 적용할 때 객관성과 엄밀성을 확보하기 어려울 수도 있다. 세 번째 방법의 경우 잠재적 연결을 가늠하는 것이 다분히 주관적일 수 있는 등 방법 그 자체에 내재한 본질적 문제가 없는 것이 아니다. 이러한 점들을 감안해 이 글에서는 두 번째 방법 중심으로 진단에 접근하되, 필요에 따라서 첫 번째 방법과 세 번째 방법을 곁들여 기술하는 방식을 취하고자 한다. 물론 이러한 방식조차도 자료 수집이나 자료의 질 문제라는 내재적 약점이 없는 것은 아니다. 따라서 아래에 기술된 진단 내용은 초연결성의 활용이 어느 정도 되고 있는지를 대략이나마 가늠해보는 작업에 해당한다고 보면 될 것이다.

2) 진단

(1) 수평 연결성 상태

수평적 연결 정도는 크게 세 가지의 연결성, 즉 ① 연결된 사물(connected things)의 수, ② 디지털 데이터의 연결성, 그리고 ③ 프로세스, 시간과 공간,

지식의 연결성으로 판단한다.

첫째, 연결된 사물, 즉 IoP 사물, IoT 사물, 네트워크 장치(보통 RFID 태그 제외)의 총수는 2008년에 60억 개 넘게 보급되어 1인당 한 개 이상을 사용하게 되었으며, 2013년 100억~150억 개(전체 연결 대상 사물의 1% 미만 수준)가 이용된 것으로 추정한다(Evans, 2011, 2013).

좀 더 구체적으로 사물 연결 상황을 말해 주는 예들은 다음과 같다. 2012년 말 세계 휴대전화 가입자는 약 68억 명으로, 연결된 사물의 대다수를 차지하며, 최소 27억 대의 컴퓨터·랩탑(laptop)이 네트워크에 연결되어 있을 것으로 추정한다(ITU, 2013). 그뿐 아니라 태블릿 PC(tablet PC)의 경우, 2012년에 약 1.16억 대가 판매되었으며 2014년 약 2.76억 대, 2017년 약 4.68억 대 판매가 예상되어 2015~2017년에 PC(개인용 컴퓨터) 판매를 추월할 것으로 보인다(Ogg, 2013).[13] 게임 콘솔(game console)의 경우 지금까지 약 7억 개가 판매되었으며, 2011년 기준 1억 대 이상의 스마트 TV와 약 0.14억 대의 웨어러블 디바이스(wearable device) 등이 보급되었다〔(*Business Insider*, 2013.5.31; Epstein, 2013; 영문 위키피디아(Wikipedia)〕.

RFID의 경우 2011년 말까지 총 151억 개가 사용되었으며 매년 약 40억~50억 개가 새롭게 사용되어[14] 2020년까지 약 200억~700억 개 증가할 것으로 예상한다.[15] 2020년부터는 M2M 디바이스가 IoP 사물의 수를 능가할 것으로 전망하기도 한다(GSMA and Machina Research, 2012). 향후 개인용과 가정용으로 연결된 사물의 증가뿐만 아니라 도시 인프라〔예: 스마트 그리드(smart grid), 스마트 도로 등〕에 연결된 사물이 대량으로 보급되면 그 수가 폭

---

13 Ehttp://www.NetworkWorld.com(Retrieved April 4, 2013).

14 http://www.IDTechEx.com(Retrieved July 18, 2012).

15 200억 개(OECD, 2013), 240억 개(GSMA and Machina Research, 2012), 300억 개 (Lomas, 2013; ABI 연구 결과 인용), 500억 개(Evans, 2011).

발적으로 증가할 것이기 때문이다.

둘째, 디지털 데이터의 연결성을 보여주는 지표로 웹사이트가 약 10억 개이며 이에 포함된 웹페이지가 수백 억 개로, 이들은 평균 19단계를 거쳐 서로 연결되어 있다.[16] 2012년 기준으로 약 1.8제타바이트(zettabyte)의 디지털 데이터가 존재한다.[17] 하지만 이 가운데 분석 가능한 데이터는 1% 미만이고 실제 분석에 이용되는 규모는 그보다 작다(Gantz and Reinsel, 2012: 11). 또한 로그인을 요구하는 웹사이트, 접근 제한의 데이터베이스(data base) 등 자유로운 데이터 접근성(data accessibility)은 보장되지 않는 상태이다. 다만 최근에 미국, 캐나다, 한국 등에서 취하는 오픈 데이터 정책으로 접근성이 많이 향상될 전망이다.

셋째, 프로세스, 시간과 공간, 지식의 연결성은 상당히 낮다고 할 수 있다.[18] 프로세스 연결성은 조직 내 칸막이와 조직 간 협업의 부재로 인해, 시간·공간 연결성은 센서와 액추에이터의 보급 부족으로, 지식 연결성은 디지털화되지 않은 서적, 지적재산권 등으로 낮은 실정이다.

(2) 수직 연결성 상태

수직 연결성은 통계 수치로 표현하기 어려우므로 〈표 1-3〉과 같이 사례를 중심으로 나타내기로 한다(최민석·하원규·김수민, 2013; 윤미영, 2014).

---

16 http://www.WorldWideWebSize.com(Retrieved June 20, 2013).
17 http://www.PCMag.com(Retrieved September 12, 2012).
18 http://www.Mashiable.com(Retrieved August 6, 2010).

〈표 1-3〉 수직 연결성 진단

구분	내용
도시 및 자연 환경의 향상	- 미국 뉴욕 경찰의 범죄 정보 시스템(Domain Awareness System: DAS): 마이크로 소프트(Microsoft)사와 함께 개발한 범죄자 검거 시스템으로, CCTV 약 3,000 대와 경찰관에게 지급된 된 방사선 검출기(radiation detector) 약 2,600대, 자동 차 번호판 판독 가능 스캔 장비가 장착된 경찰차 수백 대 등으로 구성되어 있음. - 리우데자네이루(Rio de Janeiro)의 운영 센터: 카메라 600여 대와 헬리콥터 3대 로부터 전송되는 영상 정보를 스크린 약 300개를 통해 모니터링하고 GPS가 탑 재된 버스 약 1만 대와 구급차를 연결해서 시설·응급 상황 관리. - 에셜론(Echelon)사의 스마트 스트리트 라이트(Smart Street Light): 주변 밝기에 따라 가로등 밝기를 자동 조절. - 스트리트라인(StreetLine)사의 파크사이트(ParkSight): 도시의 길거리 주차 공간 사용 유무를 스마트폰으로 전송해서 이용자들이 주차 공간을 쉽게 찾을 수 있 게 도와줌. - 포스코의 파이텍스 공장 안전 관리 시스템: 초광대역 기술 기반의 RFID 태그를 착용함으로써 센서 90여 개를 포함한 통합 시스템을 통해 실시간으로 정확한 위치 파악이 가능. - 구글카(Google self-driving car): 무인 주행, 보행자 추돌 방지, 차량 거리 자동 제어, 사각지대 위험 감지 등 안전 주행을 위한 여러 시스템 탑재, 또한 각종 스 마트 기기와 연계되어 무선 차량 점검 서비스, 원격 시동, 도어 제어를 통해 다 양한 교통정보와 위치 정보의 분석을 통한 최적 경로 도출. - 집카(ZipCar): 이 차량 공유 서비스의 성공은 자동차에 부착한 GPS 모듈과 RFID 기술 등을 이용해 온라인 위치 추적과 사용 편의성을 높인 것에서 기인. - KT 금호렌터카의 무인 편도 카셰어링 시스템: 차량 시동 상태와 유류 잔량을 원 격 관제하는 기술을 접목해 운영·무인 관리. - 유럽연합의 e콜(eCall) 사업: 차량 충돌 등의 위급한 상황에 직면하면 자동차에 탑재된 무선통신 모듈이 자동으로 긴급 신고번호(112)로 전화. - 로테르담-비엔나 고속도로 경보 시스템(2015년 예정): 약 1,200킬로미터 떨어진 두 도시를 잇는 고속도로에 대량의 와이파이 액세스 포인트를 설치해서 급브 레이크 등 트래픽(traffic)에 변화 요인이 발생했을 때 운행 차량들로 전송. - 시스코사의 커넥티드 버스(connected bus): 버스 승객이 버스에서도 고속으로 인터넷에 연결할 수 있을 뿐만 아니라 교통에 대한 정보를 끊임없이 받는 시스 템을 제공. - 빅벨리(BigBelly)사의 스마트 트래시(Smart Trash): 휴지통을 비울 시기 등을 스 마트폰으로 전송. - 핀란드 에네보(Enevo)사의 원 컬렉트(One Collect): 쓰레기통의 적재율을 센서 로 측정해 수거 차량에 통보하고 최적 수거 경로를 계산해서 수거 차량이 운행

하게 함.
- 한국의 음식물 쓰레기 종량제: RFID 리더기를 탑재한 전용 기기가 쓰레기 중량 등을 측정해서 관련 정보를 중앙 관리 서버로 전송.
- 에어 퀄리티 에그(Air Quality Egg): 커뮤니티 구성원들이 건물 주변의 이산화질소(NO2)와 일산화탄소(CO) 양을 측정해 중앙 서버(server)로 데이터를 전송함.
- 에어캐스팅(AirCasting)사의 에어 모니터(Air Monitor): 측정 장소의 온도, 습도, CO, NO2 등을 측정해 블루투스(bluetooth)를 이용하여 스마트폰으로 전송한 후 다시 중앙 서버에 전송함.
- 스페인 가스 내추럴(Gas Natural)의 IoT 기술을 활용한 가스 검침 인프라: 각 가정에 설치된 가스 검침 인프라를 통해 실시간 가스 사용량 검침, 매월 검침원이 방문할 필요가 없기 때문에 고객의 프라이버시 침해와 안전과 관련된 문제 해결.
- UC 버클리대학교의 플로팅 센서(Floating Sensor) 네트워크 프로젝트: GPS 장착 부유 센서 약 100개를 하천에 띄워 유속, 온도 등의 하천 관련 정보를 수집함.
- 텔릿와이어리스솔루션(Telit wireless solutions)사의 몰뤼스캔 아이(MolluSACN Eye): 해양 환경과 해양 생물에 관한 무선 빅데이터 분석으로 환경에 대한 예방·대응.
- 돈트플러시(DontFlush) 프로젝트: 뉴욕 시의 하수 집하장의 수위를 측정해 스마트폰으로 전송함으로써 바다로의 하수 배출을 예측하여 주민들에게 알림.
- 오센스(Awesense)사의 센스넷(SenseNET): 전선의 전력 손실을 측정, 스마트폰으로 전송.
- 페덱스의 센스어웨어(SenseAware): 배송 중인 제품에 간단한 센서를 부착함으로써 배송 상황의 실시간 파악이 가능해짐에 따라 장기적으로 방치되거나 부패되는 물품에 대한 관리 가능.
- 인게이지(enGauge)사: 소화 장비의 위치, 압력 등의 정보를 스마트폰으로 전송.
- 영국 지질 조사국의(British Geological Survey)의 알람(ALARMS): 초소형의 음향 센서를 경사면 땅속에 설치해 산사태 움직임을 감지한 후 셀룰러 모듈을 이용하여 전송.
- 그라운드 랩(Ground Lab)의 오픈 소스 라이언 트래킹 칼라(Open Source Lion Tracking Collar): GPS와 셀룰러 모듈이 장착된 띠를 사자나 가축의 목에 씌워 움직임을 모니터링.
- 젬알토(Gemalto)사의 인비저블 트랙(Invisible Track): 아마존 열대우림의 나무에 셀룰러 모듈을 장착한 센서를 부착해 나무 위치를 추적함으로써 불법 벌목을 방지.
- 닉 사전트(Nik Sargent)사의 호박벌(Bumblebee) 프로젝트: 센서가 장착된 호박벌 둥지를 집에 설치한 후 호박벌 생육 정보를 수집해서 개체 수 감소 방지 활용.
- 러시아의 이동통신 기술을 활용한 송유관 관리: 이동통신 기술을 활용해 송유관의 현황을 실시간으로 확인, 에너지의 효율적인 공급과 도난 방지 효과.

생활 공간과 건물의 향상	- 네스트(Nest): 이용자의 생활 패턴을 분석하고 일기예보를 참고하여 집 안에서 소비되는 냉난방 에너지 사용량을 스마트폰으로 적절하게 자동 제어. - 필립(Phillips)사의 휴(Hue): 스마트폰을 이용해 전등의 온오프(On/Off)와 밝기 조절, 색상 조절(예: 취침용, 기상용)이 가능. - 벨킨(Belkin)의 웨모(WeMo): 전기 코드에 부착한 후 전기 기기를 연결해 스마 트폰으로 제어할 수 있게 해줌. - 월풀(Whirlpool)사의 인터랙티브 레인지(interactive range): 누구나 손쉽게 원하 는 요리를 쾌적한 환경에서 할 수 있는 지능형 주방 실현을 선도. - 닌자 블록(Ninja Block): 집 안의 움직임을 파악해서 누구나 침입 등을 알려주는 것뿐만 아니라 초인종 울림, 실내 온도·습도 등에 대한 정보를 와이파이를 통 해 스마트폰으로 전송. - 하기스의 트윗피(TweetPee): ICT를 활용한 기저귀 상태의 지속적인 모니터링을 통한 실시간 정보 분석·전달과 이를 통한 편리하고 경제적인 기저귀 관리와 영 유아의 건강하고 쾌적한 생활환경 유지. - 하비스트긱(HarvestGeek): 센서를 이용해서 온도, 습도, 조도, 이산화탄소량, 토 양의 습도·온도, 산성도, PPM 등을 측정해서 스마트폰으로 전송하고 스마트폰 을 이용해 미리 준비해놓은 물 등으로 식물의 생육 환경을 제어. - 도미니크 윌콕스(Dominic Wilcox)의 마법사 구두: 신발에 부착된 GPS와 LED용 전자칩을 통해 가고 싶은 곳으로 길을 안내해주는 마법사 구두 출시.
개인의 건강 관리	- 레스트 디바이스(Rest Device)사의 피코 모니터(Peeko Monitor): 신생아의 호흡, 자세, 움직임, 온도, 주변 소리 등을 측정한 후 와이파이를 통해 스마트폰으로 전송. - 베클로스(BeClose)의 센서: 보살핌이 필요한 사람(예: 고령자, 장애인)의 움직 임을 거실이나 침대, 화장실, 출입문 등의 센서가 인식해 일상적이지 않은 변 화가 생기면 웹페이지나 문자 메시지 등을 이용하여 통보해줌. - 프리벤티스(Preventice)사의 바디가디언[BodyGuardian, 메이요 클리닉(Mayo Clinic)과 공동 개발]: 몸에 부착하는 밴드형 기기로 심전도, 심장박동 수, 호흡 량 등을 측정해서 건강관리 전문가에게 전송. - 바이탈리티(Vitality)사의 글로우캡(GlowCap): 약 복용 시간을 약통, 알람, 스마 트폰을 통해 알려줌. - 프로테우스 디지털 헬스(Proteus Digital Health)사의 소화 가능 센서: 초소형 센 서가 부착된 약을 복용하면 센서가 위장액에 반응해 활성화되고 피부에 부착 한 패치(patch)로 데이터를 전송해서 약 소화 완료 여부 등을 알려줌. - 미국 코벤티스(Corventis)사의 누반트 모바일 카디악 텔레멘트리(NUVANT Mobile Cardiac Telemetry): '픽스(PiiX)'를 이용해 환자의 심장 이상 여부를 판단하고, 이상이 발견될 경우 환자에게 가장 적합한 의사를 연결해줌으로써 심장질환 사망 확률을 최소화.

	- 나이키(Nike)사의 퓨얼밴드(Fuel Band): 사용자의 칼로리 소모량과 걸음 수, 움직인 거리 등을 체크해주며, 미리 설정한 운동량 달성 여부를 화면 LED 색상으로 확인 가능. - 해피랩(Hapilabs)의 해피포크(HAPIfolk): 일상적인 식습관의 점진적 개선으로 체계적인 건강관리 증진 효과를 가져오고 새로운 건강 비즈니스 시장 창출과 효과적인 건강 상품 지원으로 복지 체감도 향상. - 스마트 슬리퍼(Smart Slippers): 슬리퍼 바닥에 센서를 부착해 착용자의 발 압력, 보폭과 건강 정보를 수집하고 분석함으로써 노년층이 집에서 쓰러질 경우 병원이나 가족에 알림으로써 빠른 의료적 대응이 가능. - 필로우 토크(Pillow Talk): 멀리 떨어진 연인들을 위한 제품으로, 한 사람이 머리를 베개에 대면, 다른 사람의 베개가 색을 내면서 상대방이 있음을 알려주고, 서로 상대방의 심장 박동 수를 전송해 두 사람을 연결. - 구글의 토킹 슈즈(Talking Shoes): 블루투스를 활용해 신발과 스마트폰을 연결, 사용자의 움직임에 대해 지속적으로 메시지 전달.
자동화된 생산 현장	- 독일 암베르크(Amberg)시의 지멘스(Siemens) 공장: 협력업체 250여 곳으로부터 연간 1만 가지의 부품 약 16억 개를 공급받아 950종류의 제품을 연간 5만여 개 생산하면서 불량률 1% 미만과 부품·제품 추적이 100% 가능한 디지털 생산 시설. - 사이트 머신(Sight Machine): 센서와 저가 카메라 등을 이용해 생산라인의 변화를 시각적으로 인식하여 정보를 생성함으로써 공장 운영을 분석할 수 있게 함. - 스마트 스트럭처(Smart Structures)의 스마트 파일 임베디드 데이터 컬렉터(SmartFile Embedded Data Collector: EDC): 건설 현장의 콘크리트에 센서를 삽입 후 콘크리트 강도 등을 측정해 데이터로 전송. - 온팜(OnFarm)사의 그로우 인폼드(Grow Informed): 농업 자산(예: 장비)을 실시간 모니터링.
기타	- 킥스타터(Kick Starter)사의 크라우드 펀딩(crowd funding): 아이디어를 가진 개인이나 기업이 프로젝트 내용과 필요 금액, 보상 내역을 제시하고 대중에게 자금을 지원받는 플랫폼. - 아두이노(Arduino)사의 플랫폼: 개발자, 엔지니어, 디자이너뿐만 아니라 전자 지식이 부족한 예술가와 학생들이 쉽게 개발할 수 있도록 도와주기 위해 만들어진 제품. - 이탈리아 게네랄리세구로(Generali Seguros)의 합리적인 자동차 보험료 제시: 운전자의 운행 시간과 운전 습관에 따른 보험료 납부 체계를 만듦으로써 객관적인 보험료를 부과할 수 있고, 운전자들에게 올바른 운전 습관을 유도해 교통사고 감소 가능. - K텔레콤의 스마트 팜(farm): 농장 수로관 등에 센서를 부착해 날씨를 감지하고, 더운 날에는 스프링클러(sprinkler)로 물을 더 많이 주고 비가 오는 날은 동작하지 않도록 해 농부가 해야 하는 업무량 감소 가능.

2. 한국의 초연결성 상태

1) 유·무선 연결 상태

한국은 브로드밴드(broadband)[19] 네트워크와 인터넷이 사람들을 다양하게 연결시키고 있는 상태이다. 현재 한국 브로드밴드는 유·무선 모두 세계 최고 수준이며, 광랜(optic LAN) 비율 등 인프라의 질적인 면에서도 독보적으로 평가받는다. OECD 통계에 의하면, 한국은 2011년 기준 유·무선 브로드밴드 가입률이 유선 부문 4위, 무선 부문 1위를 기록했다. 특히 유선 부문의 브로드밴드 네트워크 중 이론적으로 가장 빠른 속도인 테라비피에스(Tbps)까지 속도를 낼 수 있는 파이버·랜 케이블(Fibre/LAN cable)의 가입률과 무선 부문의 데이터 전용 무선통신 가입률은 OECD 국가 가운데 1위를 기록하고 있다(전성주·주재욱, 2012).

한국은 2010년 12월에 BcN(Broadband Convergence Network, 광대역 통신망) 구축 사업이 완료되어 50Mbps 속도 이상의 BcN 가입자가 1,482만 명에 이른다. 2Mbps 이상의 인터넷 회선 보급률은 거의 100%에 달해 동영상 멀티미디어 강의와 HD급 콘텐츠가 활성화될 수 있는 기반이 이미 조성되어 있다. 이러한 여건에서 초·중·고교 학생의 72.0%, 정규 교육기관의 80%가 이러닝(e-learning)을 활용하는 등 ICT와 인터넷을 이용한 이러닝이 보편화된 서비스로 자리 잡았다. 한편, 모바일 데이터의 경우도 2011년 47페타바이트(PB)로 2010년보다 2.2배 늘어났으며, 2016년에는 10배 정도 성장할

---

19 '브로드밴드'라는 용어는 보통 전통적인 방식의 다이얼 업(dial-up)을 통한 연결보다 다운로드 속도가 빠른 인터넷 커넥션을 의미한다(전성주·주재욱, 2012). 브로드밴드는 사용자가 오늘날의 응용 프로그램들을 운용하는 데, 사용자의 역량을 제한하지 않는 수준의 속도를 제공하는 지역 접속 링크(local access link)로 정의되기도 한다(OECD, 2003).

〈그림 1-4〉 한국의 브로드밴드 가입률

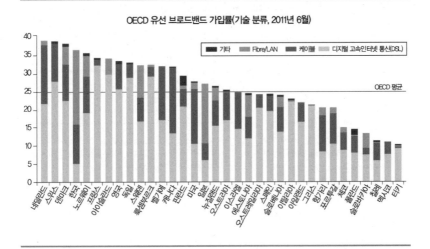

OECD 유선 브로드밴드 가입률(기술 분류, 2011년 6월)

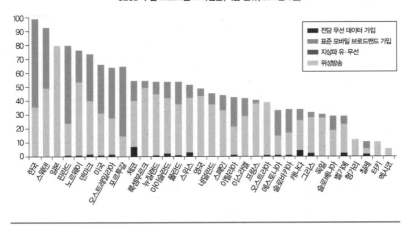

OECD 무선 브로드밴드 가입률(기술 분류, 2011년 6월)

자료: 전성주·주재욱(2012).

〈표 1-4〉 국내 인터넷 이용률

구분	2000	2001	2002	2003	2004	2005	2006	2007	2008	2009	2010	2011	2012
유선 인터넷	44.7	56.6	59.4	65.5	70.2	72.8	74.1	75.5	76.5	77.2	77.8	78.0	78.4
e-전자정부	-	-	-	-	-	-	-	-	-	-	-	-	51.2
무선 인터넷	-	-	-	-	40.0	43.0	45.0	48.0	53.0	55.0	59.0	65.0	87.0
m-전자정부	-	-	-	-	-	-	-	-	-	-	-	-	32.6

자료: 유선 인터넷 이용률(e-나라지표 http://www.index.go.kr/egams/stts/jsp/potal/stts/PO_STTS_IdxMain.jsp?idx_cd=1346), 무선 인터넷 이용률(한국인터넷진흥원, 인터넷통계정보검색시스템 http://isis.kisa.or.kr/sub02/#), 전자정부(행정안전부·한국정보화진흥원, 2012).

것으로 추정된다(전성주·주재욱, 2012).

2012년 한국인터넷진흥원(KISA)에서 3,000명을 대상으로 실시한 인터넷 이용 실태 조사에서는 3G/4G 이동통신망, 무선랜 등을 이용한 무선 인터넷 이용이 전국적으로 60%를 넘어섰으며, 이들의 약 70%는 무선랜을 이용한다. 약 45%가 무선랜을 이용해 무선 인터넷을 사용하고 있는 것이다. 한편, 접속 기기를 살펴보면 스마트폰이 약 60%로 가장 많고 노트북은 30%를 넘지 않으며, 태블릿 PC와 내비게이션은 5%가 안 되는 실정이다.

방송통신위원회가 2008년부터 별도로 집계 발표한 M2M 회선 수는 2008년 약 79만 개였던 것이 2013년 1월 190만 개를 돌파했다. 비록 M2M은 회선 수로는 유·무선통신에서 차지하는 비중이 2%에도 못 미치는 수준이지만, 2012년 한 해 28%의 성장률을 보이며 유선·이동통신 대비 압도적인 성장세를 기록하고 있다.

국내 M2M 연결은 2012년 이동 광대역 네트워크(Wireless Wide Area Network: WWAN) 187만, 단거리 무선통신(Short Range) 1,256만에서 2020년 각각 1,854만, 7,330만으로 증가해 2020년까지 총 1억 600만 대 정도가 될 것이며, 이 중 이동 광대역 네트워크는 17.5%, 와이파이와 블루투스(blue-

〈그림 1-5〉 한국의 모바일 브로드밴드 트래픽

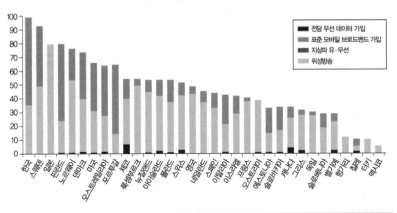

OECD 무선 브로드밴드 가입률(기술 분류, 2011년 6월)

■ 전담 무선 데이터 가입
■ 표준 모바일 브로드밴드 가입
■ 지상파 유·무선
□ 위성방송

자료: 전성주·주재욱(2012).

〈그림 1-6〉 국내 M2M 회선 수 현황

〈표 1-5〉 통신 서비스 회선 수·성장률

구분	회선수 (2012년 기준)	CAGR (2012년 기준)
시내전화	18,261,220	-2%
초고속 인터넷	18,252,661	2%
인터넷전화	11,736,677	9%
이동전화	53,624,427	2%
M2M	1,870,401	28%

자료: 방송통신위원회(2012).

tooth) 등 무선통신이 69.2%를 차지할 것으로 전망한다(방송통신위원회, 2012).

유엔(UN)의 전자정부 발전 지수(e-Government development index)에서 한국은 2010년과 2012년에 1위를 차지했다. 또한 유엔의 「전자정부 평가 보고서 2012(E-Government Survey 2012)」에 따르면 한국의 경우 전자정부 포털 웹사이트(www.korea.go.kr)를 통해 접속 가능하다. 이는 시민들이 주제별로 다양한 채널을 통해 서비스를 제공받으며 나이, 성별 또는 관심 서비스에 따라 맞춤형 서비스를 받을 수 있고, 다양한 부처들의 지원부서들을 통합함으로써 검색결과를 웹사이트별, 서비스별, 뉴스별로 제공하는 강력한 검색엔진을 갖추고 있는 것으로 평가된다(전성주·주재욱, 2012).

3. 한국의 초연결 사회 전망

한국이 초연결 사회로 점차 진화해가는 추세임은 분명하다 할지라도 그 추세가 구체적으로 어떻게 나타날지는 여러 가지 변수가 작용하므로 가늠하기 쉽지 않다. 크게 두 가지 상황, 즉 현 추세 지속과 정책 개입 후 추세 전개를 설정하고 그 추세를 전망해보고자 한다.

첫째, 지금의 유·무선 인터넷 이용률 증가 추세가 계속된다면, 2020년경에는 전국적인 유·무선 인터넷 이용률이 각각 80%와 95%에 이를 것이다. 특히 2012년에 무선 인터넷 이용률이 유선 인터넷 이용률을 넘어선 이후 그 격차는 점차 확대될 것으로 전망한다.

둘째, 그런데 2020년 유·무선 인터넷 이용률에 대한 전망은 다음과 같은 문제를 해결해야 가능하다. 유선 인터넷 이용률이 2005년 이후 큰 증가 없이 정체된 것은 컴퓨터와 초고속 인터넷 서비스를 구매할 수 없는 저소득층이나 이용할 수 없는 장애인과 노인 인구에 기인한다. 따라서 이들이 인터넷에 접속할 수 있도록 지원해야 무선 인터넷 이용률이 100%에 이를 수 있을 것이다. 또 무선 인터넷 이용률이 90%에 육박함에도 전자정부 이용률이 크게 향상되지 않는 것은 모바일 기반의 전자정부 서비스로 충분히 전환되지 않았기 때문인 것으로 여겨진다. 따라서 현재 유선 기반으로 설계되어 운영되는 행정 정보 시스템·서비스를 무선 기반으로 빨리 변경해야 한다.

〈그림 1-7〉 국내 M2M 연결 전망

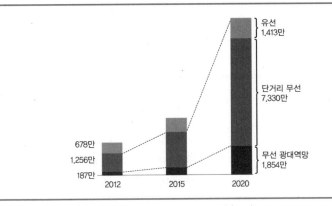

유선
1,413만

단거리 무선
7,330만

무선 광대역망
1,854만

678만
1,256만
187만
2012   2015   2020

자료: 방송통신위원회(2012); GSMA and Machina Research(2011).

한편, 지방자치단체의 내부 업무 프로세스와 권한·책임이 데이터 기반의
실시간 처리가 가능한 형태로 획기적으로 변모하지 않는다면, 우수한 무선
인터넷 인프라와 모바일 전자정부 서비스로의 전환 효과는 반감될 것이다.
따라서 만약 무료(또는 정액제)로 제공되는 무선 정보통신 인프라가 광범위
하게 구축되고 데이터 기반의 모바일 전자정부 시스템이 내·외부적으로 완
벽하게 구축된다면, 즉 지금보다 좀 더 적극적으로 무선 기반의 정보통신
인프라를 구축해서 행정서비스를 제공한다면, 무선 인터넷 이용률은 2020
년까지 100%에 이르고 모바일 전자정부 이용률 또한 70%에 육박할 것으로
기대한다. 또 현재 파편화되어 제공되는 여러 서비스가 하나의 운영체제를
통해 관리될 수 있기 때문에 적은 인력으로도 지자체 운영을 효율적으로 할
수 있을 것이다.

참고문헌

국토해양부. 2012. 『2012년 도로업무편람』.

미래창조과학부·한국인터넷진흥원. 『인터넷이용실태조사』(국가승인통계 제12005호).

박재헌·임정선. 2013. 「M2M 시장 현황과 국내외 성장 전망」. DIGIECO.

박정은. 2013. 「초연결사회의 생활과 사회문화」. GRI 워크샵 발표 자료.

방송통신위원회. 2012. 「통신서비스 가입자 통계」.

윤미영. 2014. "모든 것이 연결되는 새로운 창조사회", 한국정보화진흥원.

장원규. 2013. 「해외 M2M 시장의 개방형 기술 및 표준화 현황」. DIGIECO.

전성주·주재욱. 2012. 「브로드밴드와 지식기반 유비쿼터스 사회」. ≪KISDI Premium
Report≫, 12-05.

조영빈. 2013. 「M2M/IOT 융합과 혁신」. 2013 유비유넷 10주년 기념 메가 트렌드 Talk
세미나(2013.10.12).

최민석·하원규·김수민. 2013. 「만물지능인터넷 관점으로 본 초연결사회의 상황 진단 및
시나리오」. 한국전자통신연구원.

하원규·김동환·최남희. 2002. 『유비쿼터스 IT혁명과 제3공간』. 전자신문사

하원규·최민석. 2012. 「만물지능통신 기반 초연결 산업의 계층구조 분석」. 한국전자통신
연구원.

한국인터넷진흥원 인터넷통계정보검색시스템(http://isis.kisa.or.kr/).

행정안전부·한국정보화진흥원. 2012. 「2012 전자정부서비스 이용실태 조사」.

_____. 2012. 『2012 정보화통계집』.

형태근·하원규·최남희. 2009. 『Beyond the Internet of Things: 모든 것은 생각한다』. 전
자신문사.

Business Insider. 2013.5.31(http://www.businessinsider.com/market-google-glass-wearable-
devices-2013-55).

Evans, Dave. 2013. Embracing the Internet of Everything To Capture Your Share of $
14.4 Trillion. Cisco IBSG.

_____. 2012. "The Internet of Everything: How More Relevant and Valuable
Connections Will Change the World." Cisco IBSG.

_____. 2011. *The Internet of Things*. Cisco IBSG.

Fredette, John et al. 2012. "The Promise and Peril of Hyperconnectivity for Organizations and Societie." *The Global Information Technology Report 2012*. World Economic Forum.

Gantz, J. and D. Reinsel. 2012.12. "The Digital Universe in 2020." IDC.

Global Times. 2013.6.20. "Living in a smart world."

GSMA and Machina Research. 2012.2. "The Global Impact of the Connected Life."

_____. 2011. "2020 Connected Devices Overview."

IDATE. 2012. "The Machine-to-Machine Market, 2011-2016."

ITU. 2013. "ict Facts and Figures." http://www.itu.int/en/ITU-D/Statistics/Documents/facts/ICTFactsFigures2013-e.pdf

Löffler, Markus and Andreas Tschiesner. 2013.6. "The Internet of Things and the future of manufacturing." McKinsey & Company 홈페이지(http://www.mckinsey.com/insights/business_technology/the_internet_of_things_and_the_future_of_manufacturing).

Lomas, N. 2013.5.9. "10BN+Wirelessly Connected Devices Today, 30BN+ In 2020's 'Internet Of Everything', Says ABI Research." *TechCrunch* (http://techcrunch.com/2013/05/09/internet-of-everything/).

Ma, Jianhua et al. 2005. "Towards a Smart World and Ubiquitous Intelligence: A Walkthrough from Smart Things to Smart Hyperspaces and UbicKid," *Journal of Pervasive Computing and Communications*.

OECD. 2013. "Building Blocks for Smart Networks." *OECD Digital Economy Papers*. No.215.

Ogg, Erica. 2013.6.24. "PCs, tablet shipments to be nearly even in 2014, according to Gartner data." *GigaOm*.

The World Economic Forum's Global Agenda Council on Complex Systems. 2013.1. "Perspectives on a Hyperconnected World: Insights from the Science of Complexity."

The World Economic Forum. 2012.6. "Risk and Responsibility in a Hyperconnected World Pathways to Global Cyber Resilience."

Turck, M. 2013.5.25. "Making Sense of The Internet of Things." *techcrunch.*
(http://techcrunch.com/2013/05/25/making-sense-of-the-internet-of-things/)

Turkle, Sherry. 2012.4. "Connected, but alone?" TED.

WEF. 2012. *The Global Information Technology Report 2012.*

Wellman, Barry. 2001. "The Rise of Networked Individualism." in Leigh Keeble(ed.). Community Networks Online. London: Taylor & Francis.

Wladawsky-Berger, Irving. 2011.10.10. "We Are All New Immigrants to the Hyper-connected World."

Z. Epstein. 2013.2.22. "Smart TV sales soared in 2012, set to dominate TV market by 2015." *BGR* (http://bgr.com/2013/02/22/smart-tv-sales-2012-340405/).

http://www.DigitalTrends.com(Retrieved February 28, 2013).

http://www.en.wikipedia.org/

http://www.Go-Gulf.com

http://www.IDTechEx.com(Retrieved July 18, 2012).

http://www.index.go.kr/egams/stts/jsp/potal/stts/PO_STTS_IdxMain.jsp?idx_cd=1346

http://www.isis.kisa.or.kr/sub02/#

http://www.Mashiable.com(Retrieved August 6, 2010).

http://www.NetworkWorld.com(Retrieved April 4, 2013).

http://www.PCMag.com(Retrieved September 12, 2012).

http://www.TechnologyReview.com(Retrieved January 4, 2013).

http://www.TheFreeDictionary.com

http://www.WorldWideWebSize.com(Retrieved June 20, 2013).

영문 Wikipedia(http://en.wikipedia.org/wiki/List_of_best-selling_game_consoles).

제**2**장

초연결 사회의 도래
배경과 요인

유영성 · 김현중

제1절 초연결 사회 도래의 배경

1. 정보통신 기술 구현 사회상의 변화: 스마트화, 유비쿼터스화

과거 산업 기술의 발전에 의한 산업혁명이 일어난 이후 오랜 시기 산업 사회가 진행되어왔다면, 1980년대부터는 정보 기술(IT)의 발전에 의한 정보 혁명의 시기로서 바야흐로 정보사회가 도래했다고 할 수 있다. 이 연장에서 1990년대 이동통신 혁명기, 2000년대 인터넷 혁명기를 거쳐 2010년대엔 스마트 시대를 맞이하고서 점차 초스마트 시대로 나아가는 특징을 보인다.

스마트한 특징을 보이는 기술의 사회적 요구에 부응해 좀 더 모바일적인 흐름의 스마트 혁명이 2014년 현재 진행 중에 있다. 이러한 스마트 시대에 나타나는 사회상으로 대표적인 것들 몇 가지를 들면 다음과 같다. 첫째, 스마트폰의 확산이다. 2015년 스마트폰 이용자 수(37억 명)가 PC 이용자 수(24억 명)를 약 13억 명이나 앞지를 것으로 전망된다(Gartner·IDC; 방통위, 2011에서 재인용). 한편, 국내에서는 아이폰 3GS 출시(2009.11)를 계기로 스마트폰 보급이 급속히 확산되어 2012년 말 기준 3,000만 명을 넘어선 실정이다. 둘째, IT의 융합이다. 기존 산업, 서비스, 기기에 다양한 정보통신 기술이 융합해 이들이 새롭게 지능화하며 진화하는 현상이 일어난다(〈그림 2-2〉 참조). 스마트 시대는 스마트 하우스(smart house), 스마트 미터(Smart meter), 스마트 가전, 스마트 자동차, 스마트 파킹(smart parking) 등 무한대의 스마트 그리드(smart grid) 단말과 공간이 인터넷 생태계에 편입되는 시대로 발전해간다고 할 수 있다.

셋째, 생활에 쉽고 편리한 정보 교환의 가능이다. 대표적으로 NFC(Near Field Communication, 근접 통신) 기술[1]이 적용된 단말을 인식 장치에 근접시켜 쉽고 편리하게 정보를 교환할 수 있는 상황이 보편화된다. 예를 들어, 모바일 결제서비스가 손쉽게 이루어져, 모바일 신용카드 결제, 전자화폐 사용, 단말 간 계좌 이체, 할인카드 추천, 쿠폰·멤버십 제공 등 다양한 서비스가 편리하게 제공될 수 있다. 그 밖에 맞춤형 광고, 개인정보 관리 등 다양한 응용 서비스도 가능해진다. 이는 모바일 상거래(종이 티켓 → 전자티켓), 위치 찾기[종이 지도 → 실시간 위치 정보 기반 서비스(LBS)], 실시간 소통(PC 기반 블로그 → 실시간 SNS), 맛집 검색(입소문 → 실시간 댓글) 등 다양한 분야에서 모바일을 통한 서비스로 변화하고 있기도 하다.

넷째, 미디어 매체 간 경계의 붕괴이다. 신문, TV, 인터넷 등 매체 간 경계의 붕괴로 개인 맞춤형 미디어 서비스가 증가한다. 고객의 콘텐츠 소비 방식이 포털(portal)에서 앱(app)을 통한 직접 구독 형태로 변화했다. 한국인터넷진흥원의 2012년 하반기 「스마트폰 이용 실태 조사」에 의하면 스마트폰 이용자가 주로 이용하는 모바일앱 중 뉴스(신문, 잡지 등)가 46.3%를 차지한다.

---

1   10센티미터 이내의 거리에서 양방향 통신이 가능한 기술이다.

이러한 스마트화 현상은 정보통신 기술에 의해 구현되는 사회상으로서 유비쿼터스 상태의 성숙·완성으로 표현될 수 있다. 이를 네트워크에 의한 통신의 관점에서 보면, 유비쿼터스 진입 단계에 해당하는 사람 대 사람 간의 통신이 되던 1980년대와 1990년대를 지나 2000년대와 2010년대에는 사람과 사물이 통신되는 유비쿼터스 성숙 단계에 돌입했고, 사물과 사물이 네트워크로 통신되는 본격적인 유비쿼터스 완성 단계인 초스마트 시대로 나아가고 있다고 할 것이다.

2. 인터넷의 변화: 연결에서 초연결로

20세기 중반 이후부터 컴퓨터, 인터넷, 휴대전화 등으로 대표되는 디지털 시대로 급속히 변화하면서 사람들 간의 연결이 급속히 확대되고 있다. 특히, 지난 30년간 인터넷은 20억 대의 컴퓨터와 50억 대의 휴대 단말을 연결하면서 우리가 이전에 전혀 겪어보지 못한 다양한 연결의 세계를 경험하도록 해주었다. 그 결과, 2014년 현재 심지어 증강현실 등을 통해 물리적 세계와 사이버 세계가 서로 벽을 깨고 연결되는 현상까지 목도하기에 이르렀다.

토머스 프리드먼(Thomas Friedman)은 『세계는 평평하다(The World is Flat)』(2005)에서 세상은 인터넷과 월드 와이드 웹(world wide web: WWW)에 의해 연결되었다고(connected) 선언하면서 이것이 더 많은 사람들을 연결시켜주고, 좀 더 저렴한 비용으로 디지털 콘텐츠를 공유할 수 있게 만든다고 했다. 표준화된 프로토콜(Protocol)을 사용해 인터넷상에서 사람이 전혀 개입하지 않고 서로 연결되어 상호작용할 수 있는 세상이 되었다는 것이다. 예를 들어, 블로그, 유튜브(YouTube) 등을 통해 자신이 제작한 콘텐츠를 웹상에 업로딩(uploading)해 온라인상 정보 공유가 가능하고, 특정 국가(예: 미

<그림 2-1> 컴퓨팅 능력의 기하급수적 성장

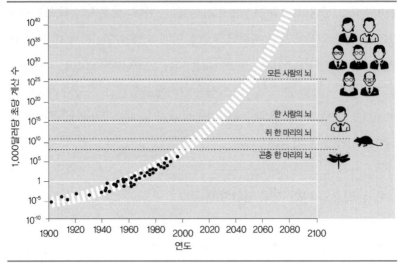

자료: Kurzweil(2005).

국) 회계법인의 타국(예: 인도) 아웃소싱(outsourcing)이나 생산 설비의 국외 이전(offshoring)을 통해 상호 이득을 얻는 일이 가능하다고 한다.

그런데 프리드먼이 그 책을 쓴 2005년 당시 페이스북(facebook), 트위터(twitter), 클라우드 컴퓨팅, 스마트폰, 스카이프(Skype) 등은 존재하지 않았다. 이후 2010년대에 들어오면서 이러한 현상들을 목도한 프리드먼은 2012년 ≪뉴욕타임스(The New York Times)≫ 칼럼, "로봇과 당신(The robot and you)"에서 초연결 사회 현상을 본격적으로 논의하기 시작한다. 그는 여기서 정보통신의 발달은 물리적 공간 단절을 넘어서 웹(web)에 의한 네트워크의 연결을 만들어냈으며, TGIF(Twitter, Google, I-Phone, Facebook)에 의해 사회적 연결이 강화되었고 이로 인해 공간을 초월한 이른바 초상호연결 시대가 도래함을 주장한다.

이러한 초연결성 실현의 미래 조망·관점과 그 궤적을 같이하는 것으로

레이 커즈와일(Ray Kurzweil)의 『특이점이 온다: 기술이 인간을 초월하는 순간(The Singularity is Near: When humans transcend Biology)』(2007)을 들 수 있다. 그에 의하면 컴퓨팅 능력은 기하급수적으로 상승하고 있고〔예: 무어의 법칙(Moore's Law of Exponential Growth)〕 그 가속도를 볼 때 조만간 기술 발전에 의한 컴퓨팅 능력이 모든 인간의 생물학적 두뇌 능력을 완전히 초월하는 특정의 시점(특이점)이 그리 멀지 않다는 것이다(〈그림 2-1〉 참조).

레이 커즈와일에 의하면, 1,000달러를 들여 한 사람의 두뇌 능력과 같은 수준의 컴퓨팅 능력을 구입할 수 있는 시점이 대략 2020년인 데 반해 2045년이 되면 심지어 1,000달러로 모든 인간의 두뇌 능력을 다 합친 것보다 10억 배나 더 큰 컴퓨팅 능력을 구입할 수 있다고 한다. 이것은 유전자 공학, 나노 공학, 로봇 공학 등의 기술 발전이 결합해 가능할 것으로 본다. 실제 예를 들어 생명의 기원에서 세포까지 진화하는 데 20억 년이 걸렸지만 PC(개인용 컴퓨터)에서 월드 와이드 웹까지 걸리는 데 기껏해야 14년 걸렸음을 볼 때 "실질적 초연결의 도래는 가깝다(The Actual Hyper-connectivity Is Near)"라는 표현도 적절하다 할 것이다.

실제 2010년대에 들어서면서 초연결 사회 또는 초연결 세계 등에서와 같이 '초연결'이 미래 변화를 이끄는 핵심 키워드로 급격히 부각되고 있다. 2011년 5월에 개최된 제8회 서울디지털포럼의 주제는 '초연결 사회: 함께하는 미래를 향해'였으며(서울디지털포럼, 2011.5.6), 2012년 초에 열린 세계경제포럼(World Economic Forum)에서는 '빅데이터'와 함께 '초연결성'이 핵심 이슈로 부각되었다.

네트워크 연결의 확대 연장의 관점에서 미래 인터넷은 사람들 간의 연결을 넘어서서 사람과 사물, 사물과 사물 간의 연결로 확대되는 사물인터넷으로 나아갈 것으로 보인다. 사물인터넷에서는 다양한 디바이스와 센서 간 연결을 통해 상황 인식, 위치 정보 파악, 원격 사물 정보 확인 등을 능동적으

<그림 2-2> 1인당 네트워크에 연결된 디바이스의 수

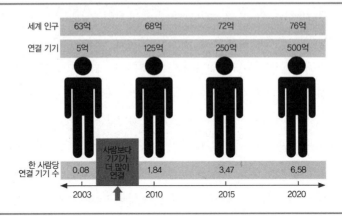

자료: Evans(2011).

로 처리하는 지능형 서비스가 가능해진다. 실제 인터넷을 통한 사람과 기기, 네트워크 간의 연결성이 폭발적으로 증가하고 있어 사물인터넷 측면에서 초연결이 일부 실현되는 추세이기도 하다. ICT 기술적 발전 측면에서 세계적인 ICT 기업인 시스코(Cisco)사의 에반스(Dave Evans)는 2011년 4월 사물인터넷과 관련해 "The Internet of Things: How the Next Evolution of the Internet Is Changing Everything"을 발표했으며, 네트워크에 연결된 사물이 2008년과 2009년 사이 세계 인구를 이미 초과해 초연결 시대로 가고 있음을 언급한 바 있다(<그림 2-2> 참조). 더 나아가 향후 30년을 내다봤을 때 미래 인터넷은 사람 - 사물 - 공간 - 시스템이 하나의 그물망으로 엮이는 초연결 생태계가 되는 만물인터넷으로 발전할 것으로 조망했다.

2012년 말 시스코사의 사물인터넷 개념을 좀 더 확장한 '만물인터넷'이 GE의 산업인터넷(Industrial Internet) 등과 함께 연결성에 관한 새로운 키워드로 나타났으며 이후 시스코사에 의한 연이은 관련 보고서가 발표되고 있다(하원규·최민석·김수민, 2013). 그뿐 아니라 인터넷 미디어 업체인 테크노미(Techonomy)는 2013년 5월에 학회를 개최해 만물인터넷에 대해 집중 조명하기도 했다.

3. ICT 메가트렌드 속 초연결 뒷받침 사회상

1) 빅데이터 활용

초연결 환경의 조성은 '빅데이터(big data)'라는 최근 두드러진 사회상을 통해 뒷받침되고 있기도 하다. 빅데이터는 그 규모가 방대하고 생성 주기도 짧으며, 형태도 수치 데이터뿐 아니라 문자와 영상 데이터를 포함해 복잡하기 때문에 수집·저장·검색·분석이 난해한 데이터이다(커뮤니케이션북스, 2012). 초연결 사회에서는 셀 수 없이 많은 네트워크와 각종 사물이 연결되고 여기에 천문학적인 규모의 디지털 데이터가 발생하며 또 필요로 한다. 즉 빅데이터 빅뱅적 현상이 나타나는 것이다. 그뿐 아니라 이러한 빅데이터를 처리할 컴퓨팅 능력을 요구한다. 단순한 연결을 넘어 초연결을 얘기할 때 빅데이터의 활용·처리는 필수 불가결한 요소가 된다.

빅데이터의 실상을 보여주는 좋은 예로서 60초 동안에 인터넷에서 일어나는 일을 디지털 데이터 차원에서 정리하면 〈그림 2-3〉과 같다. 유튜브의 경우 2012년 5월 기준 분당 업로드되는 동영상이 72시간으로 월 단위 업로드 분량으로 볼 때 미국 주요 방송사가 60년간 방영한 영상보다 많다.

한편, 시스코사에 의하면 1인당 평균 보유 데이터량이 2010년 128기가바이트에서 2020년 130테라바이트로 증가할 것이며, IDC는 2020년 전 세계 보유 데이터량이 현재보다 44배 증가할 것으로 내다본다.

최근 이러한 빅데이터 이슈가 폭발적으로 등장하고 있다. 이렇게 된 배경에는 현 정보통신 세계에서 디바이스의 진화, 기업 IT 환경의 변화, 인터넷 확산, 멀티미디어의 발전 등 복합적 요인의 작용이 있었기 때문이다(〈표

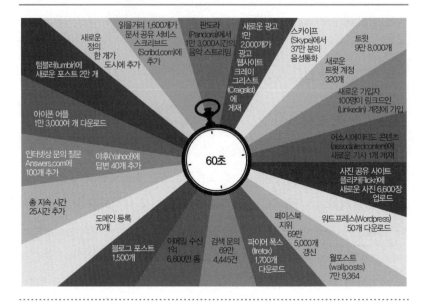

- 구글 검색: 70만 건
- 전자우편: 1억 6,800만 개
- 플리커(Flickr): 이미지 6,600개 이상
- 유튜브: 동영상 600개 이상
- 트위터 계정: 320개 새로 생성
- 아이폰 앱: 다운로드 1만 3,000건

자료: www.go-gulf.com

2-2) 참조). 실제 글로벌 ICT 리서치 업체들이 2013년 ICT 산업에 영향을 미칠 기술 요소로 빅데이터를 선정했고, 가트너(The Gartner Group)는 2012년 6월 빅데이터를 '21세기의 원유'라고까지 표현할 정도로 상품 기획, 마케팅, 비용 절감 등에 빅데이터 활용 사례와 관련 시장이 커지고 있는 추세이다. IDC와 가트너 그리고 위키본(Wikibon)은 한결같이 향후 5~6년간 빅데이터 관련 시장이 급속히(2.2~6.6배) 성장할 것으로 전망한다(IDC and Gartner,

<표 2-1> 기존 데이터 대비 빅데이터의 차이점

구분	기존 데이터 분석	빅데이터 분석
데이터 양	- 테라바이트 수준	- 페타바이트 수준(최소 100테라바이트 이상)[2] - 클릭스트림(clickstream) 데이터의 경우, 고객 정보 수집·분석을 장기간에 걸쳐 수행해야 하므로 기존 방법과 비교해 처리해야 할 데이터양이 방대
데이터 유형	- 정형 데이터 중심	- 소셜 미디어 데이터, 로그(log) 파일, 클릭스트림 데이터, 콜센터 로그, 통신 CDR 로그 등 비정형 데이터의 비중이 높음 - 처리의 복잡성을 증대시키는 요인
프로세스·기술	- 프로세스·기술이 상대적으로 단순 - 처리·분석 과정이 정형화되어 있음 - 인과 규명 중심	- 다양한 데이터 소스, 복잡한 로직 처리, 대용량 데이터 처리 등으로 인해 처리 복잡도가 매우 높아, 분산 처리 기술이 필요 - 잘 정의된 데이터 모델·상관관계·절차 등이 없어, 새롭고 다양한 처리 방법의 개발 필요 - 상관관계 규명 중심 - Hadoop, R, NoSQL 등 개방형 소프트웨어

자료: 배동민·박현수·오기환(2013).

2012; Wikibon, 2013).

그뿐 아니라 각국 정부는 빅데이터를 미래 사회 경제적 가치의 원천으로 간주하고 각 분야에 걸쳐 빅데이터 서비스 활성화 차원에서 노력하고 있다. 미국, 일본, 유럽연합 등 주요국은 2012년을 전후해 국가 차원의 빅데이터 종합 전략을 발표하고 있다. 이들은 빅데이터 관련 정책의 도입, 공공 데이터 개방, 정부의 빅데이터 활용 촉진에서 공통적이다. 다만, 빅데이터 시장 성숙 정도, 법제도 환경 등에 따라 정책 방향에서 다소 차이가 있는 것은 사

---

2   1메가바이트(1MB=100만 바이트)는 한 스푼 정도의 모래 규모이며 1페타바이트 (PB)는 해운대 백사장의 모래 규모이다. 단위는 1,000배씩 증가함에 따라 메가 (MB) → 기가(GB) → 테라(TB) → 페타(PB) → 엑사(EB) → 제타(ZB) → 요타(YB) 로 표기된다.

〈표 2-2〉 빅데이터의 등장 배경

구분	특징적 사항	
디바이스의 진화	- 작고 휴대가 간편한(small, portable) - 융합(convergence) - N-Screen(다수의 스크린 매체) - 디지털 디바이스(DSLR/MP4/Smart TV 등)	- 데이터 저장 매체의 발달·가격 하락 - 통신 기술 발달에 따 른 연결성 증가(사람 - 사람, 기계 - 기계), 데 이터 폭증 - 데이터 관리(예: 클라 우드 컴퓨팅) 및 분석 기술 발달
기업 IT 환경의 변화	- 가상화(virtualization) - 통합/단순화/자동화 - 웹 기반 및 실시간(web based & real time) - 스마트 업무(smart work)	
인터넷 확산 웹 2.0	- 검색 기반의 모든 서비스 제공 - 정보 공유·유통(유튜브, 블로그 등) - S-NS의 급속한 확산(페이스북, 트위터 등)	
멀티미디어의 발전	- MP3/4, 블루레이(blueray), HD, 3D - 디지털 파일(digital file)로 전환 - 스트리밍(streaming) 서비스 확대	
기업 생태계의 변화	- 노키아, 소니, 야후 등 세계 IT 대표 주자들의 급격한 쇠퇴 - 인텔, 마이크로소프트, 휴렛팩커드는 잘 나가지만 영향력은 축소(예: 모바일 시장) - 현재 세계적인 각광을 받고 있는 구글, 아마존(Amazon), 페이스북, 애플은 강력한 서비스 사업 역량과 거대한 사용자 플랫폼을 갖추고 있음 ⇨기업 경쟁력의 무게 중심이 옮겨지고 있음(하드웨어의 범용화, 오픈 소스 소프트웨어 등장, 소프트웨어의 공짜 미끼화)	

자료: 함유근(2012); 정우진(2013) 재구성.

실이다(〈표 2-3〉 참조).

한국도 선진국에 비해 약간 늦었지만 범부처가 참여해 빅데이터 관련 다양한 정책 방안을 제시했다. 2011년 10월 국가정보화전략위원회에서 '빅데이터를 활용한 스마트 정부 구현 방안'을 마련했고, 2012년 8월 '빅데이터 마스터플랜(master plan)'을 수립해 파일럿 프로젝트(시범 사업)를 추진 중에 있다. '빅데이터 마스터플랜'에는 공공 데이터 개방, 기술 연구·개발, 전문 인력 양성, 법·제도 정비 등 종합적인 공공·민간 활성화 방안이 제시되어 있

<표 2-3> 주요국의 빅데이터 관리·활용 정책 동향

구분	미국	유럽연합	일본
민간 시장	- 글로벌 기업 포진 - 데이터 유통 구조 형성	- 금융시장 중심의 제한적 형성	- 일부 빅데이터 활용 사례 존재, 제한적 형성
정책	Big Data R&D Initiative (2012년 3월)	Open Data Strategy (2011년 5월)	Active Data (2012년 5월)
공공 개방 포털	data.gov	open-data.europa.eu/	openlabs.go.jp
연구 인력 양성	- 6개 기관별 84개 세부 빅데이터 프로그램 - 2억 달러 예산	- 데이터 처리 기술 R&D 예산 지원 - 1억 유로(2011~2013년)	- 빅데이터 R&D 지원 - 해석 기술 전문가 양성 - 89.3억 엔 예산(2013년)
법 제도	- 개인정보 보호와 상업적 이용(산업 성장) 간 균형 지향 - 옵트 아웃(opt-out) 방식	- 엄격한 개인정보 보호 기준 준수(Opt-in 방식) - 공공 부문 보유 데이터 개인의 접근권 존중	- 옵트인(opt-in) 방식 - 빅데이터 성장에 따른 개인정보 개정안 논의
연관 산업 지원	- Cloud-First Policy(2010년 2월)	- Horizon 2020(ICT R&D 투자 2배 확장)	- M2M 등 연관 산업 육성

자료: 배동민·박현수·오기환(2013) 재구성.

다. 이에 의하면 2017년까지 기반 조성을 위해 4개 영역 12개 세부 과제를 선정하고 정부·민간이 총 5,000억 원의 투입을 계획했으나, 아직 서비스 초기 단계라 빅데이터 활용의 방향성 제시가 중심인 상태이다.

한편 정부는 공공 정보 공개 사이트인 '공유자원포털(data.gov.kr)'을 통해 중앙 부처와 지자체의 공공 데이터를 공개하고 있으며, 2013년 현재 133개 서비스와 441개 데이터 세트를 제공한다. 방송통신위원회는 '빅데이터 서비스 활성화 방안'을 마련해 7대 과제를 추진, 국민권익위원회는 2011년부터 민원 정보 분석 시스템을 구축해 운영하고 있다. 실제 정부는 국정 지원 차원에서 빅데이터를 이용하는 시도를 한 적이 있다. 정부는 2011년 1월 1

〈표 2-4〉 빅데이터 활용 사례

구분	기업	내용
예측	포드(Ford)	운전자 이동 이력 분석, 운전자 목적지 예측, 최적 연료배분 제안
	구글	검색어 분석으로 정부보다 2주 빨리 독감 유행을 예측
	다음 소프트	북카페 현상, 서울 시장 보궐선거 트윗 점유율 분석, 트위터를 통해 본 한국인들의 기분 분석, 방송 프로그램에 대한 평판 분석
	아마존	고객의 온라인상 흔적을 토대로 고객 취향 분석 등의 행동 예측
고객 감성 분석	기아	미국 슈퍼볼(Super Bowl) 광고 후 웹상의 고객 의견을 분석. 경기 도중 시청자들이 자동차에 대해 나누는 대화에서 자사 비중이 4%에서 9%로 상승. 고객들의 긍정적인 신뢰성도 4%에서 18%로 상승
생산성 향상	네슬러(Nestle)	페이스북 등에서 고객이 원하는 맛을 선택하게 하는 투표를 실시, 개발 제품 수를 한정, 수요가 적은 제품의 생산 비용을 절감
	월마트	매주 2억 개 이상의 고객 거래 처리. 리테일 링크(retail link)라는 재고 관리 시스템 도입. 점포별 재고량, 시간당·일당 판매량 등의 세세한 정보 확인 가능
개인화 맞춤화	ING	데이터 통합으로 더욱 효율화된 맞춤화
	야후, 다음	소셜 미디어 분석과 맞춤화
	프로그레시브 (Progressive, 보험회사)	차량 내 운행기록 장치를 통해 운전 행태를 보험회사에 전송 → 위험 수준에 근거한 운전자 등급화 → 가입자 맞춤 서비스 제공
위치 정보	NTT 도코모	모바일 데이터를 활용해 시간 단위로 인구 변화 추적. 네트워크 고지
의사 결정	P&G	200테라바이트에 달하는 전사 빅데이터를 실시간 분석해 글로벌 시장 상황 즉각 파악, 의사결정으로 연결
	자라 (Zara, 패션 기업)	전 세계 매장에서 본사로 유입되는 판매 데이터를 바탕으로 최적화된 알고리즘(algorithm)을 이용해 어떤 시점에 어떤 상품이 어떤 매장에 진열되어야 하는지 실시간으로 분석
비즈 니스 창출	스파크드 (Sparked)	네덜란드에서 소에 센서를 장착해 식사량, 운동량 파악
	온스타(OnStar) GMAC 보험	원격 측정 데이터를 이용해 이동 거리가 짧은 운전자에게 낮은 보험 프리미엄을 부과하는 선택 프로그램 개발
	구글	〔무인 자동차〕 차량운행 정보, 실시간 교통 상황, 이용자의 운행 패턴 수집
	애플	〔시리(Siri)〕 센서 데이터를 기반으로 단말이 개인 비서 역할(음성 검색)
	펄스-K	기업이 자사 이미지에 부정적 영향을 실시간 파악해 원인 분석

자료: 송민정(2012) 내용 재구성.

일부터 2013년 5월 30일까지 약 2년 6개월에 걸쳐 트위터, 블로그, 온라인 뉴스에서 총 36억 건의 데이터를 분석해 대한민국 라이프 스타일(life style), 정책 분야별 국민 관심도, 국정 기조별 국민 관심도 등에 대한 경향성을 파악한 적이 있다.

이 밖에 지자체 차원에서 빅데이터 관련 정책적 의지를 표명하는 경우로 서울시를 들 수 있다. 서울시는 최근 KT 빅데이터를 활용해(KT의 통신 데이터와 서울시의 공공 데이터를 융합해) 시민들의 편의성 향상을 위한 서비스 발굴을 천명하기도 했다(서울시 보도자료, 2013).

빅데이터가 실제 활용되는 사례는 공공 영역보다도 민간에서 다양하며 활발하다고 할 수 있다. 실제 빅데이터는 외국의 경우 민간에서 가까운 미래 예측, 고객 분석, 생산성 향상 등에 다양하게 활용된다(〈표 2-4〉 참조). 국내에서도 NHN, KT, 카드사(BC, 국민, 하나, 신한, 롯데, 현대) 등 민간에서 빅데이터를 적극 활용하는 사례가 다수 발견된다.

이러한 빅데이터는 다이내믹 데이터(dynamic data)와 초(超)빅데이터로까지 급속히 진행 중이기도 하다. 다이내믹 데이터는 기존 빅데이터와 빠른 데이터(fast data) 간의 경계에서 진화해 나타난 경우로 2015년쯤 본격 출현할 것으로 전망된다. 조만간 단순한 대규모 용량의 데이터를 넘어선 초빅데이터 시대가 도래할 것으로 예상되는데 향후 10년을 지난 10년보다 더욱 가파르게 변화시켜 만물인터넷 초연결 시대를 추동하는 기술로서 제타플러드 (Zetta flood)[3]가 언급되는 실정이다.

---

3 시스코의 선임 미래 학자 데이브 에반스는 제타플러드라는 제타 규모의 데이터가 홍수처럼 밀려드는 것을 의미하는 조어를 만들었다. 제타바이트는 보통의 빅데이터 (페타바이트 규모)보다 100만 배 더 큰 규모이다.

2) 클라우드 컴퓨팅 서비스의 확산

클라우드 컴퓨팅[4]은 인터넷만 연결되어 있다면 언제, 어디서나 필요한 데이터와 애플리케이션을 손쉽게 이용할 수 있는 환경을 제공한다. 따라서 이 서비스를 이용할 경우, 개별적으로 구입해야 했던 하드웨어, 소프트웨어 비용과 업그레이드 및 유지·보수에 소요되는 비용을 절감할 수 있다. 데이터와 각종 애플리케이션을 유틸리티(utility) 형식으로 제공함으로써 정보자원 관리상 규모의 경제를 도모할 수 있는 최적의 서비스 개념인 것이다. 그렇다 보니 클라우드 컴퓨팅 서비스는 인터넷의 급속한 확산과 웹서비스의 발전에 따른 IT 서비스 환경의 확장 요구에 대응한 해결 방안으로 인식되고 있다. 특히 빅데이터를 처리하는 데 필수 불가결한 요소로 부각된다. 가트너의 경우 2013년 주목해야 할 10대 전략 기술에 프라이빗(private) 클라우드와 하이브리드(hybrid) IT 클라우드 컴퓨팅을 포함시키고 있을 정도이다.

이러한 클라우드 컴퓨팅이 더 본격화될 때 초연결 사회의 폭발적이고 천문학적인 데이터 발생량을 충분히 처리하는 IT 환경이 조성된다고 할 수 있

〈표 2-5〉 클라우드 서비스의 개념·내용

구분	내용
소프트웨어(SaaS)	응용 프로그램/솔루션 제공(오피스웨어, 웹메일 등)
플랫폼(PaaS) ·	개발 환경, 데이터 연산 및 인프라 서비스 제공
인프라(IaaS)	서버, 스토리지(storage), 네트워크 등의 IT 자원 제공

자료: 최우석(2010).

---

4 클라우드 컴퓨팅 환경이란 데이터와 프로그램들이 개인의 PC에 저장되기보다는 인터넷 기반의 컴퓨터들의 구름(클라우드)에 저장되고, 사용자는 컴퓨팅을 위해 언제 어디서나 PC, 휴대전화 등의 단말기를 통해 클라우드에 원격 접속해, 원하는 서비스를 받을 수 있는 새로운 컴퓨팅 환경을 말한다.

〈그림 2-4〉 클라우드 서비스 시장의 성장 전망

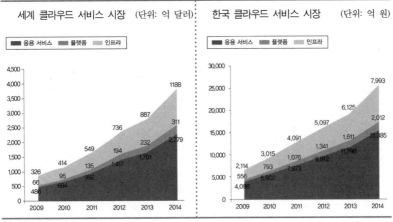

자료: 이상동(2010); 최우석(2010) 재인용.

〈그림 2-5〉 클라우드 서비스의 전개 방향

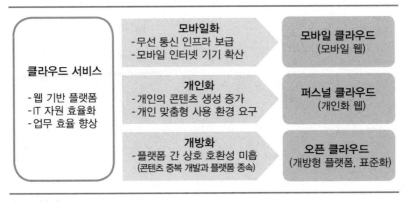

자료: 최우석(2010).

다. 클라우드 컴퓨팅 서비스는 공공 부문과 선진 기업들에 의한 도입이 증가해 시장 규모가 확대일로에 있으며 향후 시장 규모가 급격히 커질 전망이다. 전 세계 시장 규모는 응용 서비스와 인프라를 중심으로 2009년 796억 달러에서 2014년 3,434억 달러로 연평균 24%의 고성장이 예상된다. 한국의 경우도 2009년 6,739억 원에서 2014년 2만 5,480억 원으로 성장할 것으로 전망된다(이상동, 2010).

향후 이 시장은 더욱 성장할 것이고, 그런 만큼 초연결 사회 시스템을 지지하는 IT 환경 요인으로 굳건한 위치를 점할 것으로 보인다. 특히 클라우드 서비스는 모바일화, 개인화, 개방화 등 IT 산업 트렌드에 맞춰 다양한 신규 서비스들이 등장하며 활성화될 것으로 보인다(최우석, 2010).

제2절 초연결 사회로의 변화 동인

초연결 사회는 다양한 차원의 다양한 원인에 의해 나타나기 시작했으며, 경제, 정치, 사회, 문화 등 거시 환경의 변화에 영향을 주는 메가트렌드(megatrends)의 성격을 지닌다. 이러한 초연결 사회로의 변화 동인은 크게 세 가지로 구분해 살펴볼 수 있다. 첫 번째로 시장 요인이다. 이는 연결을 통해 구체적으로 나타난 결과이자 초연결 사회로의 변화를 더욱 촉진시키며 산업적 기회를 제공할 수 있는 원천을 의미한다. 두 번째 요인은 기술 요인으로서 발전 과정을 통해 연결의 구현·가속화는 물론 좀 더 광범위하게 활용될 수 있는 기반을 의미한다. 마지막으로 전략적 요인이 중요하게 거론될 수 있다. 이는 국가, 산업, 기업 등의 측면에서 환경 변화에 대응하며 연결을 지향하게 된 배경이자 전략적 운영 원리이다.

1. 시장 요인: 'C세대'의 등장과 '연결' 욕구 증대

C세대(Connection Generation)는 ICT에 친숙한 세대로서 초연결 시대의

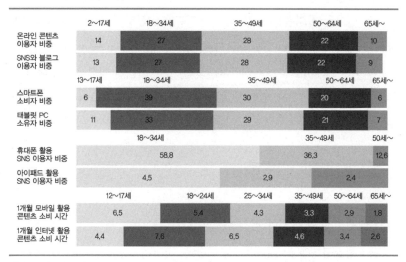

〈그림 2-6〉 C세대들의 미디어 소비 행태

	2~17세	18~34세	35~49세	50~64세	65세~
온라인 콘텐츠 이용자 비중	14	27	28	22	10
SNS와 블로그 이용자 비중	13	27	28	22	9

	13~17세	18~34세	35~49세	50~64세	65세~
스마트폰 소비자 비중	6	39	30	20	6
태블릿 PC 소유자 비중	11	33	29	21	7

	18~34세	35~49세	50세~
휴대폰 활용 SNS 이용자 비중	58.8	36.3	12.6
아이패드 활용 SNS 이용자 비중	4.5	2.9	2.4

	12~17세	18~24세	25~34세	35~49세	50~64세	65세~
1개월 모바일 활용 콘텐츠 소비 시간	6.5	5.4	4.3	3.3	2.9	1.8
1개월 인터넷 활용 콘텐츠 소비 시간	4.4	7.6	6.5	4.6	3.4	2.6

자료: Nielsen(2012).

주류를 형성해가며 경제적·사회적으로 변화와 발전을 주도할 세대이다. 특히 이들은 현실(offline)과 가상(online) 세계를 넘나들며 네트워크를 형성하고 거대한 양의 정보를 생산·소비하는 주체로 성장하고 있기 때문에 언제 어디서나 더 신속하고 믿을 수 있는 '연결'을 지향한다.

태어날 때부터 마우스를 쥐고 태어났기 때문에 디지털 네이티브(digital native)라고 불리는 C세대는 현재 대학이나 직장 생활을 하고 있으며 연결 등을 통한 소비 생활을 영위하는 특징을 지닐 뿐만 아니라 연결의 핵심 수단인 모바일 기기를 활용해 콘텐츠 중심의 소비가 일상화된 세대이다. 미국의 소비자 전문 조사기관인 닐슨(Nielsen)에 따르면, C세대는 베이비 붐 세대와 비교해 모바일 기기를 활용한 SNS(Social Network Service) 이용과 콘텐츠 소비가 활발한 것으로 조사되었다(Nielsen, 2012; 〈그림 2-6〉 참조). 특히 이들이 원하는 연결은 자신을 둘러싼 모든 것이 연결되어 있어야 하며, 이

것이 무의식적이며 자연스러운 것을 지향한다. 이러한 이들의 성향은 생활 방식의 변화를 가져올 것이며, 궁극적으로 ICT 산업의 발전은 물론 ICT와 다른 산업과의 융합을 더욱 촉진시킬 것으로 기대된다. 즉 이들의 연결은 ICT 부문에 의해서 ICT 부문에만 해당되는 것이 아니라 의료, 유통, 여행 등 다른 부문, 다른 산업에 영향을 미치며 미래는 이러한 현상이 더욱 가속화 될 것이다.

2. 기술 요인

1) 연결 비용의 감소와 연결 속도의 증가

연결 비용의 감소는 네트워크에 연결된 기기와 서비스의 수를 증대시킬 수 있는 공급 시장의 조건 개선을 의미하는 것으로 연결의 효율성을 극대화 할 수 있는 기술적 전제 조건이다. 이와 관련해 에릭슨(Ericsson)사는 500억 개의 기기 등이 네트워크에 연결될 수 있고 연결 지향의 새로운 서비스 가 등장할 수 있게 된 배경에는 ① 광대역 모바일(Broadband Ubiquity), ② 제품의 개방성과 단순성, ③ 연결 비용의 감소가 있음을 제시한 바 있다(Ericsson, 2011).

이러한 연결 비용의 감소는 ① 좀 더 낮은 가격의 기기 제공, ② 더 많은 정보와 콘텐츠의 제공 가능, ③ CPU, 메모리 등의 성능 개선, ④ 저장 용량 의 증가 등에 긍정적인 영향을 줄 수 있다(StackMob, 2012).

연결 속도의 증가는 연결 비용의 감소와 마찬가지로 다양한 서비스를 제 공할 수 있는 기반이자 고용량 콘텐츠의 전송 등을 용이하게 하여 연결 대 상 간 지속적인 상호작용을 가능하게 하는 조건이다. 특히, 최근 4세대 LTE(Long Term Evolution)까지 진화한 모바일 네트워크 환경은 스마트폰 등 고성능 기기의 시장 확대와 이를 기반으로 한 새로운 서비스 창출에도 영향

<표 2-6> 연결 속도의 증가: 세계 휴대폰·스마트폰의 평균 연결 속도 (단위: kbps)

구분		2012년	2017년
세계	휴대폰	526	3,898
	스마트폰	2,064	6,528
	태블릿	3,683	11,660
지역	중동·아프리카	219	2,898
	중앙·동유럽	551	4,760
	남미	200	2,207
	서유럽	1,492	7,013
	아시아·태평양	316	3,036
	북미	2,622	14,399

자료: Cisco IBSG(2013).

<그림 2-7> 연결 비용의 감소: 미국의 인터넷 전송 가격 (단위: 달러/Mbps)

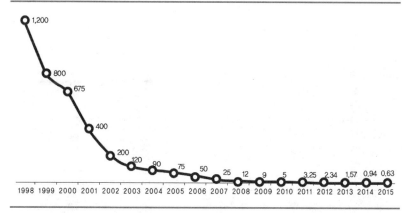

자료: http://drpeering.net/

을 미침으로써 ICT 산업이 모바일 중심으로 변화하는 데 기여하고 있다. 따라서 지속적인 연결 비용의 감소와 연결 속도의 증가는 초연결 사회로의 변화를 원활하게 하여 연결된 생활에 대한 C세대들의 욕구를 충족시키는 필수적인 요소가 된다.

2) 디지털화의 가속

디지털화는 디지털 기술, 네트워크에 연결된(혹은 연결될 수 있는) 기술, 제품, 서비스 등을 광범위하게 적용함으로써 사람, 기업, 정부, 기기 등이 상호 간 연결되고 대량의 정보를 수집·분석·교환할 수 있게 하는 과정을 의미한다. 이는 연결의 효율성을 극대화시키며 시장, 기업, 산업 등의 영역으로 빠르게 확산되는 추세를 보인다. 확산 속도가 빠르게 진행됨에 따라 디지털화의 가치를 인식하고 디지털화를 신속하게 진행시키는 것이 경쟁 관계 등에서 중요한 차별점이 되고 있다. 이미 ICT 산업 내에서 디지털화의 진전에 따라 기존 산업의 틀이 붕괴됨과 동시에 새로운 산업 형태로 변화하

〈그림 2-8〉 미디어 산업의 디지털화

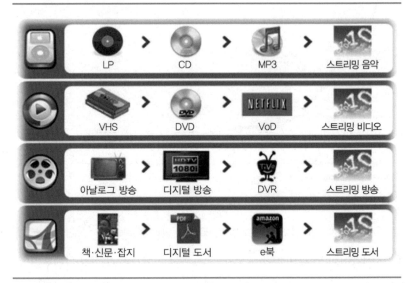

자료: 김용균(2011).

〈표 2-7〉 지역별 디지털화의 영향: GDP 및 일자리 창출(2011년 기준)

구분	GDP(10억 달러)	일자리 창출(명)
아프리카	8.3	618,699
동아시아·태평양	55.8	2,370,241
동유럽	7.0	159,015
라틴 아메리카·카리브해	27.0	636,737
중동·북아프리카	16.5	377,772
남미	25.3	167,650
서아시아	9.4	1,117,753
서유럽	31.5	213,578
세계	192.6	6,002,266

자료: Booz and Company(2013).

는 것을 목도하고 있다(〈그림 2-8〉 참조).

한편, 이러한 디지털화는 ICT 산업 내에서만 존재하는 것이 아니라 기존 산업의 차별적 가치를 증대시키는 측면에서 다른 산업으로의 전환이 이뤄지고 있으며 경제 발전과 일자리 창출 등에 큰 기여를 하는 것으로 추정된다(Booz & Company, 2013; 〈표 2-7〉 참조). 따라서 초연결 시대는 디지털화의 중요성이 더 증대될 것이며 이를 통해 국가, 산업, 기업 등의 새로운 가치를 생성하기 위한 경쟁이 더 치열해질 것이다.

3. 전략 요인: 경험 경제와 롱테일의 중요성 증대

기술, 제품, 서비스 등이 진부해지고 일상 재화로 변화함에 따라 경험이 중요 요소로 부상해 기업들의 차별화 전략으로 적용되고 있다. 앨빈 토플러에 의해 최초로 소개된 후 요제프 파인(Joseph Pine), 제임스 길모어(James

<그림 2-9> 경험의 경제적 가치

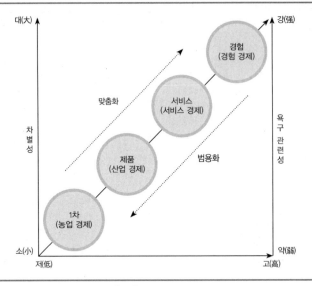

자료: Pine II and H. Gilmore(1999) 재구성.

Gilmore), 롤프 옌센(Rolf Jensen) 등에 의해 이론으로 정립된 경험은 '기억에 남을 만한 그 무엇'으로 감성, 새로움 등 무형적 가치를 제공함으로써 창출된다(〈그림 2-9〉 참조). 가령, 하드웨어의 기능적 차이가 좁혀지면서 스펙 경쟁의 의미가 쇠퇴된 휴대전화 시장에서 스마트폰의 등장은 소프트웨어〔운영체제(OS)〕, 콘텐츠 등의 결합을 통해 고객에게 기존과 다른 차별적인 경험을 제공했기 때문에 새로운 패러다임을 형성해가고 있다.

글로벌 ICT 산업을 선도하는 미국의 IBM 기업 가치 연구소(IBM Institute for Business Value)는 제품의 대량생산 중심인 물질 만능 시대(Physical Era), 그리고 제품의 가치를 점진적으로 변화시키기 위한 디지털 플랫폼 중심의 디지털 시대(Digital Era)를 넘어 차별화된 경험 중심의 '연결된 소비 시대(Connected Consumer Era)'로 발전하고 있음을 제시한 바 있다(IBM Institute

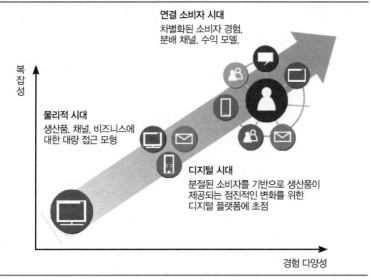

복잡성

연결 소비자 시대
차별화된 소비자 경험,
분배 채널, 수익 모델.

물리적 시대
생산품, 채널, 비즈니스에
대한 대량 접근 모형

디지털 시대
분절된 소비자를 기반으로 생산품이
제공되는 점진적인 변화를 위한
디지털 플랫폼에 초점

경험 다양성

자료: IBM Institute for Business Value(2012).

for Business Value, 2012; 〈그림 2-10〉 참조).

특히 연결된 생활에 대한 욕구가 일상생활에 영향을 미칠 것이기 때문에 산업은 맞춤화를 통해 고객과의 관련성을 높이고 다양한 경험을 연결하며 연속적으로 제공할 수 있도록 변화해야 한다고 언급한다.

최근 개념적인 경험을 ICT 기술을 통해 구체화하는 과정에서 사용자 경험(User Experience: UX)의 중요성이 증가되고 있다. 특히 사용자 경험은 다양한 ICT 기기 간 차별성을 높이고 입출력 조작의 효율성과 편의성을 극대화하기 위해 강조되는 추세이다.

스티브 잡스(Steve Job) 사후 어려움을 겪고 있는 애플은 그 혁신의 역사 속에서 사용자 경험을 어느 기업보다 중요시 여기며 전략적으로 활용해온 기업이라고 볼 수 있다. 애플은 사용자 경험을 중심으로, 1970년 제록스

(Xerox)가 개발한 GUI(Graphical User Interface)를 1984년 마우스(mouse)와 함께 매킨토시에 상업적으로 적용했으며, 2001년 최초로 터치스크린(touch screen) 기반의 휴대용 단말기인 아이팟(iPod), 2007년 멀티터치(Multi-touch) 기반의 아이폰(iPhone), 2010년 아이패드(iPad) 등을 출시함으로써 ICT 산업 패러다임 변화를 주도했다.

스마트 기기의 등장함에 따라 시장에 대한 욕구를 충족시키기 위해 새로운 사용자 경험의 개발과 적용에 대한 경쟁이 심화되는 가운데 초연결 사회는 다양하고 차별적인 경험을 제공하기 위한 기업 간 경쟁이 더욱 치열해지고, 다양한 산업 간 연결(융합)을 더욱 가속화시키는 등 산업의 패러다임 변화를 가져올 것으로 예상된다.

수요 기반 성장의 중요성을 설명하는 원리인 롱테일(Long Tail)은 전략적 활용의 증가로 산업구조와 초연결 사회로의 변화를 촉진한다. 크리스 앤더슨(Chris Anderson)에 의해 처음 소개된 롱테일 법칙은 매출의 80%는 20%의 제품에 집중된다는 파레토(Pareto) 법칙과는 달리 무관심의 대상이었던 80%의 제품이 20%의 제품보다 장기적인 매출 성장에 더 많이 기여한다는 경제 원리로서 기존 물리적 시공간의 제약으로 인해 성장이 제한되어 있던 산업 등에서 인터넷 등 ICT 기술의 발전으로 다양한 제품과 시장 욕구 간 연결이 좀 더 자유로워짐에 따라 인터넷 서점 등 새로운 비즈니스 모델이 탄생했음을 설명한다.

이러한 롱테일의 가치는 연결을 통한 개방, 참여, 협력 등과 이를 활용한 신산업 형성 등에 영향을 줄 수 있는 다양한 틈새시장의 등장과 중요성을 제시하는 데 존재한다(〈그림 2-11〉 참조). 한 예로, 최근 문제해결 솔루션으로 부상한 크라우드 소싱(crowd sourcing)은 다양한 인적 자원의 연결을 통해 롱테일의 전략적 활용·효과를 극대화하는 방법이라고 볼 수 있다.

특히 스마트폰, 스마트 TV 등이 등장하면서 ICT 산업 전체에서 롱테일에

〈그림 2-11〉 모바일 산업에서의 롱테일의 중요성

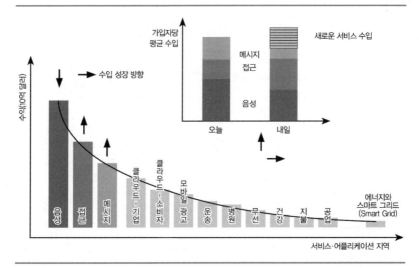

자료: Chetan Sharma Consulting(2012).

해당되는 콘텐츠의 중요성이 부상하는 것은 다양한 틈새시장의 욕구를 충족시키고 기기의 구매와 경쟁력을 개선시킬 수 있는 요소이기 때문이다. 즉 산업이 성숙기에 접어들수록 성과 창출은 롱테일에 해당되는 부분에서 발생하며 장기적인 성장을 위한 새로운 가치를 창출하고 제공하는 측면에서 다양한 산업과의 연결(융합)을 통해 롱테일이 더욱 길어질 가능성이 존재하는 것이다. 이와 관련해 체턴 샤마 컨설팅(Chetan Sharma Consulting)사는 음성 중심의 모바일 산업의 성장이 둔화됨에 따라 모바일 광고, 운송, 의료, 에너지 등 다양한 산업적 영역과의 연결이 모색되고 있음을 제시한 바 있다 (Chetan Sharma Consulting, 2012).

참고문헌

김용균. 2011. 「월간 IT산업 동향 브리핑」(4월). 정보통신산업진흥원.

배동민·박현수·오기환. 2013. 「빅데이터 동향 및 정책 시사점」. KT경제경영연구소.

송민정. 2012. 『빅데이터가 만드는 비즈니스 미래지도』. 한스미디어.

송영조. 2012. 「빅데이터 시대! SNS의 진화와 공공정책」. 한국정보화진흥원.

이상동. 2010. 「Vision on the Clouds 2010」. 한국과학기술정보연구원.

이정현. 2013. 「초연결사회의 법제도: 사이버 보안법제 선진화 방안」. GRI워크샵 발표 자료.

정용찬. 2013. 『빅데이터』. 커뮤니케이션스 북스.

정우진. 2013. 「빅데이터 기술 전망과 기업의 대응방향」. 2013 상반기 SW산업동향 컨퍼런스(2013.6.26).

최우석. 2010. 「클라우드 컴퓨팅 서비스 전개와 시사점」. 『SERI 경영노트 2』. 삼성경제연구소.

하원규·최민석. 2012. 「만물지능통신 기반 초연결 산업의 계층구조 분석」한국전자통신연구원.

하원규·최민석·김수민. 2013. ≪IT 이슈리포트≫, 2013-12. 한국전자통신연구원.

_____. 2013. ≪IT 이슈리포트≫, 2013-7. 한국전자통신연구원.

함유근. 2012. 『빅데이터, 경영을 바꾸다』. 삼성경제연구소.

황기연. 2013. 「Connected, Hyper-connected & Singularity」. GRI 워크샵 발표 자료.

Booz and Company. 2013. "Digitization for Economic Growth and Job Creation Regional and Industry Perspectives."

_____. 2011. "The Rise of Generation C: Implications for the World of 2020."

Chetan Sharma Consulting. 2012. "Mobile Internet 3.0: How Operators Can Become Service Innovators and Drive Profitability."

Cisco IBSG. 2013.6 "Internet of Everything (IoE) Value Index."

_____. 2013.2. "Embracing the Internet of Everything To Capture Your Share of $ 14.4 Trillion."

_____. 2013. "Visual Networking Index: Global Mobile Data Traffic Forecast Update,

2012-2017."

_____. 2012.11. "The Internet of Everything: How More Relevant and Valuable

Ericsson. 2011. "More than 50 Billion Connected Devices." *Ericsson White Paper.*

Evans, Dave. 2011. "The Internet of Things: How the Next Evolution of the Internet Is Changing Everything." CISCO White Paper.

IBM Institute for Business Value. 2012. "Beyond Digital: Connecting media and entertainment to the future."

Kurzweil, Ray. 2005. *The Singularity is Near: When Humans Transcend Biology.* Penguin Books.

Nielsen. 2012. "State of the Media: U.S. Digital Consumer Report."

Pine II, B. Joseph and James H. Gilmore. 1999. "The Experience Economy: Work Is Theatre & Every Business a Stage." Harvard Business School Press.

StackMob. 2012. "Entering a World of Network Connected Devices."

http://www.go-gulf.com

http://www.drpeering.net

제3장

초연결 사회의 고찰
혁신 분야

김현중

제1절 혁신 원천

1. '인간 중심'의 사고

인간 중심은 모든 기술이 본질적으로 인간이 추구하는 가치를 실현하고 삶의 질을 향상시키기 위해 개발·적용되어야 한다는 방향성이자 지향점을 의미하는 것으로 미래 사회는 인간 중심, 가치 지향, 자연 친화, 소통 확장 등 무형의 가치가 중요해질 것이며 이를 극대화하기 위해 ICT가 뒷받침이 되는 사회가 될 것이다. 즉 ICT의 이동성, 지능성, 융합성, 양방향성 등의 특징을 기반으로 연결을 더욱 지향하고 개개인이 추구하는 가치의 실현이 가능해질 전망이다.

일찍이 니컬러스 네그로폰테(Nicholas Negroponte)는 아톰(Atom)이 지배하던 산업 시대에는 대량생산이 일어나지만 비트(Bit)가 주도하는 정보 시대에는 작은 인구 집단을 대상으로 생산이 일어나고, 그 이후 탈정보화 시대의 생산은 단 한 사람을 향할 것이라고 제시한 바 있다(Negroponte, 1995).

<그림 3-1> 인간 중심으로 변화하는 ICT

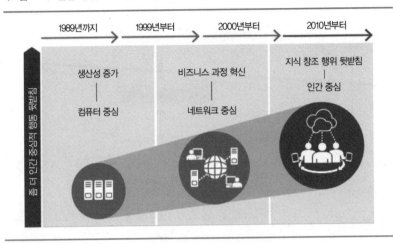

자료: http://www.fujitsu.com/global/vision/paper/our-vision/

이와 맥을 같이하여 ICT 산업은 컴퓨터 중심의 정보화 시대(1차 혁명), 컴퓨터를 연결한 네트워크 중심 시대(2차 혁명)를 넘어 인간을 중심으로 연결되는 초연결 시대(3차 혁명)로의 변화가 예상되며, 인간 중심의 사고는 전략적으로 그 중요성이 더해갈 것으로 전망된다(〈그림 3-1〉 참조). 가령, 아이패드가 처음 출시되었을 때, 성능이나 휴대성 측면에서 노트북과 비교해 그다지 우수한 제품이 아니라고 대다수 전문가들은 반감을 표시했으나 최근 모방 제품 등이 시장에 출시되고 기존 PC 시장을 잠식하기 시작하면서 모든 문제는 기술이 아닌 인간에 달려 있음을 시사하고 있다.

초연결 사회의 실현을 좀 더 구체화시킬 수 있는 수단인 ICT는 인간을 더욱 이해하고 닮아가며 기술 중심에서 인간 중심으로의 발전적 전환이 이루어질 것이다. 즉 ICT는 인간을 이해하고 닮아가며 발전을 거듭해왔다고 해도 과언은 아니며, 그 깊이와 구현 능력 등의 차이로 인해 사업적 성패가 좌우될 것이다. 가령, 청각을 자극하는 음성통화 중심의 휴대전화는 촉각을

<그림 3-2> IBM의 인간 중심 솔루션(Human Centric Solutions)

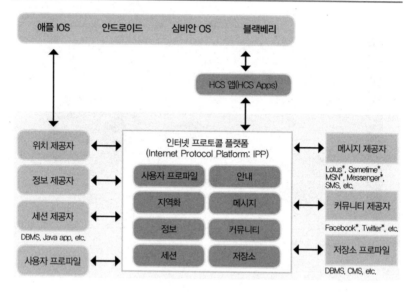

(가) IPP(Intelligent Pervasive Platform)

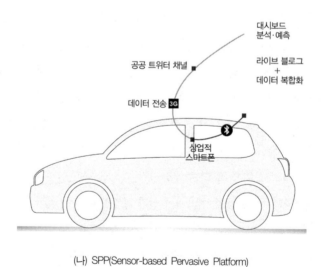

(나) SPP(Sensor-based Pervasive Platform)

자료: http://www-03.ibm.com/able/europe/index.html

자극하는 터치를 거쳐 두뇌에 해당되는 운영체제(Operating System: OS)를 탑재해 경쟁의 패러다임을 전환시켰으며, 사용자 경험 등을 통해 무형적 가치를 구현하며 성장해가고 있다. 이와 관련해 식스 센스(Sixth Sense) 개발자인 MIT의 프라나브 미스트리(Pranav Mistry)는 '인간은 컴퓨팅을 좀 더 인간과 가깝게 만듦으로써 더욱 인간답게 살 수 있다'고 초연결 사회의 ICT의 기술적 발전 방향성에 대해 언급한 바 있다.

초연결 사회에는 이처럼 인간에 대한 더 높은 사업적 이해를 바탕으로 연결성이 강화된 수많은 ICT 기기와 관련 기술을 통해 기술이 인간의 상황이나 환경을 스스로 인식해 최적의 서비스를 제공할 수 있는 기반이 좀 더 완성도 높게 구축될 것으로 예상된다.

최근 글로벌 ICT를 선도해가는 국내외 기업들은 이러한 인간 중심의 중요성을 인식하고 전략적으로 그 활용도를 높이고자 노력 중에 있다. 인텔(Intel)은 2010년 컴퓨터와 인간의 경험 방식을 재창조하기 위해 하드웨어·소프트웨어 기술자와 디자이너, 심리학자, 인류학자가 가세한 다양한 관점과 지식 융합을 도모하고 있으며, 구글은 사용자 인터페이스(User Interface: UI)를 개발하는 데 기술 못지않게 인간을 관찰·이해하는 능력이 필수적임을 각인하고 인간의 본질적인 패턴과 직관을 제품 개발에 반영했다.

글로벌 IT 서비스 시장을 주도하고 있는 IBM은 인간 중심의 솔루션 센터(Human Centric Solutions Center)를 설치하여 인간을 도울 수 있는 모든 기술을 적용해 새로운 솔루션을 개발하는 한편 모든 인간이 향유할 수 있는 새로운 가치를 제공하고자 노력한다(〈그림 3-2〉 참조). 삼성전자는 현 시기를 기술 중심에서 인간 중심으로 바뀌는 제2의 르네상스 시대라고 규정하고 인간 중심으로의 변화가 더욱 중요해질 것이라고 제시하며 '디지털 휴머니즘(Digital Humanism)'이라는 장기 비전을 선포한 바 있다.

2. 인간만이 가지고 있는 '창의성'

창의성은 새롭고 혁신적이며 가치 있는 어떤 것으로 창조할 수 있는 무형의 자산이자 인류가 가진 가장 핵심적인 능력으로 창의성 저해 요소인 효율성을 강조한 서구의 합리주의에 대한 비판적인 견해가 확대되면서 중요성이 부각되고 있다. 또한 창의성은 과거 - 현재 - 미래, 선진국 - 저개발국, 고소득층 - 저소득층 등 시공간, 국가, 계층 등에 관계없이 신(新)가치 창출과 경제 성장의 근간이 되어왔다. 이와 관련해 마틴 경제발전 연구소(Martin Prosperity Institute)는 각 국가별 경제성장과 창의성의 관계를 연구해 양 변수 간 긍정적인 관계가 있음을 실증적으로 분석했다(〈그림 3-3〉 참조). 즉 창

〈그림 3-3〉 경제성장과 창의성의 관계

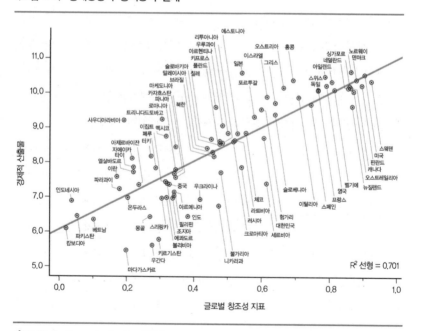

자료: Martin Prosperity Institute(2011).

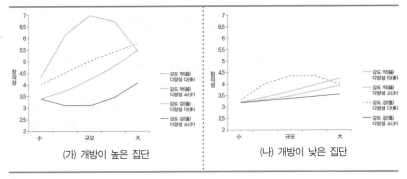

자료: Markus Baer(2010).

의성이 더욱 중요해지는 것은 전 세계적으로 경제 발전의 불균형, 양극화 심화, 노령화 진전 가속화, 생산성 저하 등 당면한 문제를 해결하는 측면에서 인간만이 가진 특성이기 때문이다(Martin Prosperity Institute, 2011).

한편, 마커스 배어(Markus Baer)의 연구에 따르면 창의성은 연결의 규모, 다양성, 강도, 개방 정도 등에 영향을 받아 높아질 수 있음이 실증적으로 분석되었다(〈그림 3-4〉 참조). 즉 연결의 대상, 범위, 속도가 과거에 비교해 다양해지고 광범위해지며 빨라질 것으로 예상되는 초연결 사회에서는 창의성의 발현이 주어진 여러 가지 문제를 해결하기 위해 더욱 중요해질 것으로 보인다(Baer, 2010).

3. 산업 내 · 산업 간 '융합화'

초연결 시대에 기업은 물론 각국 정부는 기존과는 달리 효율적인 생산요소의 운영, 차별적인 전략·정책을 추진하며 부를 창출하기를 희망할 것이다. 그 과정 속에서 '무엇을 가지고 이를 성공적으로 수행할 것인가'를 스스로 자문해볼 것이다. 이러한 측면에서 융합은 새롭고 다양한 해법을 제시해

<그림 3-5> ICT 산업 내 융합 방향

INDUSTRY PLAYER	비즈니스 부문				
	컴퓨터·네트워크 장비	패키지 소프트웨어	통신 서비스	IT 서비스	비즈니스 서비스
하드웨어·인프라 회사	하드웨어·인프라 회사들이 서비스 공간에서 경쟁 →				
통신 사업자			통신 사업자들이 IT 서비스로 이동 시작		
IT 서비스 제공자			← 국외·글로벌 ITS 기업들이 통신 서비스 제공		
소프트웨어·인터넷 회사	← 소프트웨어·인터넷 사업자들이 선택적으로 확장 →				

자료: Acker and Schroder(2012).

줄 수 있을 것으로 판단된다.

이러한 자문의 과정과 융합의 중요성은 ICT 산업 내에서 먼저 인식하고 전략적으로 실행하고 있는 것으로 추정된다. 불과 몇 년 전만 하더라도 ICT 산업은 하드웨어, 소프트웨어, IT 서비스, 콘텐츠 등 각자의 독립적인 영역에서 경쟁하며 자신들의 핵심 역량을 개발하고 경쟁적 지위를 강화해왔다. 그러나 스마트폰이 등장하면서 새로운 패러다임을 주도함에 따라 글로벌 ICT 산업의 선도적 역할을 해온 기업들이 경쟁적으로 산업 내 융합을 추진하고 있다. 글로벌 ICT 50대 기업을 대상으로 올라프 애커(Olaf Acker)와 플로리안 그론(Florian Grone), 게르마 슈뢰더(Germar Schroder)가 분석한 결과가 보여주듯이 통신 사업자, 하드웨어 업체들은 IT 서비스 영역으로, 소프트웨어 업체들은 하드웨어 혹은 통신 서비스의 선택적 영역으로, B2B[1] 주력 업체들은 IT 서비스(B2C)[2] 영역 등으로 각각 확장하고 있는 추세가 이를 반영한 결과라고 볼 수 있다(Acker, Grone and Schroder, 2012; 〈그림 3-5〉 참조).

---

1   기업 간 전자상거래(business to business: B2B).
2   기업과 소비자 간 거래(business to consumer: B2C).

〈그림 3-6〉 글로벌 ICT 기업의 산업 간 융합 사례(MS의 스마트 전기차)

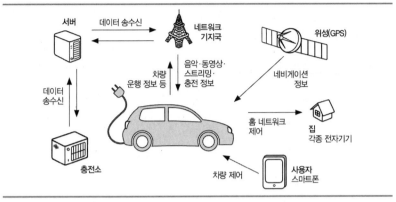

자료: 필자 정리.

〈그림 3-7〉 2011년 대비 2012년 산업별 디지털화(ICT 융합) 지수 변화 정도

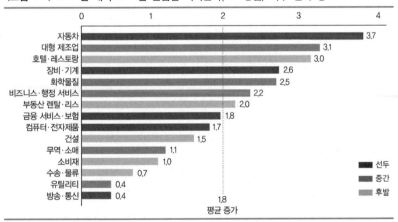

자료: Friedrich et al.(2013).

　　더불어 글로벌 ICT 기업들은 자사의 핵심 역량과 디지털화를 통해 다른
산업으로 확장을 시도한다. 세계적인 반도체 산업의 강자인 인텔은 2011년
GE와 합작해 케어 이노베이션(Care Innovation)을 설립하고 고령자와 만성
질환자를 대상으로 한 '원격 건강관리 서비스'를 실시하고 있으며, 구글은

인포테인먼트(Infotainment)의 영역을 넘어 무인 운전 시스템을 개발했다. 이처럼 ICT 산업 내에서 역량을 키워온 글로벌 ICT 기업들은 의료, 자동차 등으로 사업 영역을 다각화하는 한편 다른 산업과의 융합을 자사의 신성장 동력으로 삼는 것이다(〈그림 3-6〉 참조). 로먼 프리드리히(Roman Friedrich) 등의 유럽 지역을 대상으로 한 분석 결과에 따르면, 2012년도 금융, 자동차, 장비, 유통 등 다양한 산업에서 ICT 기술을 활용한 디지털화 지수(융합)가 2011년에 비해 평균 1.8 증가한 것으로 나타났다(Friedrich et al., 2013; 〈그림 3-7〉 참조).

　　결과적으로 초연결 사회는 ICT 산업 내는 물론 ICT를 통한 산업 간 융합이 더욱 가속화될 것이며, 이를 통해 새로운 부가가치를 창출하는 등 혁신의 성과를 얻기 위한 경쟁이 치열해질 것으로 전망된다.

제2절 핵심 역량

1. ICT 플랫폼화

　　매킨지 앤드 컴퍼니(McKinsey & Company)가 전 산업 총 927명〔IT: 471명, 비(非)IT: 427명〕의 고위급 관계자를 대상으로 조사한 결과에 따르면, 비즈니스 프로세스 효과성·효율성 개선 측면에서 ICT의 역할을 매우 강조하는 것으로 나타났다(〈그림 3-8〉 참조). 즉 현재보다 경쟁이 더욱 심화될 것으로 예상되는 초연결 사회 경쟁 환경에서 ICT는 그 자체가 기업, 산업 등의 혁신과 성장을 지원할 수 있는 새로운 플랫폼으로 자리매김할 것이며, 미래 ICT는 기술적 발전을 거듭하며 여러 가지 사회 문제를 해결하는 수단으로서의 역할뿐만 아니라 ICT 자체와 다른 산업의 혁신과 성장을 도모할 수 있는 경

〈그림 3-8〉 글로벌 기업들의 ICT에 대한 역할(우선순위)

	총계 n = 927	현 우선순위에 대한 랭킹		이상적 우선순위에 대한 랭킹 총계 n = 927
		비IT 임원 n = 427	IT 임원 n = 471	
비즈니스 과정의 효과성 개선	47	1	2	1
비즈니스 과정의 효율성 개선	45	2	3	4
IT 비용 절감	44	5	1	7
관리자에게 기획·의사결정 뒷받침 정보 제공	40	3	4	3
신제품 또는 서비스 창조	29	4	6	2
규정 준수 확인	23	6	8	8
신시장 진출	20	7	5	5
위기 관리	14	8	7	6

자료: McKinsey and Company(2011).

제 인프라로서의 역할이 더욱 강화될 전망이다(McKinsey & Company, 2011).

미국의 발명가 레이 커즈와일이 수확체증의 법칙에 따라 기술은 발전할수록 그 발전에 가속도가 붙는다고 주장한 것과 같이 미래는 과거·현재보다 신가치에 대한 요구 정도가 더욱 높아지고 시장 변화에 대응하려는 신기술, 신제품 등의 개발 속도는 더욱 빨라질 것으로 예상된다. 이러한 측면에서 ICT 기술은 혁신·성장 플랫폼으로서 그 중요성이 더해 갈 것이다. 특히 ICT 기술이 지닌 '창조적 파괴자'로서의 속성은 융합을 더욱 촉진하는 한편 이를 통해 신가치를 제공할 수 있을 것으로 기대한다.

ICT가 플랫폼으로서의 역할을 하기 위해서는 기존 생산요소 간 결합이 더욱 용이해져야 하며, 생태계 구성원들과의 공동의 목적인 신가치 창출 등을 위해 공생과 공진화의 관점으로 더 강건하고 안정적인 체계를 구축해야 할 것이다. 초연결 사회는 각 영역에서의 경쟁이 이루어진 과거, 현재와는

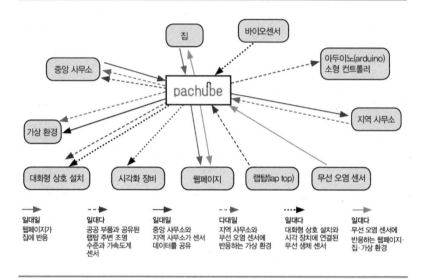

주: 코즘(Cosm)은 구(舊)파추브.
자료: http://pooja.hotglue.me/?pachube/(Cosm에서 수정).

달리 ICT의 플랫폼화, 즉 ICT 각 영역이 상호 연계성을 더욱 강화해가면서 기업, 국가 등이 경쟁할 것이다.

다양한 사물을 대상으로 하는 사물인터넷 시장의 경우 개방형 플랫폼 기업이 주도하고 있는 실정으로 실제 플랫폼의 개발을 통해 성공적인 비즈니스를 하는 사례들이 생겨나고 있다. 2004년 창업한 재스퍼 와이어리스(Jasper Wireless)가 그 예이다. 이 회사는 M2M 단말기 간 통신 임대 사업자로 시작했으나, 다양한 사물을 대상으로 하는 M2M의 특성을 수용할 수 있는 개방형 공통 서비스 플랫폼을 개발했으며, 스페인의 텔레포니카(Telefonica)를 필두로 네덜란드의 KPN, 일본의 NTT 도코모(NTT Docomo), 캐나다의 로저스(Rogers), 호주의 텔스트라(Telstra), 싱가포르의 싱텔(SingTel), 러시아의 빔펠콤(VimpelCom), 아랍에미리트의 에티새라트(etisa-lat) 8개 통신 사업자와 전략적 제휴를 맺고 동일한 공통 플랫폼 제공을 추진 중에 있기도 하다(장원규, 2013).

이 밖에 개방형 플랫폼 개발을 통한 글로벌 신규 시장을 창출한 사례로 영국의 코즘[Cosm, 구(舊)파추브(Pachube)]을 들 수 있다. 2008년에 창업한 파추브는 사람과 사물, 어플리케이션을 인터넷을 통해 연결하는 개방형·크라우드 소스형 IoT 플랫폼과 응용 서비스를 세계 최초로 개발해 서비스를 제공하고 있다. 이는 인터넷을 기반으로 전 세계에서 수집된 센싱(sensing) 정보 등의 데이터를 실시간으로 관리할 수 있으며, 등록한 사람들에게는 수집된 정보들을 공유하고 협업할 수 있는 환경을 제공해준다. 이와 같은 개방형 사물인터넷 플랫폼은 세계에 존재하는 사물들을 네트워크로 연결해 언제 어디서나 서로 소통할 수 있도록 한다.

2. 환경 변화에 유연한 비즈니스 모델

ICT 등 신기술의 등장으로 인해 변화하는 비즈니스 모델은 좀 더 정교한 제품·서비스·경험을 제공하기 위한 생태계 창조를 촉진하는 수단이다. 가령, 1940~1950년대 영화 산업을 잠식하며 성장의 발판을 마련한 TV는 광고 등 다양한 사업적 기회를 창출했으나 최근 스트리밍 형태로 콘텐츠를 제공하는 사업자들의 등장으로 태블릿 PC, 스마트폰 등에 의해 시청자를 뺏김에 따라 스마트 TV라는 새로운 제품 개발을 통해 수익 모델을 보완하는 한편 기존 생태계의 변화를 시도하는 상황이다(〈그림 3-10〉 참조).

한편, IBM 기업 가치 연구소의 글로벌 CEO를 대상으로 한 조사 결과에 따르면, 더 높은 성과를 창출하는 기업들은 차별화된 새로운 가치를 위해 비즈니스 모델의 혁신을 매우 중요하게 여기는 것으로 나타났다(IBM Institute for Business Value, 2006, 2008, 2010, 2012; 〈그림 3-11〉 참조).

〈그림 3-10〉 홈 엔터테인먼트 산업의 비즈니스 모델 변화 방향

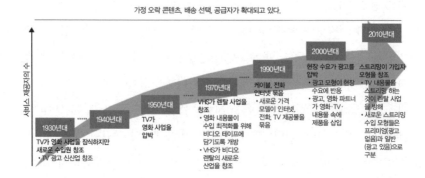

자료: IBM Institute for Business Value(2013).

〈그림 3-11〉 비즈니스 모델 혁신 영역별 중요도

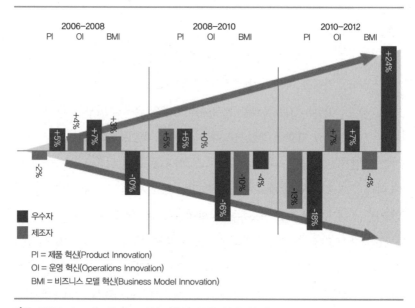

자료: IBM Institute for Business Value(2006, 2008, 2010, 2012).

〈그림 3-12〉 비즈니스 모델 혁신 사례(아마존)

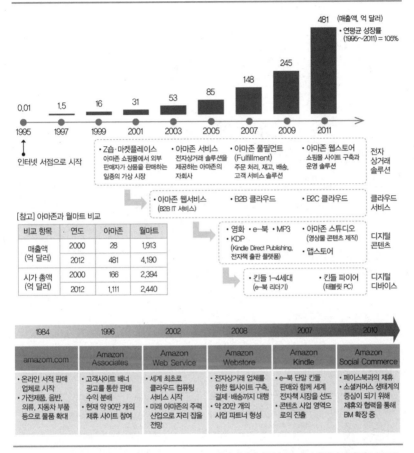

자료: Amazon(1996~2012); Walmart(2001, 2012); KT경제경영연구소(2010); 삼성경제연구소(2012).

최근 기업들은 새로운 수익원 창출 등을 위해 기존 비즈니스 모델을 혁신하려는 사례가 증가하고 있다. 아마존과 페이스북이 대표적인 사례에 해당한다(〈그림 3-12〉와 〈그림 3-13〉 참조). 이러한 사례의 증가 추세 가운데 디지털 네이티브(Digital Native)라고 불리는 C세대들의 등장과 이들이 주도하는 새로운 소비문화로 인해 비즈니스 모델의 혁신과 환경 변화에 유연하게

〈그림 3-13〉 비즈니스 모델 혁신 사례(페이스북)

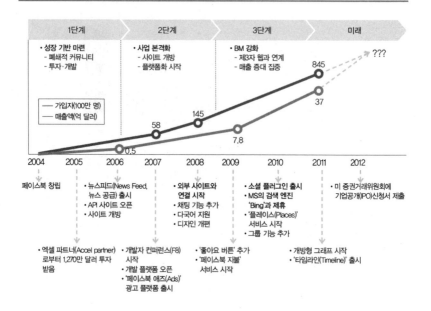

		소셜 그래프(2004~2011)	개방형 그래프(2011.9~)
전략	목표	**'사람 연결'** • 가입자 기반의 성장	**'앱·웹 연결'** • 서비스 기반의 성장
	정책	• 플랫폼 개방을 통한 소셜 기반 구축	• 제3자와의 제휴를 통한 다양한 서비스 제공
BM	광고	• 사용자 프로파일을 활용한 타겟팅 광고 (Self-serve Ad.) • 소비자 참여형 광고(Engagement Ad.)	• 검색 광고 확대(MS Bing과 제휴) • 모바일 광고 • 제휴 사이트 광고 매출 배분
	결제	• 선물, 게임 아이템 등의 가상 재화 거래	• 영화, 음악 등 다양한 디지털 콘텐츠로 확대
	수익 배분		• 제휴 사이트와 판매·광고 매출 배분
서비스	사용자	**소셜** • 뉴스피드 • 좋아요 버튼 • 그림화된 이야기 • 장소	**상업** • 페이스북 게임 • 페이스북 광고 • 가상재 숍 • 타임라인
	개발자	• 페이스북 연결(소셜 플러그인) • F8(개발자 컨퍼런스)	• 개방형 그래프 프로토콜 • 캔버스 앱

자료: KT경제경영연구소(2012).

〈그림 3-14〉 초연결 시대 비즈니스 모델(개념적)

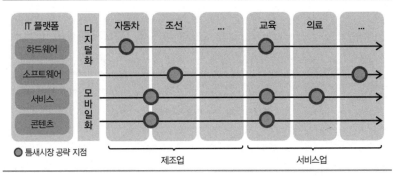

자료: 김현중(2012).

대응하기 위한 비즈니스 모델 개발의 필요성이 증가할 것으로 전망된다.

특히 산업 내 혹은 산업 간 경계 파괴가 기존보다 더욱 심화될 초연결 사회에서 주도권을 확보하고 핵심 가치의 구현과 경제성장 등에 대한 포괄적인 접근을 위해서는 유연한 수평적·수직적 비즈니스 모델 구축이 필요할 것이다. 이 과정 속에서 다양한 산업에 분포된 글로벌 선도 업체와 국가들은 자신들이 속한 산업 내는 물론 다른 산업들과의 지배력 경쟁을 위해 좀 더 안정적인 가치 사슬과 비즈니스 생태계 구축 등을 위해 노력할 것으로 예상된다.

디지털화, ICT 플랫화, 융합화 등이 지금보다 더욱 고도화되는 초연결 사회의 비즈니스 모델은 〈그림 3-14〉와 같이 구획이 가능할 것이며, 특히 기존 선도 기업들의 주도가 여전히 존재하겠지만 틈새시장을 공략하는 기업 또한 다양한 분야에서 탄생할 것으로 예상된다. 이러한 과정에서 영원한 적군도, 영원한 아군도 없는 상황이 전개될 가능성이 있으며, 특정 산업 내에 분포된 기업들과의 경쟁만이 아닌 다른 산업에 분포된 기업들과의 경쟁도 일상화될 것으로 예상된다.

3. 창의적 인재의 육성과 확보

맨파워그룹(ManpowerGroup)이 글로벌 39개국, 2,500개 기업의 경영자를 대상으로 한 설문조사 결과에 따르면, 전체의 24%가 부족한 기술 인력 확보를 위해 글로벌 인재를 찾고 있다고 응답한 바 있다(ManpowerGroup, 2011); 〈그림 3-15〉 참조). 이와 유사하게 프라이스워터하우스쿠퍼스(Pricewaterhouse-Coopers: PwC)에서 글로벌 기업 CEO를 대상으로 한 설문 결과에서도 향후 1년간 가장 중요한 전략은 인재 확보·유지라고 응답했다. 그만큼 인재는 기업과 국가의 성장에 필수적인 요소인 것이다(PwC, 2012).

시대가 요구하는 인재상은 그 시대의 사회상이 반영되고, 시대의 흐름에 따라 지속적으로 변화하고 있으며, 이러한 측면에서 인재의 확보·육성은 산업적 변화에 대한 대응력을 높이고 주도권을 확보하기 위한 가장 현명한 방법이라고 판단된다. 특히 인재 육성은 인류 역사 속에서 항상 중요한 화두였으며 지속 가능한 성장의 핵심으로 평가됨에 따라 더욱 중요한 미래 준비 대책으로 부상하고 있다. 이러한 측면을 반영하듯, 최근 글로벌 ICT 기업들은 신규 진입 기업의 등장으로 신사업 진출 영역이 중복됨에 따라 인재 확보 경쟁이 치열해지고 있다(〈그림 3-16〉 참조).

IBM이 64개국 1,709명의 CEO를 대상으로 조사한 결과, 상호 연결된 초연결 시대의 지속적인 경제 성장, 가치 실현 등을 위한 중요한 원천으로 인적 자본(71%), 고객 관계(66%), 제품 혁신(52%) 등을 제시했다. 즉 변화 속도가 현재보다 더욱 빨라질 것으로 예상되는 초연결 사회에서는 우수한 인재 확보가 무엇보다도 중요하다는 것이다(IBM, 2012).

향후 기업이나 국가에서 경쟁력 강화 등을 위해 확보·육성해야 할 우수한 인재는 창의적 인재로서 이들은 파급력 있는 신기술, 신사업 창출 등의 원동력으로 그 역할을 충분히 수행할 것으로 예상된다. 이와 관련해 삼성경

〈그림 3-15〉 글로벌 인재에 대한 소요 현황

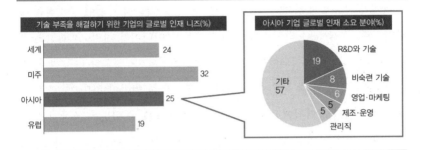

자료: ManpowerGroup(2011).

〈그림 3-16〉 글로벌 ICT 기업들의 인재 쟁탈 전쟁

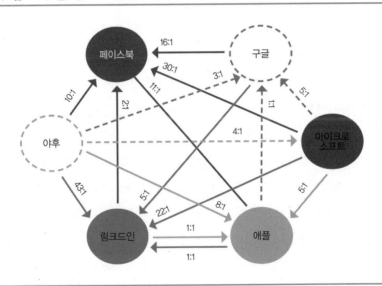

주 1: 온라인 구인정보 기업 '톱 프로스펙트(Top Prospect)'가 회원 250만 명의 프로파일을 분석해 실리콘밸리 기업의 인재 전쟁 승자와 패자를 가름(2011년 6월 기준).
주 2: 화살표 안의 숫자는 기업 A에서 B로 이동한 인재 수 대비 기업 B에서 A로 이동한 인재 수의 비율을 의미(예: 구글에서 페이스북으로 인재 16명이 이동하는 동안 페이스북에서 구글로는 1명만 이동).
자료: Top Prospect Data Labs(2011).

제연구소는 창의적 인재를 ① 전문 지식과 창의적 사고 스킬을 바탕으로 과업에 몰입함으로써 창의적인 산출물을 내고, ② 집단의 과업이 창의적인 결과가 나올 수 있도록 타인과 협업해 새로운 아이디어를 내며, ③ 집단 구성원들이 창의적인 아이디어를 내고 문제를 해결할 수 있도록 다양성 확보, 갈등 관리, 집단 성찰 등을 통해 집단을 관리할 줄 알아야 하며, ④ 조직 전체의 입장에서 창의적이고 혁신적인 산출물이 나올 수 있도록 조직 구조 설계, 전략 수립, 자원 확보, 창의적인 조직 문화와 풍토를 마련하는 사람이라고 제시한다(삼성경제연구소, 2012).

4. 빅데이터의 분석과 활용

웹 2.0의 주창자인 팀 오라일리(Tim O'Reilly)는 소프트웨어 인프라가 대부분 오픈 소스화 또는 범용품화되는 시스템에서 유일한 가치의 원천은 데이터라고 언급한 바 있다. 빅데이터는 21세기 원유 혹은 광석으로 어떻게 가공하느냐에 따라 그 가치가 변화할 수 있는 하나의 자원이다.

시스코는 인터넷을 통해 유통되는 데이터양이 연평균 23%(2012~2017년) 성장해 2017년까지 연간 1.4제타바이트(1021바이트)에 도달할 것이라고 전망한다. 이러한 데이터의 폭증은 PC, TV, 스마트폰, 태블릿 PC 등 기존 ICT 기기 외에 M2M 등 연결 장치의 보급 확대에 기인한다. 즉 빅데이터는 연결 과정에서 나타난 하나의 결과라고 볼 수 있으며, 지금보다 연결 대상이 많아질 초연결 사회에서는 상상 불허의 데이터가 생산되고 유통될 가능성이 있다(Cisco, 2013).

2012년 1월에 개최된 세계경제포럼[다보스포럼(Davos Forum)]에서는 빅데이터 기술을 국제 개발의 새로운 가능성을 여는 2012년의 가장 중요한 기술로 지목한 바 있다. 이렇게 주목을 받게 된 배경은 단순한 ICT 트렌드를

〈그림 3-17〉 주요 ICT 기기별 데이터양

M2M 모바일 = 9* x 휴대전화
휴대용 게임 콘솔 = 42* x 휴대전화
스마트폰 = 50* x 휴대전화
태블릿 = 120* x 휴대전화
랩탑 = 368* x 휴대전화

주: *는 월간 일반 휴대전화의 데이터양
자료: Cisco(2013).

넘어서 경제, 사회 등 당면한 현안 문제를 해결하기 위한 실마리를 빅데이터 분석 등을 통해 찾고자 하기 위함이다. 특히 빅데이터가 최대 화두로 부상하면서 대형 업체 간 주도권 경쟁이 치열하게 전개되는 것은 전통적인 하드웨어, 소프트웨어 등의 차별성이 하락함에 따라 빅데이터가 가지는 가치를 인식하고 이를 선점하기 위함이다.

이러한 측면에서 IBM 기업 가치 연구소는, 기업들이 오랫동안 고민해온 난제에 대한 해결책을 빅데이터가 제공해줄 뿐 아니라 프로세스와 조직, 산업 전반, 심지어 사회 전체를 변화시킬 수 있는 새로운 방법까지 제시할 수 있다고 그 중요성을 강조한 바 있다(IBM Institute for Business Value, 2012). 상기 보고서에 따르면, 기업들은 빅데이터 분석·활용을 통해 고객 중심적 성과 개선, 신규 비즈니스 모델 개발·구축, 운영 최적화, 위험·재무 관리 등의 다양한 목적을 추구한다. 특히 인포메이션(Information)이 글로벌 ICT 기업의 담당자 600여 명을 대상으로 조사한 결과에 따르면, 67%가 빅데이터 활용이 기업 경쟁력 제고의 기회라고 응답했다(Information, 2012).

그만큼 기업들은 빅데이터를 활용해 환경 변화에 대응하고 경쟁자보다 앞서서 신기술 개발, 신시장 개척 등은 물론 한계에 직면한 경쟁력을 개선하고자 할 것이다. 즉 빅데이터의 분석 및 활용은 초연결 사회의 환경 변화 대응력을 의미하는 것으로 분석·추론된 빅데이터의 결과를 바탕으로 ① 시장 변화의 예측을 통한 신사업 발굴, ② 원가 절감, 제품 차별화 등을 통한 경쟁력 강화, ③ 생산성 향상을 통한 경제성장 등을 도모할 수 있기 때문에 더욱 중요해질 것으로 예상된다. 특히 불확실성 등이 심화될 것으로 예상되는 미래 초연결 사회에서 잠재적 위험 요소를 제거하고 사회적·경제적 발전을 도모하기 위해서는 빅데이터의 분석·활용 능력을 배양하는 것이 중요하다.

참고문헌

KT경제경영연구소. 2012. 「Facebook에 관한 거의 모든 것: 현재와 미래」.

_____. 2010. 「신흥기업들의 고성장 DNA」.

김현중. 2012. 「초연결 시대로의 변화와 대응 방향」. ≪IT Insight≫, 2012-02.

삼성경제연구소. 2012. 「아마존의 신사업 성공 비결: 레버리지 전략」.

Acker, Olaf, Florian Grone, and Germar Schroder. 2012. "The Global ICT 50: The Supply Side of Digitization." Booz and Company.

Amazon. 1996~2012. "Annual Report."

Cisco. 2013. "Visual Networking Index: Global Mobile Data Traffic Forecast Update, 2012-2017."

Friedrich, Roman, et al. 2013. "The 2012 Industry Digitization Index." Booz and Company.

IBM Institute for Business Value. 2013. "Insatiable Innovation."

_____. 2012. "Global CEO Studies."

_____. 2010. "Global CEO Studies."

_____. 2008. "Global CEO Studies."

_____. 2006. "Global CEO Studies."

Information. 2012. "Balancing Opportunity and Risk in Big Data: A Survey of Enterprise Priorities and Strategies for Harnessing Big Data."

ManpowerGroup. 2011. "The Borderless Workforce Research Results."

Markus Baer. 2010. "The strength-of-weak-ties perspective on creativity: A comprehensive examination and extension." *Journal of Applied Psychology*, Vol. 95, No. 3.

Martin Prosperity Institute. 2011. "Creativity and Prosperity: The Global Creativity Index."

McKinsey and Company. 2011. "McKinsey Global Survey Results: A Rising Role of IT."

Negroponte, Nicholas. 1995. *Being Digital*. Knopf.

PwC. 2013. "How Does Your Business Model Add Value? And Will it in 2020?" *World*

Watch, Issue 2.

Top Prospect Data Labs. 2011. "Winners and Losers In Silicon Valley's War For Talent."

Walmart. 2012. "Annual Report."

_____. 2001. "Annual Report."

http://www.pooja.hotglue.me/?pachube

http://www.fujitsu.com/global/vision/paper/our-vision/

http://www.pranavmistry.com

http://www-03.ibm.com/able/europe/index.html

제4장

초연결 사회의 고찰

산업 분야

유영성

제1절 초연결 사회의 산업

1. 산업 시스템 모습

초연결 사회의 산업 시스템은 어떤 모습을 보일까? 초연결 사회의 도래가 더 본격화·현실화되는 향후 20~30년을 전제할 때 새롭게 나타날 산업 시스템은 〈그림 4-1〉과 같이 조망해볼 수 있다. 이에 의하면 현재의 제조업의 형태는 완전히 바뀐다고 볼 수 있다.

〈그림 4-1〉에서 보듯 미래 초연결 사회의 산업 시스템은 다음과 같은 주요 특징을 지닌다 할 것이다.

첫째, 원격 조작이나 가상현실 기술로 산업 현장은 스마트한 공간으로 바뀌게 된다. 이에 따라 공장 작업이 주는 오퍼레이터(operator)나 엔니지어(engineer)의 피로를 줄여주는 첨단 센서 기술이나 분석 기술이 광범위하게 활용될 것이다. 더 나아가 산업 환경에서 가혹한 중노동, 위험하고 반복적인 작업 등 이른바 3D 문제는 사라지거나 대폭 완화될 것이다.

<그림 4-1> 초연결 사회의 산업 시스템 계층구조

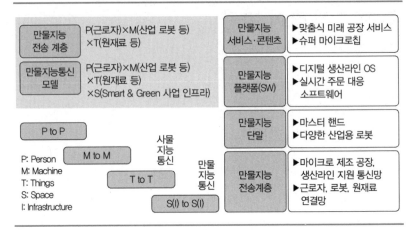

자료: 하원규·최민석(2012).

둘째, 미래의 공장에서는 다양한 로봇이 활약하게 된다. 로봇이 산업 현장을 돌아다니고 각종 기기를 점검·수리·보수하며, 프로그래밍에 따른 복수의 가공, 조립, 다양한 자제의 운반, 보관 등도 자유롭게 수행하게 될 것이다. 특히 위험한 작업에는 로봇 노동자가 투입될 것이다. 그뿐 아니라 산업용 로봇이 재료의 선정에서 부품의 도안·조립·검사, 완성품 운송까지 일련의 작업을 전자동으로 수행한다. 그 결과 공장 내에서 발생하는 원료 가스, 불량품, 지역의 폐기물, 하수 침전물 등이 재이용·재활용되어 폐기물 제로 생산 시스템이 운용된다.

셋째, 미래의 공장에서 슈퍼 마이크로칩들이 큰 역할을 하여 거대한 공장이 마이크로 사이즈화되어 공장의 배달(delivery)과 이동이 자유로워질 것이다. IC칩과 뇌 역할을 하는 마이크로 컴퓨터 등이 커넥터(connecter)·마이크로 톱니바퀴·용수철 등의 구동 장치, 마이크로 펌퍼(pumper)와 밸브, 그리고 화학반응을 일으키는 리액터(reactor) 등에 각각 탑재되어 다양한 분

석·합성·창작을 가능하게 함은 물론 신산업에 도움이 되는 다품종·소량생
산을 가능하게 한다. 그 결과 대형 제조물, 미세한 정밀 부품 등을 제조·조
립하는 데스크톱 사이즈 공장 등이 건설될 것이다. 이는 3D 프린팅 방식의
발전에 의한 주문자 맞춤형 제품 생산을 더욱 활성화시킬 것으로 보인다.
이에 의해 가정의 컴퓨터로 디자인한 의류, 잡화, 가구, 심지어 가전이나 자
동차 등을 제조사의 호스트(host) 컴퓨터를 경유해 주문 제작하는 시스템이
보편화할 것이다.

결국 초연결 사회에서의 공장이나 제조 시스템은 노동자(사람) - 기계(로
봇) - 무수한 마이크로칩(사물) 그리고 스마트 마이크로 공장(공간), 이들을
지원하는 산업 시스템의 초연결 산업 생태계로 변화해간다 할 것이다. 이
초연결 산업 생태계에서는 정보 기술, 환경 기술, 바이오 기술 그리고 로봇
기술의 대융합이 이루어지고 사람 중심의 미래 공장과 새로운 형태의 미래
산업이 성장 주력 산업으로 부상할 것으로 보인다.

2. ICT 산업의 현주소와 M2M / IoT 산업의 위치

사회가 초연결 사회로 변화해감에 따라 두드러지는 산업 분야는 ICT라고
할 수 있다. ICT 산업은 1990년대부터 개인용 컴퓨터, 인터넷, 휴대전화의
확산과 더불어 형성되어왔다. 2000년대 들어 스마트폰, 태블릿 PC, 소셜 네
트워크 서비스(Social Network Service: SNS) 등이 나타나고 ICT 기술이 점차
다양한 장비와 융합되어 일반 소비자를 대상으로 한 새로운 제품과 서비스
가 시장에 나오면서 ICT의 산업적 영역과 규모도 확대되는 중이다.

ICT 부문은 그동안 비교적 안정된 성장 상태를 유지해왔으며(OECD 국가
의 경우 14년간 0.7%의 연평균 성장률), 특히 최근 들어 상승하는 추세에 있다.
이는 ICT 부문의 생산량이 경제의 기타 부문에 비해 상대적으로 더 성장하

<표 4-1> 250대 ICT 기업 분야별 통계(2000년, 2011년)　　　　　　(단위: 100만 달러, 명)

산업	매출액		고용		R&D		수입	
	2000	2011	2000	2011	2000	2011	2000	2011
통신 장비	152,261	235,085	499,243	645,909	16,346	28,080	12,045	16,553
전자·부품	737,852	1,144,637	2,618,862	4,204,283	29,445	45,984	41,007	34,835
인터넷	5,911	113,623	15,186	122,901	521	10,692	-1,672	17,240
IT 장비	299,489	780,423	393,142	2,750,281	10,550	21,664	12,146	47,751
IT 서비스	189,763	366,521	706,587	2,080,974	5,972	7,073	16,974	29,074
반도체	104,885	188,614	293,631	481,033	10,919	25,684	20,162	26,696
소프트웨어	51,817	156,313	147,797	341,650	8,090	21,523	10,536	42,155
통신 서비스	667,844	1,617,381	1,984,747	3,600,244	4,777	636	45,567	120,801
합계	2,209,822	4,602,598	6,659,195	14,227,275	86,621	161,336	156,763	335,106

자료: OECD(2012).

고 있다는 점과 ICT 부문의 중요성을 잘 보여준다. 특히 2000~2011년 상위 250개 ICT 기업들은 연평균 6%씩 성장했으며, ICT 서비스 분야는 ICT 제조업 분야에 비해 더 높은 성장률(5~10%)을 보였다.

전 세계의 ICT 총지출은 2012년 기준 4조 4,060억 달러로 추정된다. 이 중 약 58%(2조 5,720억 달러)가 통신 서비스와 장비, 21%(9,100억 달러)가 컴퓨터 서비스, 12%(5,390억 달러)가 컴퓨터 하드웨어, 그리고 9%(3,850억 달러)가 소프트웨어로 구분된다. 특히 소비자 지출이 전체 ICT 시장의 3분의 1을 차지할 만큼 성장 추세에 있다. 이는 최근 모바일 장치(스마트폰, 넷북, 태블릿)에 대한 수요 증가가 그 원인으로 작용하기 때문이다. 향후 초연결 사회로 발전해감에 따라 이 부문이 급격히 성장할 것을 암시하는 대목이다.

가트너는 IT 기술의 시장 성장 추이를 전망한 하이프 사이클(Hype Cycle)을 매년 발표한다. 2012년 8월에 발표한 하이프 사이클에 의하면 M2M은 관심 고조기(Peak of Inflated Expectations)를 지나 현실적 재조정기(Trough of

〈그림 4-2〉 M2M 시장 성장 추이 곡선(Hype Cycle)

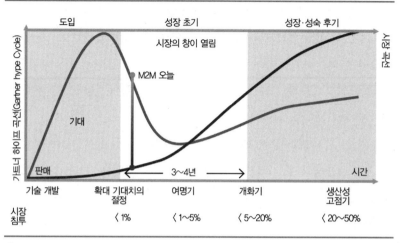

자료: Gartner(2012).

Disillusionment)에 접어들었다. 또한 2013년을 이끌 10대 IT 전략 기술 4위
에 사물인터넷을 선정하며 M2M / IoT 시장이 거품을 걷어내고 본격적으로
성장할 것으로 기대하고 있다. 구체적인 분야로 스마트 공장과 커넥티드 자
동차[보험, 차량 충전, 트래픽(traffic) 관리 포함], 스마트 그리드와 에너지 관
리, 건물 관리, 원격 의료 등에서 성장이 예상된다.

M2M 관련 비즈니스 세계의 현황은 이러한 사정을 잘 반영한다(류한석,
2013). 마키나 리서치(Machina Research)가 발표한 M2M 리더기업 조사(2012
년 4월)에 의하면, 글로벌 이동통신사 중에서 1위를 차지한 영국의 보다폰
(Vodafone)이 자체적으로 M2M 플랫폼을 확보하고 2010년 2월부터 미국의
버라이즌(Verizon)과 퀄컴(Qualcomm)이 50 대 50으로 투자 설립한 M2M 전
문업체인 엔페이즈(nPhase)와 함께 사업을 추진하기 시작했다(2012년 버라
이즌이 퀄컴 소유의 엔페이즈 주식을 모두 인수함). 2011년 2월에는 도이치 텔
레콤, 프랑스텔 레콤 등 유럽의 주요 이통사들의 주도로 M2M 얼라이언스

(Alliance)라는 협의체가 출범했다. 또한 2012년 7월에는 텔레포니카, NTT 도코모 등 7개 이동통신사들이 제휴를 맺고서 M2M 전문업체인 재스퍼 와이어리스의 M2M 플랫폼을 기반으로 사업을 추진하기로 결정한 바 있다. 2012년 7월에는 M2M 국제 표준화를 위한 협의체인 'oneM2M'이 출범했으며 현재 워킹그룹(WG)을 구성해 요구 사항, 아키텍처(architecture) 등의 표준화에 대해 논의하고 있지만 아직 초기 수준에 머무르는 형편이다.

한편, 실제 M2M 사업은 최종 고객까지 복잡한 공급자 사슬과 시장 규모가 작은 다수의 하부 시장으로 구성되는 특징을 보인다. 이를 구체적으로 살펴보면 다음과 같다. 첫째, M2M 사업은 복잡한 사슬 구조(Supply Chain)로 참여 기업 간 이해관계가 복잡하다. 칩셋(chipset)부터 솔루션에 이르기까지 다양한 사업자가 참여하며 응용 분야별로 단말, 플랫폼, 응용 솔루션이 상이해 복잡성이 가중된다. 둘째, M2M 시장은 롱테일 비즈니스이다. 시장 규모가 작은 다수의 하부 시장으로 구성되어 있어 시장이 협소하다. 따라서 이동통신사들이 규모의 경제를 달성하기가 어렵다. 현재 시장은 초기 단계를 거쳐 개화 단계로 진입하고 있다고 볼 수 있다.

3. 초연결 산업 및 경제적 효과의 규모[1]

1) 산업 규모

초연결성 관련 산업 부문은 그 범위를 앞에서 언급한 ICT 분야를 기본으로 한 상태에서 커넥티드 사물의 보급·이용에 직접적으로 연관된 기존 산업들의 시장 확대(예: RFID 산업, USN/WSN[2] 산업, M2M 산업, IoT 산업)뿐만 아니

---

1 이와 관련한 내용은 최민석·하원규·김수민(2013)을 주로 참조했다.
2 무선 센서 네트워크(Wireless Sensor Network: WSN), 유비쿼터스 센서 네트워크

〈표 4-2〉 초연결 관련 산업 규모 추정(전 세계)

시장 구분	규모	비고
RFID[1]	2011년 65.1억 달러 2012년 76.7억 달러	
USN/WSN[2]	2012년 약 4.5억 달러	
M2M	약 215억 달러[3] 약 264억 달러[4] 약 2,000억 달러[5]	2011년 기준
셀룰러 M2M 모듈[6]	2012년 약 15억 달러	
IoT[7]	2011년 약 27조 원	

주 1: http://www.IDTechEx.com(Retrieved June 28, 2012).
주 2: http://www.IDTechEx.com(Retrieved June 28, 2012).
주 3: http://www.MarketsAndMarkets.com(Retrieved September, 2012).
주 4: 석왕헌 외(2013).
주 5: Machina Research(2012); 이윤희(2013).
주 6: http://www.Infonetics.com(Retrieved June 19, 2013).
주 7: iDate(2011); 장원규·이성협(2013).

라 신규 산업의 창출(예: 웨어러블 PC, 커넥티드 자동차)까지를 포괄한다 할 것이다.[3] 시장 확대 부분의 경우 산업 규모는 그동안 여러 기관에서 추정 결과를 발표해오고 있다(〈표 4-2〉 참조).[4]

이 산업은 여러 가지 분류 기준을 적용해 구분해볼 수 있다. 커넥티드 사물의 이용 주체에 따라 개인·가정[5], 기업, 공공 기관(중앙·지방정부 포함)[6]으

(Ubiquitous Sensor Network: USN).

3　전후방 산업의 경제적 파급 효과도 포함한다 할 것이나 논외로 한다.

4　M2M 같은 경우는 해당 규모가 기관에 따라 크게 차이가 나기도 하기 때문에 다소 혼란스러울 수 있다.

5　개인과 가정의 경우, 이용하는 모든 커넥티드 사물로 인해 발생하는 경제적 효과를 뜻하는데 컴퓨터·랩탑과 인터넷 서비스, 휴대전화와 이동통신 서비스, 태블릿 PC, 스마트 TV, 웨어러블 PC 등으로, 통신 기기 및 통신 서비스의 대부분이 여기에 해당된다. 2011년의 통신 기기와 통신 서비스 시장이 각각 4,419억 달러와 1조 7,037억

로 구분하거나, 가치 사슬별로 디바이스·솔루션과 서비스, 통신 서비스로 구분 가능하다.[7] 이 외에 경제적 파급 효과의 경우 커넥티드 사물을 이용해서 얻게 되는 자산의 효율적 이용, R&D 효율 증대, 근로 생산성 증대, 공급 사슬에서의 낭비 요소 제거, 고객만족 증대 등으로 구분할 수도 있다.

2) 경제적 효과의 규모

초연결 산업이 갖는 경제적 효과의 규모 추정은 그 대상을 RFID 산업, USN/WSN 산업, M2M 산업 그리고 IoT 산업을 망라해서 할 수 있다. 시스코가 발간하는 ≪IoE 밸류 인덱스(IoE Value Index)≫[8]에 따르면, 만물인터넷으로 인해 2013년에 약 1.2조 달러의 경제적 효과가 창출될 것으로 예상된다(IoE Value Index, 2013).[9]

이의 대부분은 미국(4,279억 달러), 중국(1,577억 달러), 독일(875억 달러), 호주(744억 달러), 일본(712억 달러)이 차지하고 있다. 이 만물인터넷의 경제적 효과의 규모는 글로벌 주요 산업과 ICT 분야의 모바일 시장, 휴대폰 시장, 스마트폰 시장에 비교해볼 때, 상당히 크다 할 수 있다(〈표 4-3〉 참조).

달러이다(Gartner, 2012; 지식경제부, 2012; 「정보통신산업의 진흥에 관한 연차보고서」, 12쪽 재인용)

6 기업과 공공 기관의 경우, RFID 산업과 USN/WSN 산업, M2M 산업, IoT 산업 등을 모두 포괄한다. 따라서 앞서 제시한 산업들 간의 중복도 발생할 수 있다.

7 디바이스·솔루션(67%), 서비스(30%), 통신 서비스(3%)의 비율로 구성된다(박재헌·임정선, 2013).

8 이는 시스코 IBSG가 글로벌 마켓 인사이트(Global Market Insite: GMI)에 의뢰해 12개국(미국, 중국, 일본, 독일, 프랑스, 영국, 캐나다, 러시아, 호주, 브라질, 멕시코, 인도)의 종업원 500명 이상의 기업에서 근무하는 7,501명의 비즈니스 또는 IT 리더들을 대상으로 IoE에 관한 설문조사를 실시해 얻은 결과이다.

9 이 가운데 6,130억 달러(약 53%)는 실제 실현이 확실하고, 나머지 5,440억 달러(약 47%)는 새롭게 창출될 기회 영역으로 본다.

〈표 4-3〉 글로벌 주요 산업 및 ICT 산업의 규모   (단위: 달러)

구분		규모
글로벌 주요 산업	음식 산업[1]	약 3조
	에너지 산업[2]	약 5조
	소매 산업[3]	약 15조
	자동차 산업[4]	약 0.9조
ICT 산업	모바일서비스 시장[5]	약 1.1조
	휴대폰 시장[6]	약 0.24조
	스마트폰 시장[7]	약 0.15조

주 1: http://www.Ask.com; http://www.Forbes.com
주 2: Pielke Jr., Roger(2009.12.21).
주 3: http://www.ResearchAndMarkets.com; http://www.PlunkettResearch.com
주 4: http://www.Finance.Yahoo.com
주 5: http://www.Communities-dominate.blog.com
주 6: http://www.Communities-dominate.blog.com
주 7: http://www.MarketsAndMarkets.com

〈표 4-4〉 부가가치 영역별 실현도   (단위: %, 달러)

부가가치 영역	실현도	규모
자산의 효율적 이용	56.4	1,945억
R&D 효율 증대	54.5	2,028억
근로 생산성 증대	54.2	1,648억
공급체인에서의 낭비 요소 제거	51.1	3,107억
고객 만족 증대	51.1	2,843억

　　그런데 이러한 규모에도 불구하고 실현도가 낮은 부가가치 영역이 제법
되는 것이 현 실정이라 할 것이다(〈표 4-4〉 참조). 산업별로는 IT 연관도가
높은 산업이 초연결성 실현도가 상대적으로 높고 서비스업과 제조업, 도소
매업은 현재 실현도가 낮은 실정이다. 다만 서비스업, 제조업, 도소매업은

〈표 4-5〉 산업 분야별 초연결성 실현도(2013년 기준)　　　　　　　(단위: %, 달러)

산업 분야	실현도	규모
하이테크·통신 산업	65.4	1,183억
금융업	60.5	1,152억
서비스 산업	57.4	2,769억
의료 보건·생명과학 산업	54.2	987억
기타 산업	50.8	654억
교통운송 산업	50.7	236억
제조업	46.0	2,244억
에너지 산업	45.8	550억
도소매업	44.9	1,796억

미래의 기회 분야로 나중에 실현도가 크게 올라갈 것으로 보인다(〈표 4-5〉
참조).

3) 초연결 사회의 경제적 효과 전망

초연결 사회의 경제적 효과에 대한 전망은 여러 기관에서 하고 있다. 매
킨지(McKinsey)는 2025년까지 매년 2.7~6.2조 달러의 경제적 효과를 예상
하고, 시스코는 2013~2022년에 걸쳐 향후 10년간 신규 시장 창출, 비용 절
감 등으로 총 14.4조 달러의 경제적 효과가 창출될 것으로 기대한다. 이
14.4조 달러의 부가가치는 개별 산업에서 9.5조 달러, 범(汎)산업에서 4.9조
달러로 구성된다. 이 밖에도 GE는 2030년까지 10~15조 달러의 부가가치
창출을 전망한다. 한편, 세계이동통신사업자협회(GSMA)와 마키나 리서치
에 의하면에 의하면, 초연결 사회의 경제적 효과가 2020년에 최대 4.5조 달
러에 달할 것이라고 한다(GSMA and Machina Research, 2012). 구체적으로 커
넥티드 사물의 판매와 관련 서비스 시장이 2.5조 달러가 되고, 비용 절감과

<표 4-6> 초연결 사회의 경제적 효과 전망 (단위: 달러)

전망 기관	규모	비고
매킨지	매년 2.7~6.2조	2025년까지
시스코	14.4조	2013~2022년
GE	10~15조	2030년까지
세계이동통신사업자협회(GSMA), 마키나 리서치	4.5조	2020년

서비스 품질 향상에 각각 1.0조 달러씩의 파급 효과가 기대된다는 것이다.

그러나 이런 여러 긍정적 전망에도 여전히 높은 불확실성을 내포하는 것이 사실이다. 개인과 가정의 경우 급성장을 기대하기 어렵다. 왜냐하면 휴대전화, 태블릿 PC 등의 기존 기기의 구매로 인해 소득의 큰 증가 없이는 신생 커넥티드 사물의 구매에 갑자기 많은 비용을 지출할 수 없기 때문이다. 반면 기업의 경우 비용 절감, 생산성 향상 등을 전제로 하기 때문에 적절한 조건(예: 기술 안정성, 투자 비용, 호환성)이 갖추어지면 폭발적으로 성장할 가능성이 있다. 공공 부문의 경우는 정부의 의지에 따라 도시, 도로, 하천 등의 인프라에 대규모의 투자가 이루어질 수 있으나 이 분야의 성장은 예측하기가 쉽지 않다.

4. 한국 M2M 산업의 현황과 전망

한국 ICT 산업은 2012년 기준 GDP의 8.4%를 차지하고, 경제성장 기여율이 20.8%에 달하는 주요 산업 중 하나이다. 더군다나 ICT 산업은 높은 기술력과 생산성을 바탕으로 총산출액의 40% 이상을 수출하고 있으며, 국가적 경제위기를 극복하는 데 큰 공헌을 했다고 할 수 있다. 이러한 ICT 산업의 현 상황하에 미래의 초연결과 직접 관련되는 한국 M2M 산업의 규모는 한

<표 4-7> 한국 M2M 시장 규모 (단위: 원)

구분	규모	
네트워크	1,428억 (174만 회선)	회선당 평균 8만 2,069 매월 6,839
모듈	364억	
솔루션	910억	
합계	2,702억	

자료: 한국방송통신전파진흥원(2012).

<그림 4-3> 한국 M2M 분야별 보급 현황(2012년) (단위: 만 대)

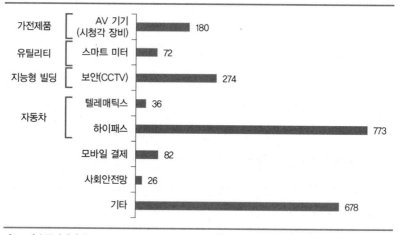

자료: 방송통신위원회(2012); KISDI(2011); Telit2Market(2011) 재구성.

국방송통신전파진흥원에 의하면 이동통신 3사의 M2M 사업 매출액을 바탕
으로 2012년 8월 말 기준 2,702억 원 + α로 추정된다. 구체적으로 이동통신
3사의 약 174만 개 M2M 회선 수를 기준으로 회선당 발생하는 통신료(접속
료)인 네트워크 매출이 약 1,428억 원으로 가장 큰 비중을 차지하며, 솔루션
시장이 910억 원, 모듈 관련 시장은 364억 원을 차지한다(<표 4-7> 참조). 이
밖에 솔루션 제공으로 받는 이용 대가 등을 포함할 경우 2,702억 원 + α 규

<표 4-8> 한국 M2M의 잠재 시장 규모

스마트 미터	6,587만	- 전기(보급률 100%) = 1,795만 - 가스(보급률 75.5%) = 1,499만 - 상수도(보급률 94.6%) = 1,698만 - 하수도(보급률 90.9%) = 1,631만
보안 (CCTV)	2,056만 (n1=20, n2=4 가정)	- 법인 = 법인 사업체 수(47만) × n1 - 개인 사업 = 사업장 보유 업체(279만) × n2 - 기타: 공공, 개인 주택 보안
자동차	5,700만	- 국내 자동차 등록 대수: 1,900만 - 자동차 M2M 주요 분야: 하이패스, 보안·응급, 보험
소비자 가전	1억 이상	- 국내 가구 수: 1,795만 - 커넥티드 소비자 가전: 시청각, 개인 미디어, 세탁기 냉장고 등의 백색 가전제품(White Goods)
모바일 POS	200만	- 서비스업 개인 사업체: 214만
사회안전망 외 기타	-	- 사회 안전망 등 각종 기타 M2M 서비스 ·성범죄자 전자 발찌: 1,040명(2012년) ·RFID 기반 음식물 쓰레기 종량제 시스템 등

자료: KT경제경영연구소(2012).

모의 국내 M2M 시장이 형성되어 있는 것으로 추정된다.

방송통신위원회 통계에 의하면, 한국 M2M 디바이스는 2012년 기준 1,870만 대 수준으로 구체적으로 자동차(하이패스) 773만 대, 보안(CCTV) 274만 대, 시청각(AV) 기기가 180만 대로 주종을 이루며 모바일 POS(Points of Sale) 82만 대, 스마트 미터 72만 대, 텔레매틱스(Telematics) 36만 대가 그 뒤를 따르는 규모이다(〈그림 4-3〉 참조).

2020년에는 총 1억 600만 대 정도까지 증가할 것으로 전망된다. KB경영 연구소(2012)에 의해 추정된 이들의 잠재 규모는 소비자 가전이 1억 대 이상, 스마트 미터가 약 6,600만 대, 자동차 약 5,700만 대, 보안(CCTV) 2,056만 대, 보안 모바일 POS가 200만 대 순으로 나타난다(〈표 4-8〉 참조).

M2M 연결 관련해서는 2012년 기준 셀룰러(celluar) 같은 무선 광대역 통

신망은 8.0%, 와이파이나 블루투스 등의 단거리 무선통신 연결은 57.1%를 차지하나 2020년에는 셀룰러 기술의 활용 증가로 무선 광대역 통신망은 17.5%, 단거리 무선통신 연결은 69.2%를 차지할 것으로 전망된다(박재헌·임정선, 2013).

한국 M2M 시장의 본격적인 성장 가능성이 높아지고 있는데 이는 최근 M2M 전파 사용료 인하 등의 비용 부담 완화와 함께 정부의 적극적인 사업 추진, 표준화 등 기술적 환경 조성 추세가 형성되고 있기 때문이다. 이의 구체적인 내용은 다음과 같다. 첫째, M2M 사업 비용이 완화된 경우로 2012년 전파 사용료가 2,000원에서 30원으로 인하되었으며, 통신 모듈 단가가 2007년 37.2달러에서 2012년 18.7달러로 하락했다. 둘째, 정부의 적극적 사업 추진은 에너지·환경 등 사회적 이슈의 부각으로 정부의 사업 추진이 활성화된 것을 말하는데 이는 2016년까지 스마트 계량기를 1,000만 대 보급하고 사회안전망 강화와 음식물 쓰레기 종량제 등을 실시하는 것이 해당된다. 셋째, 표준화 등 기술적 환경 조성 추세로는 정부가 2012년부터 M2M 분야 국제 표준화 협력체인 'oneM2M' 설립에 참여해 주도적인 역할을 수행하는 것과 개방형 운영체제와 API(안드로이드 @Home[10]) 확대로 실질적인 솔루션 개발을 위한 시장 표준화를 진행하는 것 등을 들 수 있다(〈그림 4-4〉 참조).

한국 M2M 시장은 향후 소비자 가전, 스마트 미터, 자동차 중심으로 빠르게 확대될 것으로 전망된다. 특히 스마트 미터는 정부의 보급 계획에 따라,

---

10 안드로이드를 비롯한 개방형 운영체제를 기반으로 모든 디바이스를 연결하기 위한 플랫폼이 확산됨에 따라 스마트 디바이스를 중심으로 연결되는 소비자 가전이 빠르게 확대될 것으로 보인다. 한국도 주요 전자제품이 대기업을 중심으로 홈 서버, 카메라, 냉장고, 세탁기 등을 안드로이드에 기반을 둔 커넥티드 디바이스로 진화하고 있으며 이는 소비자 가전 M2M 확산의 촉매가 될 것이다.

〈그림 4-4〉 안드로이드 @Home(예시)

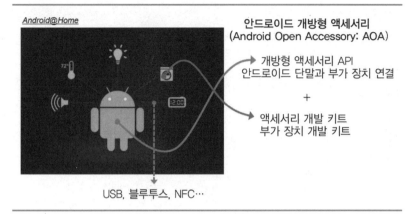

자료: 박재헌·임정선(2013).

〈그림 4-5〉 한국 M2M 시장의 성장 가능성

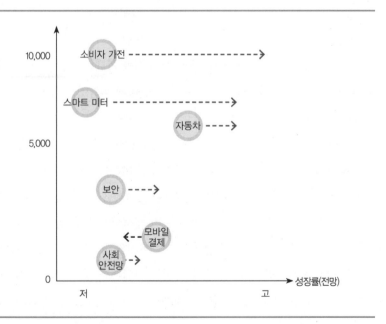

자료: 박재헌·임정선(2013); KISDI(2011).

〈표 4-9〉 한국 M2M 시장의 성장 장애 요인

구분	이슈와 관심 사항	시장 성장 제약 요인
정부	- 사회적 이슈(환경·에너지) 해결 - 국산 기술개발과 표준 회로 주도권(Initiative) 확보 - 예산과 운영 비용 부담, 투자 대비 효과 불확실성 - 산업 활성화를 위한 사업자들의 참여 유도	① 표준화·관련법 미흡 : 적극적인 솔루션/모듈 개발 투자 제약 ② 불확실한 사업 수익성 : 구축·운영 비용 부담 대비 효과가 검증된 레퍼런스 부재 ③ 프라이버시 및 보안 : 원격 제어, 위치 및 활동 모니터링 등에 따른 개인정보 노출·보안 위험
솔루션 사업자	- 사업 창출을 위한 투자의 한계 - 중소업체의 경우 개별 구축이 쉽지 않음 - 법제도와 표준화의 명확화 필요 - 투자에 대한 불확실한 요소 해결 필요	
칩셋 모듈 제조사	- 주도적 사업 기회 창출의 한계 - 확실한 사업 기회의 필요 - 개발을 위한 높은 비용 필요	
통신 사업자	- M2M 네트워크 사업의 수익성 한계 - 시장 창출 기회의 불확실성	

자료: KISDI(2011).

보안은 안전 요구 증가, 자동차는 하이패스 이용 확대로 빠른 성장이 예상되며, 특히 스마트폰과 연동되는 소비자가전 M2M 성장이 주목된다 하겠다(〈그림 4-5〉 참조).

하지만 한국 M2M/IoT 시장은 비록 그 성장세가 다른 네트워크 서비스 시장에 비해 나은 수준이었으나 전반적으로 실제 성장 속도는 기대치에 미치지 못해 전망과 실제 시장과의 괴리감이 존재하는 것이 사실이다. 이에 비춰 볼 때 앞으로 가야 할 길이 아직은 먼 실정이라 하겠다. 이는 복잡한 이해관계를 풀 수 있는 정부의 실질적인 정책 지원과 다양한 단말의 호환성을 위한 M2M 표준화 정립 문제, 불확실한 사업 수익성, 프라이버시·보안 문제가 오랫동안 국내 M2M 시장 활성화의 장애 요인으로 남아 있기 때문이다(〈표 4-9〉 참조).

스마트 혁명 아래 이루어진 스마트 디바이스 확산, 통신 모듈과 플랫폼 서비스 발전, 클라우드와 빅데이터 같은 정보처리 기술의 진화는 M2M/IoT 시장에도 영향을 미치고 있음에 비춰 볼 때 이러한 장애 요인들은(특히 표준화 문제는) 점차 극복될 것으로 보인다.

한국 비즈니스 업계에서는 사물인터넷을 유망한 차세대 비즈니스로 보지만, 현재의 수준은 M2M/IoT의 초기 단계 정도라고 볼 수 있다. 그런 와중에 통신사가 지난 몇 년간 지속적인 투자를 하는 등 M2M에 대해 가장 적극적인 자세를 취해왔다고 할 수 있다. 시내전화와 인터넷전화 등 유선전화는 이동통신으로 대체되는 현상이 가속화되고 이동통신 시장이 보급률 100%가 넘는 포화 상태에서 M2M은 통신사에 신규 수익 창출을 위한 새로운 기회로 작동하기 때문에 통신사들의 적극적인 참여가 이루어진 것이다. 현재 여러 국내외 통신사들은 자체적으로 M2M 플랫폼을 확보하거나 전문업체와 제휴를 맺고 사례 발굴에 힘쓰는 상황이다.

통신사와 더불어 삼성전자, LG전자 등 기업의 M2M 시장 참여도 활발한 상태이다. 특허청에 따르면 2006년 기껏해야 3건이었던 M2M 통신 출원이 2009년 17건, 2010년 42건, 2011년 80건으로 매년 2배 이상씩 급증하고 있다. 그중에서도 KT, 삼성전자, LG전자 등 국내 기업이 68%로 가장 많은 비중을 차지하며, 그 뒤를 이어 국내 연구기관 23%, 외국 기업 8%, 개인 1%의 비중을 보인다(임정선·박재헌, 2013).

통신사들의 기존 M2M 사업은 단순한 회선 사업을 통한 네트워크 제공에 머물러 있었으나 최근 들어 솔루션 사업으로 범위를 확대하고 있다. 즉 M2M 사업을 통신 회선 중심의 커뮤니케이션 기술(CT) 사업과 소프트웨어 중심의 IT를 연결해주는 ICT 융합 사업으로 바라보는데 이는 기존 이동통신 회선의 가입자당 평균 수익(average revenue per user: ARPU)이 약 3만 6,000원대인 데 반해 M2M 회선의 가입자당 평균 수익은 7,000원에 못 미치

<그림 4-6> 통신 3사 M2M 회선 수(2008~2012년)

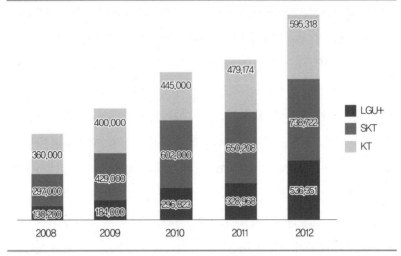

자료: 방송통신위원회(2012).

는 수준으로 M2M 사업이 네트워크 제공에만 머물 시 수익성 한계가 존재하기 때문이다(임정선·박재헌, 2013).

향후 M2M 유형과 발전 방향은 환경 및 기계·자산 관리와 같은 고정된 산업 시설을 거쳐 가구, 차량, 사람까지 적용 대상이 확대될 것으로 전망된다. 이와 관련되어 한국에서 실제 적용된 대표적인 M2M 사례를 살펴보면 다음과 같다.

첫째, M2M 기술이 2012년에 음식물 쓰레기 처리에도 활용된 사례가 있다. 몇몇 지자체에서 시범적으로 운영해오다가 2013년 6월부터 전국적으로 시행되고 있는 음식물 쓰레기 종량제를 위해 한국환경공단은 'RFID 기반 음식물 쓰레기 종량제 관리 시스템'을 적극 장려한다. 실제 RFID 기반 음식물 쓰레기 처리기를 설치한 후 음식물 쓰레기 배출량이 절반 이상 줄었으며, 처리 비용도 20~30% 감소 효과가 있는 것으로 알려졌다(2012년 12월 경

〈그림 4-7〉 RFID 기반 음식물 쓰레기 처리 프로세스

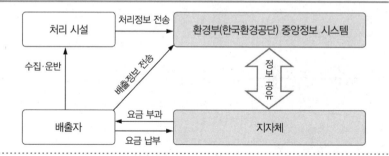

RFID 기반 음식물 쓰레기 종량제 시스템이란 음식물 쓰레기 수거 용기에 전자 태그를 부착해 배출원별 정보를 수집하고 계근 후 무게에 따라 수수료를 부과하는 시스템이다. 배출자는 세대별로 제공된 RFID 카드를 처리기에 대기만 하면 자동으로 뚜껑이 열리고, 봉지에 담아온 쓰레기를 쏟아 부으면 바닥에 위치한 저울이 무게를 잰다. 배출 정보 처리기에 연결된 인터넷망을 통해 자동으로 한국환경공단 중앙정보시스템으로 전송되며 해당 지자체에 공유되어 추후 관리비에 포함되어 청구된다.

자료: 한국환경공단.

기도 포천시 한국 아파트 사례; 〈그림 4-7〉 참조).

둘째, M2M 기술이 적용된 텔레매틱스 서비스 사례로 현대 자동차와 KT의 2012년 '블루링크(Bluelink)', 기아 자동차와 SK 텔레콤의 '우보(UVO)'를 들 수 있다. 현대 자동차의 블루링크는 '스마트 컨트롤(smart control)'이 주된 서비스이다. 스마트폰으로 주차 위치를 확인하고 차량 내비게이션으로 목적지를 바로 전송할 수 있을 뿐만 아니라 원격으로 에어컨·히터를 작동해 차 안의 온도를 설정할 수 있다. 또한, 차량 도난 시 속도를 줄이거나 시동을 걸리지 않게 하는 등 안전 관련 기능과 차량 관련 정보가 자동으로 블루링크센터 서버로 전송되어 PC와 스마트폰에서도 차량 관리가 가능하다. 블루링크는 2012년 4월에 출시한 산타페 모델에 옵션 사양으로 적용되었으며 2013년에는 국내 최초로 '블루링크 트럭 & 버스 with 올레' 사업을 통해 대

〈표 4-10〉 M2M @Home(예시)

삼성 홈싱크(2013)	- 안드로이드 운영체제(OS)를 갖춘 가정용 미디어 서버 겸 클라우드 센터 - 각종 스카트 기기, CCTV 등과 연결
LG 스마트 디오스(2012)	- 스마트 매니저(식품 종류, 보관 기간 관리), 스마트 쇼핑(홈플러스 연결), 스마트 절전, 헬스 매니저(식단·조리법)
갤럭시 카메라(2012)	- 안드로이드 OS가 탑재되어 필터, 편집, 전송 등 다양한 스마트폰의 기능을 활용
LG 스마트 세탁기(2012)	- 스마트폰으로 세탁기 제어 - 스마트 원격 제어, 스마트 절전, 스마트 코스 다운로드, 스마트 진단, 스마트 매니저

자료: 박재헌·임정선(2013).

형 트럭에도 텔레매틱스 서비스를 적용했다.

셋째, M2M의 @Home의 적용 사례로 삼성홈싱크(2013년), 갤럭시 카메라 (2012년), LG 스마트디오스(2012년), LG 스마트 세탁기(2012년)를 들 수 있다 (〈표 4-10〉 참조).

5. 한국 M2M 산업 활성화 방안

M2M 산업을 활성화하기 위해서는 현재의 장애 요인들을 잘 파악해야 한 다. 이슈가 되는 장애 요인들을 비용, 기술, 비즈니스 차원에서 살펴보면 다 음과 같다. 첫째, 비용 측면에서 볼 때 문제가 되는 것은 높은 초기 비용이 든다는 것이다. 복잡한 가치 사슬로 인해 솔루션 개발과 시스템 구축에 들 어가는 시간과 비용이 높다. 둘째, 기술 측면에서 볼 때 시스템·서비스 개발 에 복잡성이 문제가 된다. 즉 고객들이 높은 서비스의 질(Quality of Service: QoS)을 요구하므로 무선 기반의 응용 솔루션 개발에 어려움이 존재한다. 셋째, 비즈니스 차원에서는 시장 규모가 작고 업체 간 협업 사업이 미비한

것이 문제이다. 한국 M2M 시장이 이제 개화하는 단계이다 보니 시장이 아직 작은 수준이고, 전체 공급 사슬(supply chain)에 걸친 협력 체계와 주도적 사업자의 부재 등으로 상호 이익을 공유하는 모델이 미흡한 실정이다.

이러한 문제들을 극복하는 차원에서 M2M 산업을 활성화하는 방안을 제시해보면 다음과 같다. 첫째, M2M 산업의 진입 장벽을 완화하는 것이다. 이를 위해 저가의 범용 M2M 모듈을 확대하고 인증 절차를 간소화할 필요가 있다. 이 밖에 M2M 플랫폼을 제공해 M2M 솔루션 도입에 대한 기술적 문제를 해결하고 구축 비용을 절감할 수 있게 해주는 것이 중요하다. 둘째, 한국 M2M 산업 활성화를 위한 정책 환경을 조성해야 한다. 정부가 다양한 중소 M2M 사업자들이 출현할 수 있도록 기반을 조성해야 하며, M2M 시장 활성화를 위한 공공 수요를 창출하는 것이 필요하다. 셋째, M2M 산업의 생태계를 구축해야 한다. 즉 이통사 - 제조사 - 단말업체 등 참여 기업 간 협력 비즈 모델을 구축할 수 있는 생태계가 되도록 할 필요가 있다.

제2절 초연결 사회의 사이버 보안 산업 규모

1. 사이버 위협 문제와 산업적 의의

1) 사이버 위협 사례

인터넷 등에 의한 연결이 이루어지는 사이버 세계가 점차 커져감에 따라 사이버 공간에서의 각종 위협이나 피해 사례가 빈번하게 발생하는 현상을 보게 된다. 실제 군사 위협이 사이버 공간으로 이동하는 일이 벌어지기도 한다. 2008년 조지아와 러시아의 사이버전[11]에서 보듯이 민족 간 갈등이 사이버상에서의 전쟁으로 비화하기도 했다. 2011년에는 북한에 의한 GPS 교

<표 4-11> 사이버 침해 사례(2008년 이후)

사건	내용
농협 전산망 마비 사태(2011.4)	북한에 의해 장기간(7개월) 표적 공격 내부 전문가 부족 등 보안관제 체계 미흡에 기인
KT 영업 전산망 해킹(2012.7)	올레닷컴 가입자 870만 개인정보 유출 영업 대리점에서 고객정보를 조회해 한 건씩 개인정보 확보
스틱스넷(Stuxnet), 이란 핵 시설 공격(2010.7)	이란 핵 시설에 침투해 원심분리기 약 1,000여 대의 가동을 중단시켜 핵무기 개발 능력 지연

이 밖에 조지아·러시아 디도스(DDoS) 공격(2008), 7.7 디도스 침해 사고(2009), 신세계몰 해킹 사고(2010), 북한의 GPS 교란 공격(2011), SK 텔레콤·EBS 해킹 사고(2012) 등

란 공격으로 한국 수도권 일대 이동통신에 이상이 발생하기도 했다. 이와 는 다른 양태의 사이버 위협으로 USB를 통한 군사기밀 유출 사건도 존재 한다.[12]

민간 부문에서의 해킹 사고도 급증하는 추세이다. 한국인터넷진흥원의 「2012 인터넷 침해사고 동향 및 대응(2013.2)」에 의하면 해킹 사고가 2012 년도에 1만 9,570건으로 2011년 1만 1,690건 대비 67.4%가 증가했다. 2012 년 기준 한국 해킹 사고 유형은 스팸(spam) 릴레이(33.5%), 디도스(DDoS)와 악성코드 유포(32.8%), 홈페이지 변조(16.1%) 등의 순으로 집계되었다.

사이버 보안 위협은 진화하고 있다(〈그림 4-8〉 참조). 그 목적이 단순한 자 기과시에서 금품 갈취로 진화하고 나중엔 사회 혼란을 야기하는 사이버 테 러로까지 발전하고 있다. 그 기법도 수동적인 데서 은닉, 자동화로 변하고 더 나아가 조직적이고 지능화하는 단계로 진화했다. 그 대상은 개별 시스템

---

11 조지아 대통령 홈페이지를 히틀러 초상으로 도배하는 일이 발생했다.

12 이는 2009년 USB를 꽂은 채 컴퓨터를 사용하던 중 해킹하여 연합사 작전계획 5027 설명 자료(군사 2급 기밀)가 유출된 사건이다.

<그림 4-8> 사이버 보안 위협의 진화

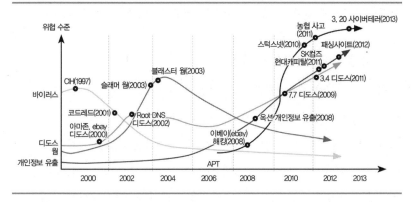

주: APT(Advanced Persistent Threat)는 명확한 목표물에 대해 장시간 동안 치밀하고 정교하게 공격하
   는 것을 말한다.
자료: 주용완(2013).

에서 시작하다가 나중에 대규모, 네트워크로 나아가고 이후 국가나 사회 기
반 시설로까지 확대되는 추세이다. 다시 말해, IT가 금융, 전력 등 전 국가
기간 인프라에 융합되면서 국가 전체 영역으로 정보 침해 위협이 확대되고
있는 것이다. 이는 사회가 초연결 사회로 진화해가면서 정보 보안뿐만 아니
라 물리 보안, 융합 보안 등 국가 차원의 총체적 사이버 보안이 문제가 될
수 있음을 암시한다.

최근 초연결 사회 차원의 보안 위협으로 주목받을 사항으로 빅데이터와
클라우드 환경이 나타났다. 빅데이터로 인한 보안 위협으로는 글로벌 빅브
라더 출현과 데이터 유출 오남용으로 인한 프라이버시 침해 등이 크게 부각
된다. 반면, 클라우드 환경과 관련된 보안 위협은 가상화 기술, 공유 기술로
인한 데이터 손실과 정보 유출 등이 해당된다.

현재 국가 차원에서 사이버 위기관리 체계를 구축하고 있다. 국가 사이
버 위기관리 체계는 공공 분야, 민간 분야, 국방 분야로 구분된다. 공공 분

야는 국가정보원 국가사이버안전센터에서, 민간은 미래창조과학부와 한국
인터넷진흥원에서, 국방 분야는 국방부 국군사이버사령부에서 맡고 있다.

2) 사이버 위협의 산업적 의의

이러한 사이버상의 위협은 보안 차원의 시장을 형성하게 되고 산업의 기
회로 작용한다. 특히 사이버 보안 산업은 자주 보안, 신성장 동력, 고용 창
출, 미래 두뇌 확보 차원에서 육성 대상이기도 하다. 미래의 국가 안보는 그
대상이 기존 육·해·공·우주 영역에 사이버 영토가 포함된다. 예를 들어, 미
국방부는 사이버 사령부를 2010년 5월 창설해 전문 병력 5,000명을 포함한
8만 8,000명의 IT 전문가들을 중심으로 구성된 육군, 해군, 해병대 사이버
사령부 및 예하 부대를 갖추고 있다. 신성장 동력 차원에서 사이버 보안이
중요한 이유는 전통적인 IT 보안 산업이 1.4조 원 규모인데 여기에 보안 영
역 확장으로 1.4조 원 규모의 시장이 새로이 생기기 때문이다. 더군다나 사
이버 보안 시장은 고속 성장하고 있는 영역이기도 하다. 이 시장에서의 고
용 창출 효과는 취업유발계수[13]가 10억 원당 25명으로 전 산업 평균의 2.5
배에 해당한다. 그뿐 아니라 미래의 세계 경쟁에서 중요한 위치를 차지하는
두뇌인력(brainware)의 확보 차원에서 사이버 보안 인재는 절대적으로 필요
하다.

2. 사이버 보안 산업의 규모

사이버 보안 산업의 전 세계 시장 규모는 2012년 기준 1,900억 달러(약

---

13 한 나라 경제의 고용 창출 능력을 측정하는 지표로 10억을 투자했을 때 늘어나는 일
    자리 수를 나타낸다.

<그림 4-9> 세계 사이버 보안 시장 규모 추이   (단위: 억 달러)

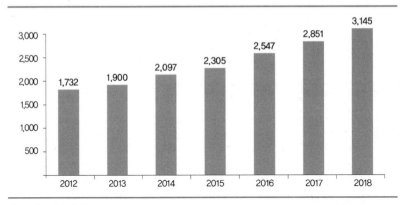

자료: 한국인터넷진흥원(2013).

<그림 4-10> 한국 사이버 보안 시장 규모 추이   (단위: 억 원)

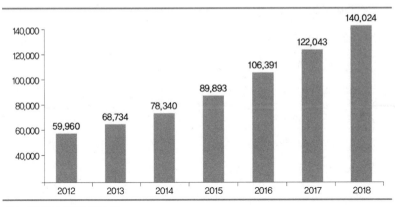

자료: 한국인터넷진흥원(2013).

190조 원)로 추정된다. 이는 메모리 반도체 시장(66조 원)의 약 3배에 해당하는 규모이다. 이 사이버 보안 산업은 향후 사이버전의 확산 등에 따라 2017년에는 314조 원으로 성장할 것으로 전망된다. 한국 사이버 보안 시장 규모는 2012년 기준 5.9조 원으로 전 세계 시장의 3.2% 수준이다. 이는 2012년부터 2018년까지 연평균 14.6%의 고속 성장이 기대되기도 한다.

3. 사이버 보안 산업 활성화 방안

사이버 보안 산업을 육성·활성화하기 위해서는 무엇보다도 사이버 보안 산업 선순환 생태계를 조성하는 것, 즉 생태계 구성 인자인 인프라, 시장, 기술, 인력이 서로 상생하는 선순환 체계를 구축하는 것이 중요하다. 다음으로 생태계의 각 구성 인자에 합당한 방안을 마련하는 것이다. 각 구성 인자별 방안들은 다음과 같이 제시할 수 있다.

첫째, 사이버 보안 두뇌인력을 양성한다. 대학정보보호동아리연합회나 해킹방어대회 등을 통해 화이트 해커(white hacker)급 전문 인력을 발굴하고 한국인터넷진흥원 아카데미나 한국정보기술연구원(KITRI) 등을 통해 최정예 인력을 양성하도록 한다. 이 외에 기업 수요 맞춤형 보안 인력을 양성할 필요가 있다. 취업을 연계한 학사·석사 과정을 대학에서 개설하도록 하고, 여기서 배출된 인재들이 기업에 취업할 수 있게 하는 정보보호기업 취업연계 프로그램을 운영한다.

둘째, 사이버 보안 두뇌인력이 성장할 수 있도록 지원하는 체계를 구축한다. 해킹 방어 실습이 가능한 훈련장을 조성하는 등 보안 인력의 성장 지원 인프라를 확충한다. 이 밖에 채용박람회를 확대하고, 군 특기병 입대 등 보안 인력의 발전 지원 기반을 마련하는 것도 고려해볼 수 있을 것이다.

셋째, 글로벌 기술·제품 경쟁력을 확보하기 위해 기존의 후(後)대응 기반의 보안 기술을 선(先)탐지 기반으로 전환한다. 후대응 기반의 보안 선순환은 대규모 침해 사례 발생 → 확산 억제 → 대응 → 복구 → 침해 사례 발생의 루프(loop)를 따랐으나, 선탐지 기반의 보안 선순환은 사전 탐지 → 공격 징후 및 근원지 예측 → 사전 대응 → 침해 규모 최소화 → 복구 → 사전 탐지의 루프를 따른다.

넷째, 글로벌 사이버 보안 시장 진출을 확대하도록 지원한다. 정보화 후 발국들에게 사이버 보안센터를 구축하고 운영하는 노하우를 수출하는 등 한국형 사이버 보안 모델을 전략 수출 품목으로 만들 필요가 있다.

다섯째, 신시장·일자리 창출을 위해 기존 국내 사이버 보안 시장을 활성화하고, 신규 사이버 보안 시장을 창출하도록 한다. 기존 국내 사이버 보안 시장의 활성화 차원에서 주요 통신 기반 시설의 지정과 ISMS[14] 인증 대상을 확대해야 한다. 그뿐 아니라 유지·보수 대가와 제품·서비스 비용 제값 받기 문화가 정착하도록 노력해야 한다. 신규 사이버 보안 시장의 창출 차원에서 정보 감사 서비스를 발굴하고 육성하며, 정보 보호 컨설팅 전문업체의 지정을 확대하는 것이 필요하다.

여섯째, 인프라 기반 확충 차원에서 자발적 사이버 보안 투자 환경을 조성하는 것이 요구된다. 기업의 사이버 보안 예산 투자를 촉진하도록 권고해 기업의 자발적 보안 투자 촉진을 위한 가이드라인(guide-line) 개발·보급을 유도한다. 이 외에 사이버 보안 투자 기업에 조세 감면을 확대해준다. 현재 조세 감면 대상인 정보 보호 제품은 세금 감면율이 3%에 지나지 않는다. 감면 대상을 보안 서비스로 확대하고 감면율도 7%로 확대할 필요가 있다.

---

14 정보 보호 관리 체계(Information Security Management System).

참고문헌

KB 경영연구소. 2012.10. 「국내 사업체 현황 및 업종별 특성」.

KISDI. 2011. 「M2M 시장현황 및 통신사업전략」.

류한석. 2013. 「사물인터넷의 주목할 만한 사례와 관전포인트」. DIGIECO (디지에코 웹
　　사이트 www.digieco.co.kr).

박재헌·임정선. 2013. 「M2M 시장 현황과 국내외 성장 전망」. ISSUE & TREND.
　　DIGIECO.

방송통신위원회. 각 연도별 12월 말 기준. 「유무선 통신서비스 가입자 현황 2008~2012년」.

석왕헌 외. 2013. 「통신환경 변화에 따른 M2M 산업 생태계 및 파급효과 분석」. ≪ETRI
　　IT 이슈리포트≫, 2013-07.

이윤희. 2013. 「창조경제 실현을 위한 사물인터넷 기반 유망 시장 전망 및 과제」. ≪NIA
　　정책연구≫, 2013-09.

장원규·이성협. 2013. 「국내외 사물인터넷 정책 및 시장동향과 주요 서비스 사례」. ≪전
　　자통신동향분석≫, 제28권 제1호.

주용완. 2013. 경기개발연구원 워크샵 발표 자료.

지식경제부. 2012. 「정보통신산업의 진흥에 관한 연차보고서」.

최민석·하원규·김수민. 2013. 「만물지능인터넷 관점으로 본 초연결사회의 상황 진단 및
　　시나리오」. 한국전자통신연구원.

하원규·최민석. 2012. 「만물지능통신 기반 초연결 산업의 계층구조 분석」. 한국전자통신
　　연구원.

Gartner. 2012.2.14. "Top 10 Mobile Technologies for 2012 and 2013."

Machina Research. 2012.11.20. "M2M Global Forecast and Analysis 2011-22 Abstract."

Pielke Jr., Roger. 2009.12.21. "How Large is the Global Energy Economy?"
　　http://rogerpielkejr.blogspot.kr/2009/12/how-large-is-global-energy-economy.html

Telit2Market. 2011. "An outline of the M2M at KT."

http://www.adbusters.org

http://www.Ask.com

http://www.Communities-dominate.blog.com

http://www.Finance.Yahoo.com

http://www.Forbes.com

http://www.IDTechEx.com(Retrieved June 28, 2012).

http://www.Infonetics.com(Retrieved June 19, 2013).

http://www.ko.wikipedia.org/

http://www.MarketsAndMarkets.com

http://www.monthly.appstory.co.kr/it3885

http://www.PlunkettResearch.com

http://www.ResearchAndMarkets.com

제5장

초연결 사회의 고찰

사회 문화 분야

유영성 · 천영석

제1절 초연결의 사회적 파장[1]

디지털 혁명의 사회적 파장을 융합적 차원의 '유연화'라는 주제로 일괄되게 바라보는 시각이 있다. 김문조(2013)는 『융합문명론』에서 그와 같은 주장을 한다. 그는 '유연화'의 배태 요인으로 자본의 재구조화와 정보통신 기술을 중심으로 한 신기술의 확산을 든다. 이러한 융합문명론적 시각은 초연결 사회의 모습을 사회 문화적 측면에서 인식하는 데 유용한 개념적 틀을 제시하는 것으로 생각된다. 정보통신 기술의 발달로 모든 것이 융합된 사회의 모습이 사람과 사람, 사람과 사물, 사물과 사물이 연결된 초연결 사회의 모습과 비슷한 양상을 보일 것이라 판단되기 때문이다.

이 절에서는 '융합문명론'적 인식의 기반하에 초연결 사회의 모습을 그려보도록 한다. 먼저 '유연화'의 두 가지 배태 요인을 살펴보고 그다음에 사회 유연화의 파급 효과가 끼친 '노동 세계', '교육 체계', '가족 및 여가생활'의

---

[1] 이 절의 내용은 주로 김문조(2013)을 참조했다.

변화에 대해 살펴보려고 한다.

1. 사회 유연화의 두 가지 배태 요인

사회 유연화의 첫 번째 배태 요인은 대량생산 체제를 기반으로 하는 포디즘에서 포스트포디즘으로 전환되는 자본주의의 재구조화이다. 포디즘 대량생산 체제는 수직적 통합 조직에 기초해 노동의 분업을 통한 표준화된 제품을 대량생산하는 방식으로 대기업이 주도적으로 추진한 시장 전략 방식이다. 이 같은 포디즘적 방식은 생산 영역을 넘어 사회의 분업화·표준화·효율화·관료화 등 생활 영역에까지 지대한 영향을 미치게 되었다. 1970년 오일쇼크 이후 포디즘적 생산 방식은 큰 위기를 맞이하게 되는데 이는 포디즘적 생산양식의 특성이 '경직성'이기 때문이었다. 구체적으로 하비(David Harvey)에 따르면 노동시장과 노동계약의 경직성, 장기 고정자본의 대폭적 투자, 국가정책의 경직성 등이 복합적으로 결집되어 1970년대부터 심각한 문제점들이 노출되었다. 이러한 위기를 극복하기 위해 나온 대안이 바로 '유연적' 생산 방식을 기반으로 한 포스트포디즘 체제였다(Harvey, 1991).

예측하기 힘든 시장 상황에 대응하기 위해 '유연성'을 강조한 포스트포디즘적 생산 방식은 경직된 노동계약 대신 유동적 노동계약 방식으로, 수직적 통합 관료체제 대신 변화에 신속하게 대응할 수 있는 소규모 팀제와 수평적 관리 질서로, 한 과업 중심의 전문가에서 다기능 전문가로의 변화를 가져오게 되었고, 분권화된 발언권과 조직 간 네트워크를 중시하게 되었다. 이러한 생산·관리 체계의 변화는 일상생활과 시대에 맞는 인간상에 변화를 가져오며 사회 전반에 '유연성'의 가치를 최우선으로 두도록 영향을 미쳤다.

사회 유연화의 두 번째 배태 요인은 정보통신 기술이다. 정보통신 기술의 특징은 시간과 공간의 응축을 가능하게 하는 것으로 이러한 특징은 산업

구조 전반과 기업 전략에 유연성을 가져오고 조직 간 정보 불균형을 해소해 효율성을 증진시켰다(조남재, 2005). 심지어 카스텔(Manuel Castells)의 경우 정보통신 기술을 단순히 인간이 에너지를 생성하고 분배하는 역량을 확장 시키려는 도구가 아닌 정보 가공 및 커뮤니케이션 역량을 증대시키는 새로운 기술혁신이 되기도 한다. 정보통신 기술의 이러한 역량은 당시 포스트포디즘과 상호작용해 산업 경제와 생활문화 전반에 '유연성'을 배가시키는 역할을 했다(Castells, 2009).

2. 노동 세계의 변화

초연결 사회에서 기업은 다양한 소비자의 선호를 반영한 상품을 생산하기 위해 다품종 소량생산이라는 포스트포디즘적 생산 방식으로 회사를 운영한다. 변화된 생산 방식하에서 소품종 대량생산 체제에서만큼의 이윤을 획득하기 위해서는 기업이 소비자의 선호를 빠르게 파악하고 신속하게 제품을 생산·판매할 수 있어야 한다. 기업이 이러한 이윤극대화 생산 체제를 갖추기 위해서는 모든 영역에 항시 노동력을 소유하는 방식으로는 비용이 부담되고 운영에서도 비효율적일 것이다. 다양하고 변화가 많은 소비자들의 선호에 유연하게 대응하기 위해 초연결 사회에는 지금의 아웃소싱 방식이 확장될 것이고 계약직과 같은 위탁업무 체결 방식의 고용 방식이 성행하리라 본다. 더군다나 한 개인이 3D 프린팅 기술을 활용해 하나의 공장이 될 수 있는 초연결 사회에서는 노동시장 네트워크를 통해 필요한 직무 능력별로 필요한 만큼의 노동자와 협업하는 환경이 조성되기 때문에 지금의 태스크포스팀(task force team: TFT)처럼 프로젝트 기간만 모이고 흩어지는 직무형 노동시장이 형성될 것이다. 리처드 세넷(Richard Sennett)은 현대적 노동 세계를 평생직장·직업의 개념인 경력(career) 대신에 일거리(job)로 전환되었음을 보고 유연화된 노동시장에서 생존하기 위해 노동자도 유연성을 가지고 자신의 직무 능력을 필요로 하는 일자리 회전목마에 항시 옮겨 탈 채비를 해야 함을 시사했다. 그러므로 이러한 노동 세계에서는 어디서 일하는가보다는 무슨 일을 하는가가 더욱 중요하며 일의 과정보다 결과가 좋아야 계속해서 일거리를 얻을 수 있기 때문에 정시 출근, 정시 퇴근과 같은 근무 여건보다 유연 노동시간제가 보편화되고 철야 작업도 성행하는 노동 환경이 성행하리라 본다.

3. 교육 체계의 변화

미래의 교육은 유연 사회로 인해 변화된 노동 환경에 적응할 수 있도록 교육의 목표와 내용이 변화할 것이다. 초연결 사회는 먼저 교육 목표에서 시시때때로 많은 정보가 생성되고 빠르게 유통되는, 변화가 많은 환경에서 적응하며 올바르게 상황을 판단할 수 있는 능력을 증대시키는 쪽으로 갈 것이다. 교육 내용에서도 지식을 위한 지식이 아닌 다양한 영역에서 발생하는

〈표 5-1〉 교육 체계의 변화상

구분	포디즘 체제	포스트포디즘 체제
교육 장소	학교	원거리 교육: TV나 인터넷을 통한 가정, 사무실과 이동 공간
교육 방식	연령에 따른 단계별 교육	연령별 단계 교육 불필요: 원거리 교육에 따른 융통성 증대, 개인별 학습 방식
교사 형태	교육 전담자	학생 스스로가 교사, 교사와 학생의 역할 교환, 이미지형 복제 교사의 등장
학습 교재	일정한 틀로 짜인 교과서	인터넷 게임이나 CD롬(CD-ROM) 혹은 맞춤형 적응 게임 등을 통한 다양한 학습 교재의 활용

자료: 김문조(2013).

문제 처리 능력을 배양하기 위한 창조적 아이디어 산출을 위해 분할적 교육 대신 학제적 학습이 주를 이룰 것이다. 이처럼 미래의 초연결 사회에서의 교육은 체계화된 공식지(formal knowledge)를 위한 학습이 아닌 문제를 해결하기 위한 수단으로서의 학습, 즉 실용지(practical knowledge)를 키우는 내용들로 구성될 것이다. 그 밖에 미래 초연결 사회 교육의 특징에 대한 내용은 〈표 5-1〉과 같다.

4. 가족생활의 변화

초연결 사회에서 가족의 기능은 산업사회의 핵가족에서 주로 행해오던 기능과는 다른 역할을 할 것이다. 현대사회에서 가족이란 직장에서 일을 하고 돌아오거나 학교에서 교육을 받고 돌아와 쉼을 얻는 장소이거나 사회적 보호망으로서의 기능을 주로 담당했다. 하지만 초연결 사회에서 가정은 변화된 노동과 교육 환경의 영향을 받아 일과 학습이 직접 행해지는 곳이 되면서 생산·교육·쉼이 복합적으로 이루어지는 장소가 될 것이다.

가족의 기능 변화와 함께 가족의 개념도 지금까지 가족 개념의 주류를 이뤄온 혈연 중심의 관계 외에 다양한 가족 개념이 도입되면서 다양한 가족 형태가 양산될 것으로 보인다. 토플러는 현대사회에서 증가한 독신주의·별거·이혼의 양상들을 가족의 몰락이라 보지 않고 이는 사회가 제2물결 시기에서 제3물결로 진보하며 보이는 현상으로 새로운 가족의 개념이 도입되어야 함을 주장한다. 즉 이는 제2물결 시기의 핵가족제도의 몰락이지 가족제도 자체의 몰락은 아니라는 뜻이다. 제3물결의 시기인 정보화 사회에서는 지금처럼 획일화된 가족 형태가 아닌 다양한 가족 형태의 모습을 보일 것이다. 김문조(2013)는 유연 사회에서 가족의 형태는 기술 변화에 민감하게 반응할 것임을 주장하며 그에 대한 근거로 토플러의 진술을 그 증거로 제시한다.

과학기술이 극도로 발달한 선진국에선 수많은 가족 형태가 출현하고 있다. 동성연애자들 간의 결혼에 의한 가정, 공동생활을 영위한 집단 가정, 소수민족 간에 흔히 볼 수 있는 동족 집하 가정 등 이전에는 볼 수 없었던 형태가 속출하고 있다. 계약 결혼도 성행하고, 복수의 남녀가 동시에 복수의 배우자와 사는 결혼도 생겨나 혼란스럽기까지 하다. 어떤 경우 아버지는 A 도시에, 어머니는 B 도시에 살며 각기 다른 방식으로 살아가는 가정도 심심치 않게 눈에 띈다. 이런 여러 가지 가족 형태는 겉으로 드러난 빙산의 일각에 지나지 않는다. 정신분석학자 켈람(Sheppard G. Kellam), 엔스밍거(Margaret E. Ensminger), 터너(R. Jay Turner), 이 세 사람이 시카고에 있는 흑인 빈민가 중 1구역만을 대상으로 조사를 해본 결과 무려 86가지의 다양한 가족 유형을 발견할 수 있었다니까(Toffler, 2002; 전희직, 2002; 김문조, 2013 재인용).

제2절 초연결 사회의 주요 사회·문화 현상

1. 연결·초연결 문화 현상의 모습

현재 벌어지고 있는 사회의 연결 문화는 스마트폰과 모바일 인스턴트 메신저(Mobile Instant Messenger: MIM)에 의한 삶의 풍경과 소통 방식의 변화라고 말할 수 있다(김중태, 2012). 모바일로 연결이 가능한 스마트폰은 사람들의 이동 중 행태 풍경을 바꾸는 것이다. 즉 지하철이나 버스 안에서 무가지를 보던 풍경이 사라지고 대신 스마트폰으로 뉴스를 보고 TV를 보고 친구와 메시지를 주고받고 게임을 하는 행태가 나타났다. 더군다나 최근 사람 간 상호 연결 차원에서 카카오톡, 밴드, 라인과 같은 모바일 인스턴트 메신저라는 대화 소통의 도구가 급격한 인기를 끄는 현상이 두드러졌다. 이것들의 부각이 의미하는 바는 스마트폰 보급 이후 가장 많이 늘어난 분야가 바로 커뮤니케이션이라는 것이다. 심지어 사람들은 다른 일, 예를 들어 목욕, 커피 마시기 등을 하면서도 한 손으로 카카오톡이나 밴드를 한다. 이전에는 가능한 도구나 네트워크가 없거나 시공간의 제약으로 실현하지 못했던 소통의 욕구가 이제 새로운 기술·기기의 출현으로 실현될 수 있게 된 것이다.

실시간 통역 기술이 가능해지면서 소통의 글로벌화가 일어났다. 구글 번역 앱이나 구글 번역 사이트, 크롬 브라우저와 같은 실시간 번역 기술로 인해 이제 전 세계 누구나 언어 장벽 없이 인터넷을 사용하고 소통이 가능해졌다. 인터넷에 언어 장벽이 여전히 남아 있었는데 이 장벽이 사라진 것이다. 예를 들어, 실시간 번역 기술이 가장 큰 장점인 구글의 크롬 브라우저가 아시아에서 인터넷 익스플로러를 제치고 1위를 차지하기도 했다(김중태, 2012). 카카오톡은 2012년 지원 언어를 13개 언어로 확대했으며, NHN의 라인도 다국어를 지원하고 있다.

온라인의 발달로 인터넷 사이버 세상이 확대됨에 따라 개인정보 유출이라는 문제가 그에 비례해 커지고 있기도 하다. 예를 들어, 2012년에도 넥슨(nexon)의 온라인 게임인 '메이플스토리' 사용자 1,320만 명의 개인정보가 유출되었으며, EBS, KT 등 많은 기관에서 개인정보 유출 사건이 일어났다. 이러한 개인정보 유출 사건이 계속 발생함으로써 온라인 정보 관리와 클라우드 서비스, 빅데이터에 대한 국민 불안이 높아진 것이 사실이다. 이런 문제의식의 연장에서 자신에 관한 데이터를 인터넷상의 검색엔진과 소셜 네트워크에서 삭제할 수 있는 '잊힐 권리(right to be forgotten)'가 주목받는 현상이 나타났다. 이는 앞으로 계속 주목받는 주제가 될 것으로 보인다.

이러한 문화적 흐름을 타고 향후 도래하게 될 초연결 사회도 비록 지금과는 비교도 되지 않을 만큼 많은 문화적·기술적 혜택을 누리게 되겠지만 동시에 '어둠 없이는 빛이 없다(No Light without Darkness)'라는 말이 있듯이 초연결 사회에서 제공되는 서비스의 편익이라는 밝은 면 뒤에 프라이버시 침해, 인터넷 피로도 증가, 중독, 사고력 저하, 쏠림 현상, 사회 유대감 저하와 정보 격차 등 어두운 그림자도 함께 공존한다고 할 것이다.

2. 사이버 공간과 현실 공간의 융합

초연결 사회는 사람을 중심으로 사물, 데이터, 프로세스, 시간과 공간, 지식 등이 연결되어 센서와 엑추에이터(actuater)를 통해 사이버 세계와 물리적 세계가 융합된 사회를 말한다. 매킨지 앤드 컴퍼니에서도 미래 사회의 모습을 '물리 세계와 사이버 세계가 융합된 환경'이 될 것이라 전망한다. 지금은 두 문화를 구분해 표현하는 것이 자연스럽겠지만 초연결 사회에서는 사이버 문화와 현실 문화가 융합된 제3의 문화가 형성되어 이들을 구분하기 어려워질 것이다(McKinsey & Company, 2013).

이러한 문화로의 전환은 입체적인 화면을 제공해주는 3D TV와 실사에 가까운 화질을 제공하는 UHD TV, 실시간 양방향 통신이 가능한 스마트 TV의 장점이 하나로 융합된 홀로그램 TV(hologram TV)가 보급되고 광대역 통신망이 기가바이트(gigabyte)급으로 빨라짐에 따라 더욱 가속화될 것이다. 예를 들어 현재 애플은 홀로그램 기술이 접목된 아이폰을 개발 중에 있으며, 이 제품이 상용화된다면 일상생활에서도 홀로그램을 통해 통화를 하는 세상이 도래할 것이다. 또한 증강현실 기술과 홀로그램 기술이 우리가 늘 착용하는 스마트폰이나 안경, 시계와 같은 착용형 장치(wearable device)에 융합 접목되면서 실제 체감할 만큼 제3의 문화로의 전환을 앞당길 것이다.

통신 환경과 착용형 증강현실 장치의 고도화는 현실과 사이버 세계의 경계를 사라지게 함으로써 초연결 사회에는 지금과 같이 하나의 세상이 아니라 다중적 세계관의 모습으로 나타날 것이라 예견된다. 이에 대한 개념은 영화 〈인셉션(Inception)〉(2010)의 내용을 통해 확인해볼 수 있다. 영화 속 주인공들은 임무를 수행하기 위해 임무 대상자의 꿈속에 침투하고 그 꿈의 현실에서 다시 꿈속으로 침투해가는데 이처럼 여러 단계의 현실이 동시에 복합적으로 병존하는 것이 다층적 세계의 모습이라 할 수 있다. 모든 것이 연결된 초연결 사회에서는 부분과 부분, 부분과 전체 간에 영향을 주고받으며 상호 변화가 사회 전반에 걸쳐 상시적으로 발생한다. 또한 이러한 현상은 기존 사회를 재창조하고 새로운 세계가 계속해서 창발 되는 결과로 반영될 것이다.

3. 리셋 증후군, 스킵 증후군, 유목 정체성[2]

사이버 공간과 현실 공간이 융합되기 전부터 사람들에게 리셋 증후군(reset syndrome), 스킵 증후군(skip syndrome)과 같은 가상 동일화 증후군(virtual identity syndrome: V.I.S)과 유목(normadic) 정체성 등이 나타났다.

리셋 증후군과 스킵 증후군은 가상현실이 실제 현실에 가져온 문화 현상으로서 리셋 증후군(위키피디아 참조)은 컴퓨터가 원활히 돌아가지 않거나 제대로 작동하지 않을 때 리셋 버튼만 누르면 처음부터 다시 시작할 수 있는 것처럼 현실 세계에서도 리셋이 가능할 것이라 착각하는 현상을 일컫는 말이다. 인터넷 중독의 한 유형으로 현실에서 범행을 저지르는 잘못을 하더라도 컴퓨터에서 하던 것처럼 리셋 버튼만 누르면 해결될 것이라는 착각을 하게 된다. 이렇게 현실 세계의 시간을 가상 세계에서 하듯이 되돌릴 수 있다는 착각은 매사를 쉽게 포기하고 책임감 없는 행동을 하며 물건 버리듯이 쉽게 마음에 맞지 않는 사람과의 관계를 끊는 행동으로 나타날 수 있다.

---

2   강홍렬 외(2012)를 참조했다.

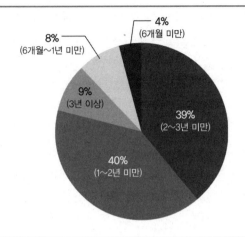

4%
(6개월 미만)

8%
(6개월~1년 미만)

9%
(3년 이상)

39%
(2~3년 미만)

40%
(1~2년 미만)

자료: www.monthly.appstory.co.kr/it3885

스킵 증후군은 리셋 증후군처럼 가상현실에서와 같이 실제 현실의 시간을 앞으로 당길 수 있다는 착각을 하는 현상이다. 예를 들어, 컴퓨터로 영화나 동영상을 보려고 할 때는 앞부분의 광고나 볼 필요가 없는 부분을 건너뛰고 기다림 없이 보고 싶은 부분만 단번에 볼 수 있다. 하지만 이처럼 가상공간에서 스킵(skip) 하는 것에 익숙해지다 보면 현실 세계에서 기다리는 행동에 대해 불안과 분노의 감정을 느끼고 어떤 목표를 이루기 위해 필요한, 끈기와 기다리며 때를 준비하는 행동을 하지 못하게 된다. 이와 같은 가상동일화 증후군은 고장이 난 물건을 고쳐서 쓰기보단 버리고 새 제품을 구매하거나 전혀 문제가 없는 제품임에도 신제품으로 교체해버리는 소비 행위로도 나타난다. 한국 스마트폰 사용자 중 절반이 스마트폰이 고장 나지 않았음에도 2년 안에 새로운 스마트폰으로 교체하고, 그중 4%는 6개월 안에 신형 스마트폰으로 교체하는 모습에서 어느 정도 리셋 증후군과 스킵 증후군을 엿볼 수 있다.

유목 정체성은 가상현실에서 다양한 정체성을 경험하고 시도해보려는 문화로서 이러한 시도는 일시적으로 현실 세계에서 억눌린 욕구를 충족시켜주지만 다시 현실 세계로 복귀했을 때 현실에 대한 자신의 모습에 불만족과 불안함을 보이는 현상으로 나타난다.

이처럼 분리된 두 현실에서 가상현실은 실제 현실에 커다란 영향력을 행사하므로 가상현실에 몰입한 사람들은 가상현실에서 벗어났을 때에 불안감을 느낀다. 초현실 사회에서는 이 두 세계가 융합된 하나의 세계이므로 분리로 인한 불안감을 느끼는 빈도는 줄 것으로 보인다. 하지만 어떤 상황으로 인해 분리가 되는 일이 일어난다면 불안함의 강도가 지금과는 비교할 수 없을 정도로 클 것이라 예상된다.

4. 텍스트 대신 이미지 중심의 문화

초연결 사회에서는 사람들에 의해서만 정보가 생성되는 것이 아니라 사물 자체 내에서도 수많은 데이터가 생산되고 정보화되므로 정보는 사람이 감당할 수 있는 양을 초과하게 된다. 그로 인해 개인은 정보처리에 시간 부족의 한계를 느끼고 사고를 요하는 텍스트 대신 직관적·감성적인 이미지를 선호한다. 이와 같은 현상은 정보처리에 필요한 물리적 시간은 한정되어 있는 상황에서 처리해야 할 정보의 양이 많아짐에 따라 한 정보당 할애할 수 있는 시간이 줄어들면서 발생한다. 정보에 대해 충분히 숙지하고 재구성해 자신의 것으로 정리하는 데 충분한 시간을 갖지 못하기 때문이다. 예를 들어, 해외 출장이나 긴 휴가를 마치고 돌아오면 그동안 수신된 메일을 확인하는 데만 몇 시간을 보내야 하는 상황에 처하게 되고 이때 이메일 하나하나를 유심히 읽기보단 대략적으로 읽는 데 그칠 것이다. 물론 초연결 사회에서는 수많은 데이터를 가지고 나에게 맞는 정보로 재구성해주고 우선순위를 결정해주는 개인 빅데이터 분석 앱인 에이전트(A-gent)[3]의 도움을 받게 될 것이다. 이같이 컴퓨터의 도움으로 텍스트를 처리해갈 것이지만 초연결 사회에서는 텍스트 대신 직관적이고 감성적인 이미지 중심의 문화가 더 강화될 것이다. 이에 대해 IT 미래 학자 니컬러스 카(Nicholas Carr)는 그의 저서 『생각하지 않는 사람들(The Shallows)』에서 디지털 시대 사람들의 사고력 저하에 대한 우려를 표명하기도 했다.

이미지 중심의 문화는 문화의 감성화를 촉진시킨다. 그래픽, 음악과 같은 감성은 텍스트, 슬로건(slogan)과 같은 이성보다 즉각적이며 커다란 반향을 불러일으키며 사회의 변화 속도가 빨라질수록 사람들은 감성 문화를 통해 변화의 속도에 순응해가려고 한다. 또한 이미지 중심의 문화는 사람들의 상상력을 자극해 창의적인 역할을 담당하게 한다. 오늘날에도 개인이 스마트폰으로 촬영한 동영상이나 컴퓨터 소프트웨어로 만든 음악과 같은 콘텐츠가 유튜브나 페이스북을 통해 유통되는데 초연결 사회에서는 기술의 발달로 개인이 하나의 스튜디오 역할을 할 수 있고 혼자 또는 협업의 형태로 지금보다 수준 높은 콘텐츠와 제품을 생산할 수 있다. 이 시기에는 생산된 콘텐츠를 함께 공유하거나 판매할 수도 있고 각 개인이 다른 사람이 생산한 콘텐츠와 교환하거나 구매하는 문화·제품의 프로컨슈머(proconsumer)로서의 역할을 담당하게 될 것이다.

---

3   에이전트는 센서 기반 초연결 애플리케이션으로 발생 가능한 다양한 시나리오와 우발적인 사건들에 대한 광범위한 개인적·감정적·정치적으로 선호도가 높은 데이터, 고용 비용·이윤 분석 등의 자료를 통해 우선순위를 결정해준다(하원규·최민석, 2013).

5. 디지털 해독 문화

초연결 사회는 언제 어디서나 디지털 세상에 접속 가능할 뿐만 아니라 클라우드 컴퓨팅을 통해 어떤 기기를 통해서도 언제 어디서나 동일한 서비스와 필요한 데이터를 이용할 수 있다. 그렇다 보니 업무 시간과 업무 장소에 구애받을 필요가 없어지면서 업무 효율성이 증진되는 등 장점이 있는 반면, 여가를 즐길 시간과 장소와의 경계가 사라지는 결과를 가져올 것이다. 이는 출퇴근 시간을 줄일 수 있게 되어 좀 더 많은 여가를 누릴 수 있는 혜택을 주기도 하지만 순업무 시간(net working hours)을 늘리는 결과를 가져올 수 있고 여가 시간이 늘어나기보다는 여가 시간에도 근무할 수 있는 여건이 마련된 것이라고도 볼 수 있다. IT 기술로 인한 일과 여가의 시공간 경계가 사라짐에 따라 업무가 과중될 수 있고 이로 인한 피로도가 증가할 수 있다.

실례로 대기업의 경우 온라인 교육을 통해 사원의 업무 능력을 향상시켜 기업의 생산성을 증대하고자 한 해의 목표 학점을 제시하고 인재개발교육을 시행한다. 하지만 학습 가능 시간이 업무 시간 이외에만 가능하도록 하고, 필수 과목을 이수하지 못한 경우 인사고과에 반영하는 등 개인의 자율적인 선택이 아닌 의무적인 학습의 형태를 띤다. 직원들은 점심시간 혹은 퇴근 이후 시간을 반납하고 회사나 집에서 학습을 진행해야 하므로 자신의 여가 시간마저도 회사의 생산성 향상을 위한 시간으로 반납해야 하는 상황에 처하게 된다. 한편 온라인 교육을 운영하는 입장에서도 학습 문의에 대해 즉각적으로 응대하기 위해선 상시 대비를 해야 하므로 퇴근 시간, 국경일, 공휴일 등 여가 시간에도 업무가 연장되어 직장인들의 피로를 가중시킬 수 있다. 이러한 현상은 기술적으로 더 진보한 초연결 사회에서 심각해질 가능성이 있다.

따라서 초연결 사회에서는 노동과 여가, 공적·사적 공간 간의 허물어진 경계를 회복해 잃었던 '홀로 있을 권리(right to be alone)'를 찾으려는 문화가 확대될 수 있다(성낙환, 2011). 오늘날에도 미국의 피츠버그 호텔이나 시카고 모나코 호텔에서는 체크인을 할 때 자신이 소유한 스마트폰이나 PC 등 디지털 기기를 프론트(front)에 맡기면 숙박료를 할인해주는 '디지털 해독(digital detox)' 상품이 있으며 캐나다의 ≪애드버스터(adbusters)≫[4]는 매년 4월 셋째 주를 디지털 해독 주간(digital detox week)으로 정하고 메신저, 게임, 인터넷 등 디지털 기기에 대한 집착·중독에서 벗어나자는 사회 캠페인을 시행해오고 있다.

6. 쏠림 현상, 인스턴트 관계, 정보 격차

우리가 기대하는 초연결 사회는 자신과 다른 다양한 의견을 존중하고 서로의 차이점에 대해서는 토론을 통해 좀 더 합리적인 의견으로 수렴되는 사회일 것이다. 하지만 기술의 발전이 곧 사람들 간의 다양성과 이견에 대한 대화와 타협을 보장해주는 것은 아니다. 상호 간의 생각 차이와 다양성에 대한 존중은 기술의 영역이 아닌 인간 본연의 영역이기 때문이다. 오히려 서로의 차이점에 대해 존중하는 태도가 결여된 상태에서 초연결 사회에서 구현될 여러 발전된 기술들은 나와 비슷한 의견과 생각을 가진 사람들과는 연대하고 다른 사람에겐 배타적인 태도를 취하는 사회적 쏠림 현상을 강화하는 형태로 나타날 수 있다.

이런 현상에 대해 김은미(2007)는 자신의 견해만이 옳다는 주장을 계속적으로 재생산하고 SNS을 통해 유통하면서 확산시키는 자기반영성(self-

---

4 http://www.adbusters.org

〈그림 5-2〉 IT 시대의 의견쏠림과 집단적 차원의 충돌

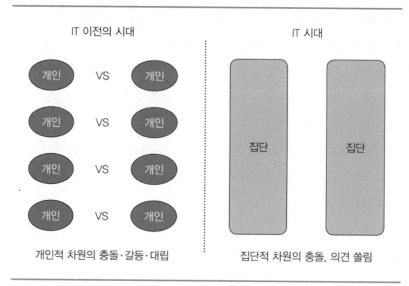

IT 이전의 시대

개인 VS 개인
개인 VS 개인
개인 VS 개인
개인 VS 개인

개인적 차원의 충돌·갈등·대립

IT 시대

집단   집단

집단적 차원의 충돌, 의견 쏠림

자료: 강흥렬 외(2012: 240).

referentiality)이라는 키워드로 설명했다. 또한 황근(2001)은 "게시판의 글쓰기는 자기 확신의 공간이며, 감정적 내용이 많고 듣기가 결여되어 있다"는 평가를 내리기도 했다(김관규, 2009: 22에서 재인용). 예를 들어, 온라인상에서 김연아 선수가 입은 의상 색상에 대한 논란이 있었다. 의상 색상이 '단무지 같다', '병아리 같다'는 일부 의견이 이에 동의한 네티즌들의 의상 디자이너에 대한 거센 비난으로 확장되었다. 이를 계기로 디자이너는 자신의 블로그를 잠정 폐쇄하는 사태로까지 이어졌다. 하지만 김연아 선수가 기자 간담회에서 '의상보다 경기력이 중요하다'는 발언을 한 후에는 이에 동의하는 의견들이 하나둘 모이면서 의상 논란을 일으킨 사람들을 비난하는 반응들이 보였다. 그냥 자신의 주장과 감정만을 쏟아내는 공간으로 사이버 공간이 활용되는 단적인 예라 할 수 있을 것이다.

<그림 5-3> IT 시대의 약한 연대에 기초한 부족 관계

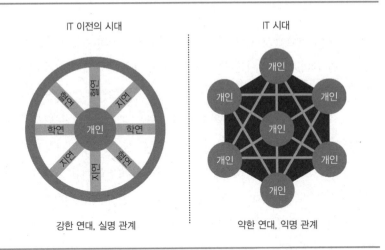

IT 이전의 시대

IT 시대

강한 연대, 실명 관계

약한 연대, 익명 관계

자료: 강홍렬 외(2012: 228).

  지금까지 쏠림 현상의 원인으로 본 나와는 다른 의견을 존중하지 못하는
태도는 동질적인 집단 내에 있는 사람들 간의 인스턴트 관계로 이어질 수
있다. 아무리 비슷한 의견을 가진 사람들끼리 모였다 하더라도 언젠가는 이
견이 생기기 마련인데 이는 곧 자신이 가입했던 집단을 탈퇴하거나 맺었던
인간관계를 끊는 형태로 나타날 수 있다. 이러한 현상을 담은 내용을 임종
수(2009)는 다음과 같이 그의 보고서에 게재했다.

  게임상에서 험담을 하고 무시하는 것은 기본이고 길드 카페에도 욕이 담긴
글이 올라왔다. 심지어 상대편 중 한 명은 내 개인 블로그까지 욕을 써놓고 갔
다. 상황이 이즈음 되자 난 염증을 느끼고 길드를 탈퇴해버리기로 했다. 어차
피 가입한 지 한 달 좀 넘었을 뿐이고 길드 사람들도 내 캐릭터 '친구'란에서
지워버리면 다시는 볼일 없는 사람들이었으니까. 결국 난 길드 내 인간관계를

청산하고 M게임 자체도 잠깐 쉬기로 했다(김영훈, 22세).

이와 같이 인간관계의 인스턴트화는 개인주의 문화를 강화하는 한편 사회 구성원 간의 연대 의식을 약화시킴으로써 사회 공동체 의식의 저하로 귀결될 것으로 보인다.

어느 시대에나 변화를 즐거워하고 수용하는 계층과 변화보다는 현재의 익숙한 상황에 안주하려는 성향이 강한 계층은 상존한다. 디지털 시대를 맞이하는 오늘날에서도 태어날 때부터 디지털 기기와 그러한 환경에 익숙한 '디지털 원주민(digital native)'과 아날로그적 감성을 그리워하며 디지털 시대에 힘겹게 적응해가고 있는 '디지털 이주민(digital immigrant)'이 함께 있다. 이와 같은 맥락에서 초연결 사회에서도 데이터에 대한 접근 방법과 그 처리 기술에 대한 차이로부터 기인된 정보 격차(information divide)가 존재할 것이며 아니 더 커질 수도 있다고 예상한다.

7. 개인화된 미디어 문화의 확산

1981년 ≪타임스(The Times)≫ 최초로 '올해의 인물'로 사람이 아닌 개인 컴퓨터(PC)가 선정된 이후, 20세기 후반에 도래한 인터넷 혁명은 근대화에서 탈근대화로 사회체제를 변화시키는 가교 역할을 수행해왔다. 앞으로 도래할 초연결 사회에서는 미디어 기능이 내재되고 첨단 디지털 기술이 융합된 소통 수단을 모든 개인이 하나 이상 소지할 것이다. 개인 미디어 기기들은 모든 사람이 콘텐츠를 생산·편집·저장할 수 있는 환경을 조성해주었다. 미디어 연구가인 헨리 젠킨스(Henry Jenkins)는 이렇게 개인화된 미디어 (personalized media)로부터 창출된 콘텐츠가 한 미디어에서 다른 미디어로 유동적으로 뒤섞여 흘러 다니는 상황을 '미디어 융합'이라 정의 내리고 '미디어 융합'이 개인의 일상 세계로까지 확산된 미래 사회는 많은 사람들이 자신의 성향에 따라 자유로이 미디어를 옮겨 다니는 이주적 행동이 성행할 것이라 예고했다.

이러한 헨리 젠킨스의 예고를 반영하듯 현재 한국의 대표적인 인터넷 방송인 '아프리카 TV⁵'는 누구나 방송 진행자가 되어 자신의 관심사에 대해 방송할 수 있으며 시청자는 기존 방송 채널이나 케이블 TV에서 볼 수 없었던 다양한 콘텐츠를 즐길 수 있게 되었다. 이렇듯 마이크와 웹캠(webcam)만 있으면 누구나 방송 진행자가 되어 콘텐츠를 생산할 수 있는 상황은 개인의 외적인 생활환경에 변화를 가져올 뿐만 아니라 내적인 의식 세계에도 영향을 미쳐 새로운 사회 문화를 태동시킨다. 산업사회에서 개인은 수동적으로 제도권에서 생산한 정보만을 수용해야 하는 입장이었지만 개인화된 미디어 사회 문화는 적극적으로 정보를 생산하고 소비하는 능동적인 존재로 변모시켰다. 또한 자신의 생각이나 의견을 알릴 수 있는 통로 확보와 더불어 쌍방향적인 의사소통이 가능한 미디어 문화의 확산은 기존의 참고 담아두거나 조용히 사그라질 개인의 의견이 당당하게 사회적으로 표출되고 공론화되도록 한다. 이러한 현상은 초연결 사회라는 맥락에서 바라볼 때,

---

5 BJ(Broadcasting Jockey)라 불리는 방송 진행자가 동영상을 송출하면, 시청자는 전용 프로그램을 이용해 송출 중인 채널의 목록 중에서 보고 싶은 채널을 선택해 접속한다. 한 채널에는 BJ의 채널 설정과 베스트 BJ 여부에 따라 최소 50명에서 최대 1,100명까지 동시 접속할 수 있고, '2012 아프리카 방송 대상'에서 대상을 수상한 BJ는 1,600명까지 동시 접속할 수 있으며, 시청자가 퀵뷰라는 유료 아이템을 구매하거나 다른 시청자가 자신이 보고 있는 채널을 '중계'해주는 중계 채널을 시청함으로 동시 접속 제한을 회피할 수 있다. '중계 채널'은 채널 목록에서는 원 채널과 연동되어 관리되며, 약간의 시차만 두고 원 채널이 그대로 재송출된다. 방송은 게임 방송을 넘어서 택시 방송 등 직업 활동 방송까지, BJ도 젊은 층을 넘어서 70대 할아버지까지, 일반인에서 연예인까지 폭이 확대되고 있다(위키피디아).

개인화된 미디어와 그 의의들이 사물의 미디어화까지 확장된 양태로 표출될 것으로 예상된다.

하지만 이러한 개인화된 미디어 문화가 긍정적인 면만 있는 것은 아니다. 누구나가 방송 진행자가 될 수 있는 자유로운 조건은 다양성을 보장할지 모르지만 질적으로 우수한 콘텐츠 생산을 보장하지는 않는다. 위에서 예로든 '아프리카TV'의 경우에도 시청자가 방송 진행자에 대한 순위를 산정하고 돈으로 환전 가능한 '별풍선'을 방송 진행자에게 줄 수 있는 상황을 악용해 선정적 방송을 부추긴다는 비판이 있었으며 실제로 2008년에 여성 방송 진행자가 선정적으로 생방송을 진행해 물의를 빚은 적이 있다. 동시에 방송 2,000~4,000개가 실시간으로 진행되는 상황이라 돌발적인 상황을 대처하기가 쉽지 않은 것이 현실이다. 이를 감안해보면 누구나 쉽게 1인 미디어화할 수 있는 초연결 사회에서는 돌발적 상황을 포함한 부정적 상황의 발생은 더욱 심화될 여지가 커질 것이다. 따라서 이에 대해 심도 깊은 대처 방안 마련이 필요하다 할 것이다.

8. 정보 과잉에 따른 피로도 과중 현상

초연결 사회에서 각 개인은 사람뿐만 아니라 자신을 둘러싼 모든 환경에 의해 소셜웹(social web) 등에 자신이 작성한 글은 물론이고 자신이 하는 모든 말과 행동이 수집되고 기록 장치에 저장된다. 이렇게 수집된 각각의 시민 데이터는 전 지구인에 해당되는 실시간 빅데이터를 구성하며 이는 인공지능 슈퍼컴퓨터와 같은 초연결 사회의 중앙처리장치에 의해 활용될 것이다. '제2장 초연결 사회의 도래: 배경과 동인'에서 살펴보았듯이 조만간 컴퓨팅 능력이 전 인류의 생물학적 두뇌 능력을 초월하는 시점이 다가올 것이다. 이를 볼 때 초연결 사회에서 발생하는 문제에 대한 해결 방안은 사람이 아닌 인공지능 슈퍼컴퓨터가 내놓게 될 것이다. 앞서 '텍스트 대신 이미지 중심의 문화'에서 언급한 대로 초연결 사회에서 양산된 정보의 양은 개인 스스로가 처리할 수 있는 양을 넘어선다. 더욱이 데이터 기반의 '의사결정' 빈도는 감당할 수준을 넘어 압박감에 시달리는 수준으로 증가할 것이다.

이에 초연결 사회에서 개인은 수많은 의사결정 사항에 대해 우선순위를 정하고 소수의 중요한 사항에 대해서만 직접 의사결정을 수행할 공산이 크다. 하지만 이마저도 정보 과잉의 수준이 현시점에서 상상하는 정도보다 클 경우 우선순위 설정에서도 컴퓨터의 능력에 의존하게 될 수밖에 없을 것이다. 이처럼 한 개인의 경우만 보더라도 과잉 정보를 처리하는 데 컴퓨터에 의존하는 경향이 커질 것으로 예상되는데 이를 사회 구성원들 간의 이해 문제 해결에까지 확장하자면 컴퓨터에 대한 의존성은 더욱 심화될 수밖에 없다.

이러한 상황에서 사람의 위치는 능동적으로 사고하고 의사결정을 하는 주체적인 위치에서 수동적이며 피동적인 추종자(follower)의 위치로 옮겨갈 공산이 크다. 어디까지나 초연결 사회의 중심은 인간이다. 하지만 인간 스스로가 자신의 한계로 인해 의사결정권을 컴퓨터에 이양함으로써 명목적으로만 인간 중심이고 실질적으로는 컴퓨터 중심인 초연결 사회가 도래할 수도 있다.

9. 상시적 불안 증가와 사회적 병리의 융·복합화

현대인을 가장 괴롭히는 문제로 '끊임없이 계속되는 불확실성'을 진단한 지그문트 바우만(Zygmunt Bauman) 교수의 말을 통해 알 수 있듯이 불분명한 미래는 개인의 불안감을 고조시키는 주된 이유라 할 수 있다.

초연결 사회에서 지속적으로 비롯되는 기존 사회의 재창조와 새로운 세

<그림 5-4> 상시적 불안에 따른 힐링의 필요성

계의 창발은 사회 구성원들이 지속적으로 새롭게 변화된 환경에 적응할 것을 요구한다. 이로 인해 초연결 사회의 구성원들은 현대인들보다 강도 높은 정신적·정서적 피로를 겪게 되고 이에 따른 안정감 상실과 불확실성의 증대로 말미암아 상시적 불안감에 시달릴 것이다.

김문조(2013)는 그의 저서『융합문명론』에서 융합 사회를 초연결 사회라 규정하고 초연결 사회의 문제가 '잉여의 문제'와 '불균형의 문제'에서 비롯됨을 논했다. '잉여의 문제'란 시공간적 제약을 초월한 전재적(ubiquitous) 의사소통의 완성이 가져오는 과다 정보가 사회적 혼돈과 단절 및 방치 상황을 초래하는 것을 말한다. '불균형의 문제'는 기존 산업사회에서 권력통제 양식으로 사용되었던 표준화·규범화된 개인들을 대상으로 한 통제 메커니즘(mechanism)에서 개개인의 자유를 최대한 보장하는 '유혹적 통제 메커니즘'으로 변환되면서 발생하는 것으로 보며 기존의 집권형 판옵티콘(panopticon)형 통제 전략에서 변경된 분권형 시놉티콘(synopticon)형 통제모형은 개개인들의 자유의지를 최대한 허용한 듯 보이지만 실은 자족과 향유의 늪으로 이들을 유인해 시장법칙에 복속시키고자 하는 것으로 본다. 이러한 변화는 사회에 '불화', '격리' 및 '추방'이라는 부작용을 낳으며 첨예한 사회적 쟁점으로 부각할 것으로 본다. 또한 초연결 사회에서는 사회적 병리마저도 융합되어 산업사회의 양대 문제인 소외(alienation)와 아노미(anomie) 대신 '아노미적 소외(anomilienation)' 또는 '소외적 아노미(alienomie)'로 융·복합된 사회적 병리가 나타날 것으로 진단했다.

이에 초연결 사회에서는 지치고 상처받은 정신과 마음의 회복과 치유를
위한 문화 현상이 지금보다 더 크게 확산될 것이다. 또한 새롭게 나타난 사
회병리를 해결하기 위해 치료와 회복법에서도 융·복합화된 방식이 필요하
게 될 것이다.

제3절 정책적 시사점

초연결 사회는 고도로 발달된 정보통신 기술과 다른 산업과의 융합 현상
으로 인해 사회 전반에 '유연화'의 특징을 갖게 된다. 이로 인해 전통적인 노
동시장·교육·가족의 개념에 커다란 변화를 야기하고 이러한 개념 변화는
다양한 노동·교육·가족 형태로 나타난다. 이러한 변화에 대해 다수의 미래
학자들은 제2의 시대에서 제3의 정보화 시대로의 전환에 필연적으로 수반
되는 현상이라 진단하며 수용하고 있으나 변화의 과도기에 살고 있는 오늘
날의 시민들은 기존과 다른 노동관·교육관·가치관에 극심한 혼란과 불안감
을 느끼고 있다. 사회 전반의 유연화란 긍정적인 측면과 더불어 그 이면에
'불안정성'을 내포하고 있기 때문일 것이다. 이에 정부를 비롯한 공공 부문
은 앞으로 도래할 미래 사회를 예견해 사회 구성원에게 적극적으로 알리는
계몽사적 역할과 사회 구성원이 변화를 수용하고 적응할 수 있도록 돕는 조
력자적 역할을 수행할 필요가 있다. 또한 어느 시대에나 변화를 받아들이는
데 주저하거나 거부하는 사회 구성원이 존재하는데 이러한 사회 구성원들
도 사회에서 도태되거나 불이익을 당하지 않도록 하는 대응 마련이 필요하
다 하겠다.

초연결 사회의 문화적 특징에서 살펴보았듯이 고도로 발달된 커뮤니케
이션 능력은, 사회 구성원들이 더 이상 정책 수용자의 입장이 아니라 적극

적으로 정책을 제안하고 공동의 관심사에 대해 자체적으로 여론을 형성해 의견을 주체적으로 표출하는 입장을 보일 것이다. 하지만 이러한 의견이 항시 사회 구성원 전체의 의견을 반영하는 것은 아닐 것이다. 이런 경우에 정부는 사회 전체 구성원에 대한 통합적·포괄적 시각으로 의견을 판단하는 역할을 해야 한다. 또한 이해를 달리하는 집단 간의 대립·반목 현상도 지금보다 빈번하게 일어날 것이고 쏠림 현상으로 인해 그 사회적 여파도 점증할 것이다. 공공 부문은 이러한 상황에 다수의 이해 집단 간의 중재자로서의 역할을 수행해야 할 것이다. 한 단계 더 나아가 미래 사회에서 공공 부문은 일자리와 복지 부문과 같은 '삶의 질' 측면뿐만 아니라 사회 구성원에게 '삶의 의미'를 부여하고 수평적이고 다양하며 분절화된 사회 구성원들 간에 구심점 역할을 하며 사회 대통합을 이루는 중추적 역할을 수행해야 한다.

참고문헌

강홍렬 외. 2012. 「디지털 인문사회학의 연구동향과 정책 방향」. 정보통신정책연구원.

김문조. 2013. 『융합문명론』. 나남출판사.

김은미. 2007. 「저널리즘의 미래변화」. 정보통신정책연구원.

김중태. 2012. 「IT 측면에서 본 2012 사회문화 트렌드 변화 및 전망」. DIGIECO.

김관규. 2009. 「컨버전스 시대와 매체로서의 개인」. 정보통신정책연구원.

성낙환. 2011. 「디지털 세상의 어두운 그림자들」. ≪LG Business Insight≫, 2011.8.10.

임종수. 2009. 「가상성과 일상성의 컨버전스에 관한 연구」. 정보통신정책연구원.

카스텔, 마누엘(Manuel Castells). 2009. 『네트워크 사회: 비교문화적 관점』. 박행웅 옮김. 도서출판 한울.

하원규·최민석. 2013. 「만물지능통신 기반 - 초연결 시대의 2030년 시나리오와 함의 도출」. ≪전자통신동향분석)≫, 제28권 제1호.

황근. 2001. 「컨버전스 시대와 매체로서의 개인」. 정보통신정책연구원.

http://www.hologramresources.com

http://www.spaceglasses.com

http://vod.afreeca.com/

http://www.monthly.appstory.co.kr/it3885

제**6**장

초연결 사회의 고찰
도시 공간 분야

이상대 · 최민석

제1절 초연결 사회의 도래와 스마트 시티의 등장

초연결 사회를 도시 공간적 관점에서 조명하면 물리 또는 가상의 공간에서 사회 구성원 간에 다양한 연결이 가능한 것뿐만 아니라 도시를 구성하는 물리 객체와 가상의 객체들이 서로 연결되어 창발적 현상을 보여주는 생활공간이라고 할 수 있다. 현재 도시민의 생활, 생산과 생활공간, 비즈니스, 공공 정책 영역에서의 연결성과 활용도는 본격화되기에는 아직 많이 미흡한 실정이다. 그렇지만 향후 도시와 빌딩 관리, 교통(커넥티드 카, 운전 행태 기반 보험, 교통량 관리), 공장 자동화, 물류 유통, 원격 의료 등에서 연결 작업이 광범위하게 늘어날 것으로 전망된다.

이런 초연결성이 발현되는 도시를 최근 유럽과 중국을 중심으로 널리 회자되는 "스마트 시티(smart cities)"[1]라고 할 수 있다. 미래 학자들은 21세기

---

1   스마트 시티는 일반적으로 ICT를 이용해 도시의 효율성을 제고함으로써 지속 가능 성장이 가능한 도시를 지칭한다.

의 새로운 도시 유형으로서 컴퓨터 기술의 발달로 도시 구성원 간 네트워크가 완벽하게 갖춰져 있고 교통망이 거미줄처럼 효율적으로 짜인 도시를 상정했다. 스마트 시티는 텔레커뮤니케이션(tele-communication)을 위한 유·무선 기반 시설이 인간의 신경망처럼 도시 구석구석까지 연결되어 있고, 고정된 사무실에 나가지 않고도 집에서 모든 업무를 처리할 수 있는 텔레워킹(teleworking)이 일반화되어 있으며, 시민의 불만 요소와 요구가 실시간으로 도시 정부에 전달되는 정보처리 시스템을 구축한 도시이다.

바르셀로나의 앤서니 토머스(Anthony Thomas) 도시계획 총괄 부시장은 스마트 시티 전략을 역점 추진하는 목적에 대해 다음과 같이 설명한다.

어떤 방문자가 바르셀로나를 방문했을 때 어디로 가고 싶은지, 어떤 교통 수단을 이용하고 싶은지, 예산은 얼마나 필요한지 묻는 거죠. 바르셀로나 시 민에게는 슈퍼마켓에 가서 무엇을 사야 하는지, 주차를 하려면 어디로 가야 하는지 알려줄 겁니다. 영화에서나 나오는 삶이 아닙니다. 이미 바르셀로나 에서 실험을 거친 삶입니다. 장차 이것을 상품화해나가는 것이 과제죠.

도시의 스마트 시티 전략 추진의 트렌드는 빅데이터와 어낼리틱스(analytics), 공공 데이터 개방, 개방형 혁신·지식의 새로운 정의, 사용자 중심 설계, 네트워크 기반 공간 창출, 신뢰를 통한 사람들 간의 연결 대역폭을 넓히는 방식 등으로 나타난다.[2] 도시의 사회문제들은 단일 솔루션으로는 해결되기 어렵기 때문에 이러한 트렌드들을 복합해 스마트 시티 전략을 추진하는 경우가 많다.

---

2 http://www.cisco.com/web/

제2절 스마트 시티의 인프라와 기술적 기반

1. 인프라 측면

스마트 시티가 갖추어야 할 기본 인프라로는 다음과 같은 것들이 있다 (Verhart, 2013). 첫째, 도시의 운영이나 도시민의 생활에 필요한 데이터와 정보의 유통을 자유롭게 전송하는 인프라가 있어야 한다. 즉 초고속의 유·무선 네트워크 인프라가 필요하다. 각 도시는 유선과 무선 인터넷의 보급률과 실제 평균 이용 속도를 비교함으로써 어느 도시가 더 초연결 사회로의 진화에 적합한 네트워크 인프라를 갖추고 있는지 판단할 수 있다.

둘째, 물리적 객체의 이동을 원활하게 하는 인프라가 필요하다. 즉 사람이나 물자가 이동할 수 있는 있는 파이프(pipe)가 있어야 한다. 대표적으로 교통 인프라와 물류 인프라, 유틸리티(utility) ─ 전기, 수도, 폐기물 등 ─ 인프라가 제대로 갖추어져 있어야 한다. 예를 들어, 교통의 경우 도시는 내부 교통망뿐만 아니라 외부와의 교역을 위한 기차역이나 버스 터미널, 항구, 공항 등의 시설을 제대로 갖추고 있어야 내·외부적으로 사람과 물자를 신속하게 이동시킬 수 있다.

셋째, 도시 사람들 사이의 정보와 지식 교류를 통해 혁신으로 이어질 수 있는 협업 중심의 혁신 인프라가 있어야 한다(Wakefield, 2013). 여기에는 시민들의 물리적 협업을 극대화하는 세미나나 이벤트뿐만 아니라 온라인상에서의 협업도 포함한다. 특히 정보통신 인프라인 온라인 기반의 소셜 네트워크 서비스(SNS)의 등장으로 인해 온라인 협업의 중요성이 점차 커지고 있다. 그리고 벤처 캐피털(venture capital) 등의 산업자본의 배분과 문화적 요인[3]까지 포함된다.

마지막으로 위에서 열거한 인프라들이 사람들에게 매력적으로 작용해

〈그림 6-1〉 스마트 시티의 7계층 모델

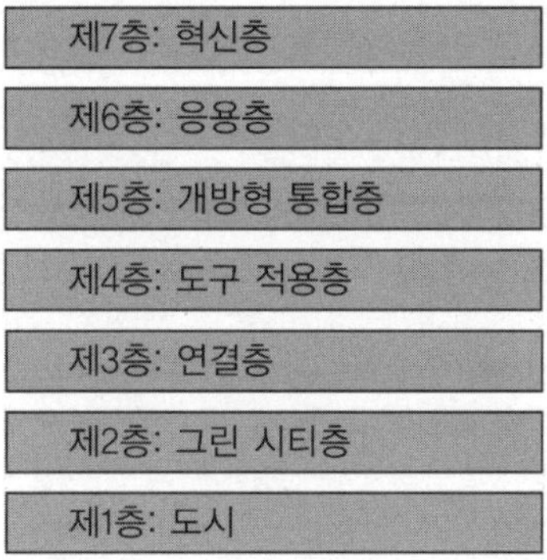

제7층: 혁신층
제6층: 응용층
제5층: 개방형 통합층
제4층: 도구 적용층
제3층: 연결층
제2층: 그린 시티층
제1층: 도시

자료: Zygiaris(2013: 217~231) 수정.

도시가 활기를 얻기 위해서는 무엇보다 살기 좋은 도시 요건을 갖추어야 한다. 이러한 맥락에서 초연결 도시, 즉 스마트 시티의 구조를 네트워크의 OSI 참조 모델(Open System Interconnection Reference Model)과 유사하게 계층화해 표현하면 〈그림 6-1〉과 같다. 위에서 설명한 인프라들이 역순으로 제시되어 있다. 최상층인 제7계층에는 혁신 인프라가 위치해 있는데, 도시의 지속적인 성장을 가능하게 하는 새로운 아이디어와 비즈니스 모델이 만들어지고 구현될 수 있는 인프라를 의미한다. 일명, 리빙랩(Living Labs)[4]과 창조적인 계급(Creative Class), WoT(Web of Trusts)[5]가 여기에 해당된다. 그 아래에는 도시민의 삶을 현명하게 변화시킬 각종 응용 서비스들이 모여 있는 애플리케이션 계층이 있다. 구체적으로 에너지(i-Energy)와 교통(i-Trans-

---

3 리처드 플로리다가 주장한 창조 계급(Creative Class)도 여기에 포함된다.
4 시제품 단계에서 사용자들이 참여해 새로운 가치 모델을 만들어 내는 것을 말한다.
5 사용자들이 웹사이트를 평가할 수 있는 커뮤니티이다.

〈표 6-1〉 스마트 시티의 구축 단계

단계	내용		
	1단계: 만물 인터넷 인프라 설계·구축(수집)		
	무선 센서		파워 센서
1단계	·무선 센서를 인터넷에 연결시킨 효과 ·플랫폼을 통해 관리될 수 있는 다양한 서비스 분야에 적용 가능 ·자동차의 자율적 운영 지원(수명 8~10년) ·공공 도로 네트워크상에 미관을 해치지 않으면서도 쉽게 설치 가능 ·중앙에서의 통제·운영을 통해 저렴한 유지·보수비 실현		·많은 센서가 전력 공급원을 필요로 함 ·센서를 공공 가로등에 부착하여 스마트 인프라 구축 ·도시 내 다양한 기기와 결합 가능 - 공공 가로등 시스템 - 스마트 카메라, CCTV - 교통 속도 측정 레이더 - 공공 스피커 등

단계	내용				
	2단계: 스마트 시티 운영체계(분석)				
2단계	개방적이고 투명한 아키텍처를 이용해 다수의 서비스 주체를 통한 비즈니스 애플리케이션 활용				
	주차 관리 최적화	자연재해 예측·대비	도시 조명	오염·환경 관리	쓰레기 처리 · 가상 서비스
	↑				
	스마트 시티 데이터 플랫폼				
	공공장소의 가로등·조형물을 활용한 인프라 구축 (무선 센서, 광통신, 와이파이 메시와 지능형 도시기반 시설의 PLC를 IP 네트워크를 통해 연결)				
	무선 센서		파워 센서		거리 스마트 디바이스

단계	내용	
	3단계: 스마트 서비스 제공(표출)	
	스마트 시티 조형물	스마트 기기
3단계	·다양한 유형의 정보 표출 지원 ·플랫폼에 연결된 여러 서비스 분야의 수요 충족 지원 ·도시 내 IoE 기술 적용: - 키오스크와 디지털 사이니지(주차 관제, 대민 정보, 버스정류장 등) - 지불 및 결제 엔드 포인트 - 차량 전기 충전 인프라	·스마트폰 앱과 다양한 웹 플랫폼을 통해 새로운 도시 서비스 제공 ·실시간 교통 예측 정보, 도시 내 배출되는 오염원 정보, 가용한 주차 공간, 대중교통 운용 현황 정보 등을 제공 ·도시와 협의를 거친 지역 기업들은 플랫폼에서 제공되는 API를 활용, 새로운 애플리케이션을 개발하여 자체 서비스 제공, 수익을 일정 비율로 도시와 배분: 니스의 경우 커뮤니티 상권에서 활용 가능한 쿠폰, 소셜 트래픽 네트워크 등의 신규 서비스 제공 중

자료: 김동오(2013)을 수정.

port), 민주주의(i-Democracy), 정부(i-Government), 서비스(i-Service), 가정(i-Home) 으로 구분이 가능하다. 그 아래에는 3개 계층에 걸쳐 정보통신 인프라가 갖추어져야 한다. 즉 지역적·공간적 특성을 반영하고 의미적 해석이 가능한 클라우드 기반의 도시 운영체제(Urban OS)와 도시의 현실 세계와 사이버 세계를 상호 연결할 도구(instruments), 그리고 도시의 각종 도구들이 상호 통신할 수 있는 네트워크 인프라이다. 그리고 이런 정보통신 인프라는 기본적으로 친환경의 살기 좋은 도시로서 갖추어야 할 것들을 필요로 한다. 예를 들면, 대체에너지 이용 마스터플랜, 수자원 보호, 친환경 교통 정책, 에너지 절약 빌딩 관리, 이산화탄소 절감 마스터플랜 등을 필요로 한다. 마지막으로 가장 아래 계층은 스마트 시티 인프라를 구축·유지·관리하는 데 필요한 기본 계층이다. 즉 위에서 행해질 모든 활동들은 도시 운영 거버넌스와 도시 관리 계획, 공동체의 자발적인 참여가 전제되어야 가능하다.

한편 한국정보화진흥원에서는 미래 도시의 발전 방향을 공간으로 구분해 스마트 가정과 스마트 빌딩, 스마트 도시로 구분했다. 스마트 가정의 경우에는 기술 표준화를 통해 통합된 디지털 홈네트워트가 구축되어 가정 내다양한 기기 간의 상호 운용이 가능하며, 에너지 사용을 실시간으로 확인할수 있는 환경이 될 것으로 보았다. 또 주택의 외벽은 에너지 절감형으로 설계될 것이며, 사무용 건물 등의 일반 건물에서도 에너지 사용 관리를 위한 기술이 포함될 것이라고 보았다. 한편 스마트 도시는 물리적 인프라뿐만 아니라 소프트한 인프라(예: 교육, 산업 등)가 잘 갖추어진 도시가 될 것으로 전망된다.

세계이동통신사업자협회에서는 스마트 시티 지수(Smart City Index)를 개발해 도시의 스마트한 정도를 비교하는 데 사용한다.[6] 이 지수는 모바일 기

---

6   http://smartcitiesindex.gsma.com/indicators/

술과 그 이용을 중심으로 설계되어 있다. 이 지수는 다음과 같은 변수들을 이용해서 측정된다. 첫째, 스마트 모바일 서비스를 비접촉 지불 시스템의 이용과 도시에서 사용된 앱의 개발과 이용을 지원하는 정도를 이용해서 측정한다. 구체적으로, NFC POS 단말과 개인용 단말의 보급 정도와 대중교통 등의 도시 생활에서 주요 서비스의 이용 가능성을 이용해서 측정한다. 또한 시 당국이 지원하여 이용되고 있는 앱의 수, 앱 사용과 개발에서의 시민의 의견 반영 통로 개설 여부로 측정한다.

둘째, 모바일 인프라 구축 상태를 3G나 LTE 등의 초고속 이통통신망 가입 정도와 센서가 부착된 가로등의 비율, GPS나 M2M 모듈이 장착된 차량의 비율, 전기 자동차·충전소 비율, 공유형 자전거 시스템의 운영 상황, 주차 공간 관리, 쓰레기 수거·재활용, 가로등 관리에서의 센서 사용 또는 원격제어의 이용 비율, 가정과 일반 건물에서의 스마트 미터링(metering) 보급정도, 시민과 방문객들이 이용할 수 있는 무료 와이파이 핫스팟(hot spot) 수를 이용해서 측정한다.

셋째, 시민들의 스마트 모바일 이용을 측정하기 위해 스마트폰 보급률, 도시의 모바일 정부 서비스 이용 정도, 개인당 모바일 데이터 사용 정도, 가정에서의 에너지 관리 시스템의 도입 정도를 이용한다.

넷째, 모바일 중심의 경제 환경 구축 정도를 측정하기 위해 시 당국의 데이터 공개 정도와 모바일 관련 산업의 신생 기업의 지원 정도를 측정한다.

2. 기술적 기반과 구축 단계

초연결 사회를 형성하는 스마트 시티 공간은 실내·외(인도어와 아웃도어)를 걸쳐 사람, 기계, 센서, 데이터들을 연결하고(Interconnects), 다수의 정보소스로부터(실시간, 확장성, 보안, 서비스 품질, 이종 서비스 간의 상호 운용성을 보장하며) 데이터를 수집하며, 기기와 사람, 애플리케이션으로부터(지불한 만큼의 저장 공간을 할애하는 유연성 담보) 데이터를 저장하고(Stores), 시멘틱 (semantic) 링크를 통해 데이터를 구조화하며(Organizes), 데이터를 분석하고 관련성 해석을 통해 수익 창출과 도시 운영 예측이 가능하도록 지원하며 (Analyzes), 최종 사용자와 정보 공유 및 시멘틱에 근거한 연관 데이터를 도 출하는(Shares) 만물인터넷 기반 기술에 의해 구현된다(김동오, 2013). 이러 한 기술 아키텍처는 개방형 혁신을 통해 새로운 기술기반 사회 서비스 생태 계가 구현되는 기술적 기반이다.

스마트 시티의 구축 단계 1단계는 IoE 인프라 설계와 구축(수집), 2단계 는 스마트 시티 운영 체계 구축(분석), 3단계는 스마트 서비스 제공(표출)으 로 전개된다(김동오, 2013).

제3절 초연결 사회의 도시 생활

초연결 사회의 도시의 삶은 어떤 모습일까? 미래의 삶을 단정적으로 예 측하는 것은 쉽지 않지만 세계경제포럼에서 제시한 몇 가지는 다음과 같다 (Fredette et al., 2012).

첫째, 초연결 사회의 도시는 탈도시화와 거대 도시화의 양면성을 띠면서 발전할 것으로 전망된다. 선진국에서는 초연결 사회로의 발전으로 도심에 거주하지 않고 도시 외곽에 거주하면서도 도시 생활의 혜택을 충분히 누릴 수 있어서 탈도시화가 가속화될 수 있다. 반면에 개발도상국에서는 초연결 성이 증대되면서 도시 생활의 질이 급격하게 향상되어 도시로의 유입 인구 가 급격하게 증가함으로써 여러 메가 시티(mega city)가 등장할 것으로 전망 된다.

둘째, 공공 기관과 공공 서비스는 시민 참여 중대와 실시간 대응 서비스, 데이터 중심의 운영과 의사결정의 형태로 발전할 것으로 전망된다. 최근 등장하는 정부 3.0의 논의나 모바일 정부의 부상도 같은 맥락으로 이해할 수 있다. 이로 인해 정부의 역할과 구성, 그리고 시민들과의 관계가 새롭게 정립될 가능성이 있다.

셋째, 초연결 사회의 교육과 육아는 온라인 교육과 인터랙티브(interactive) 교육, 자기주도 교육(일명 Ed-You-cation)이 대세가 될 전망이다. 한편 맞벌이 가정의 아이가 방과 후 귀가하는 것이나 집을 나서는 것 그리고 집에서 사전에 계획된 행동을 하는지 모니터링하는 것도 가능할 것이다(Ma et al., 2005).

넷째, 보건의료 영역에서는 이미 사물 - 사물 - 인간(Machine-to-Machine-Human: M2M2H)의 형태로 의료 서비스 이용이 활발하다. 원격 진료가 대표적이다. 이로 인해 대형 의료 시설에서 원거리에 거주하더라도 적절한 의료 서비스를 받을 수 있게 될 것이다.

다섯째, 산업 분야에서는 공급망 관리와 고객 관계 관리 분야에서 초연결화가 빠르게 진행되고 있다. 이미 공급망 관리에서의 RFID와 센서가 폭넓게 활용되기 시작했으며, 고객의 요구를 제대로 파악하기 위해 SNS 등의 소통 채널을 적극적으로 수용하고 있다. 또 산업의 초연결화가 심화됨에 따라 정보통신 인프라의 안정성에 관한 요구가 증가하고 있다.

여섯째, 산업의 초연결화와 함께 일하는 방식의 변화도 예상된다. 사이버 공간을 활용한 협업뿐만 아니라 원격 근무가 대세를 이루게 될 것이다. 따라서 사회조직은 수직적인 통제의 형태에서 분권화된 책임 조직으로 변할 것으로 예상한다. 또한 이런 일하는 방식을 적극적으로 수용하는 1970년대 중반 이후의 세대에 의해 주도될 것으로 전망된다.

마지막으로, 초연결 사회가 제대로 운영되면 환경 위협을 완화할 것으로

<그림 6-2> 프로그램의 구성 개념

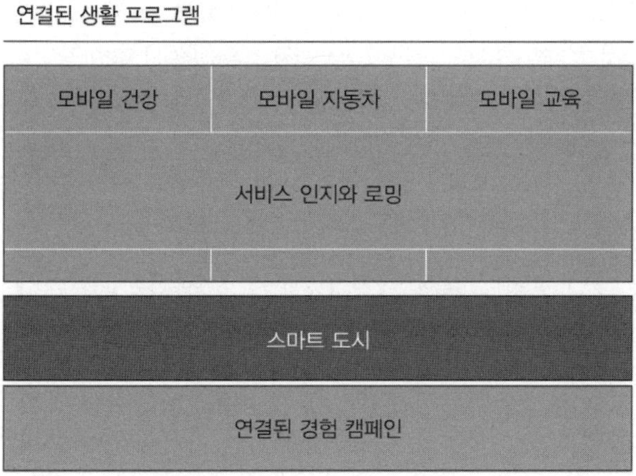

연결된 생활 프로그램

모바일 건강	모바일 자동차	모바일 교육
서비스 인지와 로밍		
스마트 도시		
연결된 경험 캠페인		

자료: GSMA(2013).

기대한다. 무엇보다 인구의 이동을 줄여서 자원 소비를 줄이게 되어 환경 부담을 낮출 수 있으며, 자원 수요를 정확하게 예측해 수요 - 공급을 일치시킴으로써 불필요한 자원 낭비를 줄일 수 있다. 또한 사용 자원을 완벽하게 파악해서 회수함으로써 100% 재활용이 가능할 것으로 기대된다. 특히 도시 교통 시스템의 초연결화가 진행되면 실제 교통 상황의 데이터가 실시간으로 수집됨으로써 효과적인 자율신호 체계를 구축해서 친환경 교통이 가능할 것으로 기대한다.

여기서는 초연결 사회의 삶 중에서 도시 생활에 초점을 두고 과연 어떤 애플리케이션들이 이용 가능한지 살펴보고자 한다. 이런 측면에서 봤을 때 <그림 6-2>의 세계이동통신사업자협회의 연결된 생활 사업의 구성이 알려주듯이 스마트 시티, 즉 무선 기반의 도시 업그레이드는 초연결 사회의 새로운 삶의 모습을 변화시키는 기초가 될 것이다.

이를 미래에나 가능한 상상의 서비스보다는 현재 개발되어 시범적으로

〈표 6-2〉 리벨리움의 스마트 세계

공해 방지	공장 배출 이산화탄소, 자동차 배기가스, 농업용 유해가스의 통제·관리
산불 탐지	연소가스 발생 상태와 산불 발생 조짐을 모니터링하여 산불 위험 경보
와인 품질 향상	포도 농장의 토양 습도와 줄기 지름을 모니터링하여 포도의 당도와 생육 상태의 통제·관리
어린 가축 관리	어린 가축의 생장과 건강을 보호하기 위한 생육 조건의 통제·관리
운동선수 관리	실내 또는 실외 장소에서 운동할 때 생체 신호 모니터링
건축물의 구조적 안정성 관리	빌딩과 교량, 역사 유산 등의 다양한 건물의 진동 및 재료 상태 모니터링
선박 선적물의 품질 관리	컨테이너의 진동과 충돌, 개봉 온도 등을 모니터링해 선적물의 훼손을 방지
기기 탐지	와이파이, 블루투스 등의 다양한 무선통신 기술을 사용하는 모든 기기(예: 스마트폰)를 자동으로 탐지
무단 침입 방지	출입 권한이 없는 사람의 출입을 사전에 예방하고 무단 침입이 발생했을 때 즉시 확인 가능
방사능 수치 관리	원자력 발전 시설 주변의 방사능을 상시 측정하여 위험할 때 자동으로 경보를 발령
전자기파 수치 관리	이동통신 기지국과 와이파이 라우터로부터 발생하는 전자기파를 측정해 관리
교통 혼잡 관리	대규모 차량과 보행자를 동시에 모니터링하여 최적 이동 경로로 이동
스마트 도로	기상 악화나 교통사고, 교통 혼잡 등의 돌발 상황을 운전자에게 알리고 우회 유도
스마트 가로등	일기나 도로 상태에 따라 적절하게 가로등 밝기 조절
인텔리전트 쇼핑	고객의 습관이나 기호, 알레르기 반응 여부 등을 고려하여 판매 직원이 조언을 하게 하거나 유통기한 초과 여부를 자동적으로 인지 가능
도시 소음 지도	도심과 유흥 지역의 소음을 실시간 모니터링
수질 관리	식물 성장에 필요한 강과 바다의 수자원 확보 가능성과 식수 사용의 적절성 연구
생활 쓰레기 관리	쓰레기통의 적재량을 확인해 쓰레기 수거의 최적 경로를 계산하여 수거
스마트 주차	도시의 빈 주차 공간을 상시 모니터링하여 주차 희망 차량에 통보
골프장 관리	수분 공급이 필요한 골프장 잔디에만 물을 공급함으로써 물 사용량 감소
누수 탐지	물탱크의 누수 여부를 사전에 탐지하고 수도관의 압력 차를 모니터링
자동차 자동 점검	자동차 부품으로부터 실시간으로 정보를 수집하여 위험이 예상될 때 운전자에게 미리 통보
물품 위치 추적	창고, 항구 등의 대규모 실내외 공간에서 개별 물품의 위치를 확인 가능

자료: Libelium(2013).

적용되고 있는 애플리케이션 위주로 살펴보면 다음과 같다. 시스코 시스템스에서는 미래의 도시를 "스마트하고 서로 연결된 환경"으로 규정한다. 첫째, 미래의 교통에서 도시들은 GPS 등을 이용한 대규모의 도시 내 교통정보를 바탕으로 수요를 정확하게 예측함으로써 교통 혼잡을 줄일 수 있을 것으로 예상된다. 나아가 전기 자동차의 사용이 늘어나면서 도시의 교통 환경은 네트워크화된 인프라 기반으로 운용되는 시스템으로 변모할 것이다. 둘째, 미래의 에너지 사용은 스마트 그리드를 기반으로 전력 수요를 정확하게 예측하고 관리하는 형태로 바뀔 것이다. 예를 들면, 일자별·시간대별 변동 요금이 보편적으로 적용되고, 에너지 수급 위기 상황에서는 소비자들의 과사용 패턴을 분석해서 직접 사용 자제를 요청하는 형태로 바뀔 것이다. 셋째, 도시에서의 생활, 즉 근로나 상거래, 건강관리는 장소에 구애 받지 않고 온라인으로 이루어질 가능성이 크다. 지금도 모바일 환경으로 전환되는 중이지만, 초연결 사회에서는 개인 단말을 통해 원격으로 생활에 필요한 것들을 제공받을 것이며, 생활공간에 배치된 센서나 스크린과 상호작용해 좀 더 다양한 상황에서 생활 서비스가 이루어질 가능성이 높다.

사물인터넷 서비스의 솔루션 업체인 리벨리움(Libelium)[7]에 따르면, 센서·사물 통신 기반 초연결 사회의 중요 애플리케이션은 다양하다(〈표 6-2〉 참조). 이를 분야별로 살펴보면 다음과 같다.

첫째, 블루투스, 와이파이, 지그비(ZigBee) 등의 각종 무선통신 기술로 작동 기기를 자동으로 인식하고 플러그인 형태로 네트워크에 연결하는 기능이 최우선적으로 필요하다. 둘째, 도시의 운영과 관련해서는 주차 가용성 모니터링,[8] 운전 중 도로정보 제공, 교통 흐름 모니터링·통제, 주변 환경에

---

[7]   리벨리움 홈페이지의 50대 센서 애플리케이션.
[8]   예를 들면, 스트리트라인(Streetline)의 파크사이트(ParkSight)가 있다(상세 내용은

따라 변하는 가로등 관리,[9] 인프라 관리(예: 도로), 쓰레기·폐기물 관리, 구조물 원격 안전 진단, 공기 오염도 측정 관리,[10] 실시간 소음 측정 관리, 전자기파 측정 관리 등이 가장 유력한 애플리케이션이다. 셋째, 센서와 사물통신 기반의 대표적인 물류 애플리케이션으로는 아이템의 위치 추적, 수송 차량 추적, 보관 부적합 물건 탐지, 컨테이너 상태 모니터링 등이 있다. 넷째, 사용량 측정(metering)과 관련해서는 스마트 그리드, 태양열 발전 시설 모니터링, 상수도 관리, 수질 관리, 누수 관리, 액체 저장소 모니터링, 곡물 저장소 모니터링 등이 대표적인 애플리케이션이 될 것으로 기대된다. 다섯째, 자연 환경에 관한 것으로는 산불 감지, 산사태 방지, 지진 감지, 강설량 모니터링 등이 있다.

제4절 스마트 시티의 구현 사례와 계획

1. 사례

1) 바르셀로나의 스마트 시티 전략

바르셀로나 시 정부는 올해 초부터 도시 중심지 지구 곳곳에 사물과 사물을 연결하는 사물인터넷 기술을 기반으로 한 '스마트 도시' 솔루션을 시범 운행하고 있다. 세계 최대 네트워크 장비업체인 시스코가 무선 인터넷이

스트리트라인 홈페이지 참고).
9 예를 들면, 에셜론(Echelon)의 스마트 스트리트 라이팅(Smart Street Lighting)이 있다(상세 내용은 에셜론 홈페이지 참고).
10 예를 들면, 에어 퀄리티 에그(Air Quality Egg), 리벨리움의 와스모트(Waspmote)가 있다(상세 내용은 에어 퀄리티 에그 홈페이지와 리벨리움 홈페이지 참고).

가능하도록 네트워크를 설치했고 국내외 정보통신 기술(ICT) 업체들이 센서, 데이터 수집과 분석, 위치 정보 기반 서비스(Location-based Services: LBS), 클라우드 등 다양한 기술을 제공했다.

바르셀로나는 도시 내에 500킬로미터 규모의 네트워크를 설치하고, 와이파이 핫스팟 500개를 제공하면서 '커넥티드(연결된) 스마트 도시'로 탈바꿈하는 것을 목표로 한다. 이곳에서 시범적으로 운행된 스마트 시티 모델을 모범 사례로 만들어, 일자리를 만들고 기업 투자를 늘리겠다는 계획이다. 그러나 스마트 도시라고 해서 눈이 휘둥그레질 정도로 화려하거나 첨단 기술이 눈앞에 펼쳐지는 것은 아니다. 아스팔트에 심어져 있어 가까이에서 보지 않으면 눈치채기 어려운 센서, 쓰레기통의 일부처럼 심어져 있는 센서, 가로등 안에 설치된 와이파이 라우터 등이 일상생활에 자연스럽게 녹아 있다(≪주간조선≫, 2013.11.1).

시범 도입한 '스마트 주차'도 스마트 시티 계획의 일부분이다. 스마트 주차를 구현하려면 주차 공간에 차가 있는지 없는지를 감지하는 센서가 있어야 한다. 바르셀로나 시는 아스팔트에 지름 약 15센티미터 크기의 동그란 센서를 심었다. 최대 7년까지 자가 발전으로 작동하는 이 센서는 자석이 탑재되어 있어 금속을 감지해낸다. 센서 위에 놓인 것이 거대한 규모의 금속 덩어리(자동차)인지, 아니면 나뭇잎이나 쓰레기 조각에 불과한지 가려낸다(≪중앙일보≫, 2013.2.25).

바르셀로나 스마트 시티 전략은 세계 최대 이동통신 전시회 '모바일 월드 콩그레스(MWC)를 통해 적용·확산된다. '새로운 모바일의 지평(The New Mobile Horizon)'이라는 주제로 열리는 '2013 모바일 월드 콩그레스'는 신기술 발표보다 생활 속 편의성 확대에 초점을 맞췄다. 업계 관계자는 "글로벌 불경기와 IT 시장 성숙 등을 감안해 업체들이 과시형 발표를 지양하는 대신 실용성을 높였기 때문"이라고 설명했다. 실제 '모바일 월드 콩그레스'를 주

최하는 세계이동통신사업자협회는 이번 전시회 동안 바르셀로나 도시 전체를 'NFC 생태계 체험 공간'으로 꾸몄다. 10센티미터 이내에 스마트폰을 갖다 대면 데이터 전송은 물론 정보 교류, 금융거래가 이뤄지는 NFC 기술을 통해 참석자들이 IT 생태계가 주는 생활의 변화를 체험할 수 있도록 하기 위해서다. 실제 시스코의 글로벌 스마트 시티 최고 기술책임자(CTO)인 존 베클베인은 "사람들은 '스마트 도시'라고 하면 엄청 거대하고 화려한 무엇인가를 기대하지만, 실제 스마트 도시란 사람들의 삶을 침범하지 않으면서 더 윤택하게 만드는 것"이라고 강조한 바 있다.

2) 송도 스마트 시티 전략

인천시는 정보 시스템 및 장비 회사인 시스코와 함께 인천경제자유구역을 스마트 시티로 만들어가는 전략을 추진하고 있다. 시스코가 개발한 IT인프라·솔루션을 활용해 송도국제도시 등 인천경제자유구역을 스마트 시티로 만드는 한편, 세계적으로도 스마트 시티의 모범 사례가 될 수 있도록 노력할 방침이라 한다.

〈그림 6-3〉 인천시의 송도 스마트 시티 추진 전략

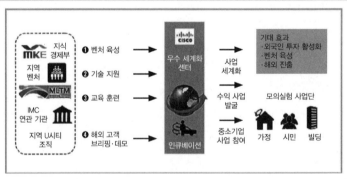

자료: 인천시청 내부 자료(2013).

> **인천시 - 시스코 간 스마트 시티 협약의 주요 내용**
>
> 글로벌 R&D센터 설립
> - 스마트 시티 구축·운영과 관련된 기술 개발
> - 국내 협력회사 발굴·연계
> - 국내외 U-city 구축·운영과 관련된 기술 인력의 양성과 교육
> - 관련 기술과 사업 모델의 해외 수출 지원
>
> 스마트 시티 구축 가이드라인 내용
> - 공공 목적을 위한 정보의 종류와 내용, 제공 방식
> - IFEZ 내 ICT(Information & Communication Technology) 구축
>
> 가이드라인
> 시범 사업(아시안게임, 스마트 주민센터)
> - 인천시는 장비·공간·운영에 관한 예산 지원
> - 시스코는 설계, 기술 지원 , 개발 비용 담당
>
> 자료: 인천시청 내부 자료(2013).

아울러 오는 2014년 아시안 게임에 고화질 비디오 커뮤니케이션 기술 및 첨단 에너지 기술 등 첨단 IT을 도입해 가치 창출형 운영 모델 개발을 위한 공동 사업을 운영하기로 약속했다. 또 인천시청, 경제자유구역청, 주민센터 등에 고화질 화상회의 시스템을 Cisco의 지원을 받아 구축하고 이를 통해 지역 주민과의 열린 대화방, 주민 대상으로 영어교육 실시 등의 시범 사업을 추진하기로 합의했다.

3) 리빙 플랜 아이티사의 도시운영체제

리빙 플랜 아이티(Living PlanIT)사는 시스코와 도이치 텔레콤(Deutsche

〈그림 6-4〉리빙 플랜 아이티사의 도시운영체제 구축 사례

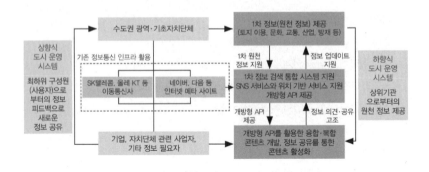

자료: 황기연(2013).

Telecom)과 함께 컴퓨터 500억 대에 연결된 장치에서 오는 모든 자료를 활용해 도시운영체제(Urban Operating System)를 구축 중이다(황기연, 2013). 정보 네트워크의 발달로 인해 스마트폰의 앱들이 도시운영체제에 연결되어 도시 관리와 시민들의 일상생활에서 스마트 시티를 구현하기 위한 것이다.

도시운영체제가 구축되면 도시 내 토지 이용, 교통, 문화, 방재 등의 정보가 자동으로 도시관리센터로 이송되고, 도시 정부는 이 정보를 바탕으로 위치 기반 도시 서비스를 제공할 수 있다. 또 시민들은 외부에서 집 안에 있는 전자제품을 조정, 에너지 컨트롤, 고령자 건강 관리가 가능한 시대를 맞이하게 된다.

4) 기타 세계의 스마트 시티 사례

먼저 싱가포르의 '원노스(One North)' 프로젝트이다. 원노스는 '북위 1도'에 위치한 싱가포르의 지역적 특색을 반영한 프로젝트다. 과거 영국군 주둔지를 BT, IT, 미디어가 공존하는 도시 속의 새로운 스마트 시티로 탈바꿈시키고 있다.

덴마크 코펜하겐 '크로스 로즈'는 유럽을 대표하는 스마트 시티다. 문화와 미디어·통신 기술을 결합한 도시, 개인과 기업 간 네트워크로 국제적 연구·개발 도시로 발전 중이다. 이곳의 생활 체험실(living lab)에서는 일반인들이 원하는 주거 환경을 수용하면서 미래의 도시 방향을 제시한다.

핀란드 헬싱키는 급속한 인구 증가에 따른 주택 문제를 해결하는 한편 도시 경쟁력을 한 단계 높이기 위해 아라비아 해안이란 뜻의 '아라비안란타(Arabianranta)' 프로젝트를 지난 1990년 시작해 20년에 걸쳐 진행했다. 가상 마을인 '버추얼 빌리지(virtual village)'는 아란비안란타 내 모든 거주지, 교육기관, 사무 공간 등에 광섬유 네트워크를 설치하자는 구상이 그 출발점이다. 이어 2000년에는 주거 단지의 네트워크화를 위한 계획을 수립하고 2002년에는 최초 서비스가 실시되었다. 지금은 아파트와 업무 단지, 교육 단지 등이 광역망 서비스센터를 통해 인터넷·인터넷전화·TV 등으로 연결되어 있다. 가상 마을은 곧 개발 주체가 운영하는 홈페이지이기도 하다. 아라비안란타라는 도시 자체가 거대한 스마트 시티 실험장이다.

미국에선 뉴욕 '2010 로어맨해튼 재건 사업'이 진행 중이다. 맨해튼 남단에 기업을 유치하고 투자와 개발을 촉진, 새로운 활력을 불어넣기 위한 사업이다. 월스트리트와 이스트리버파크에서 트라이베카, 배터리파크, 세계무역센터에 이르기까지 약 300억 달러를 투자해 주거형 아파트, 도로, 교통 허브(hub), 각종 호텔 건설 등 60여 개의 대규모 프로젝트가 추진 중이다.

2. 국토교통부의 제2차 유비쿼터스 도시 종합계획(2014~2018)

유비쿼터스 도시 종합계획(국토교통부, 2013.10.4)은 첨단 정보통신 기술과 건설 기술을 융·복합하여 교통, 환경 등 도시 관리를 효율화하고 삶의 질을 향상시키기 위한 5개년 법정 계획이다. 제1차 종합계획(2009~2013년)은

U-City 정착을 위한 기반 조성을 위해 U-City 계획·건설·관리·운영 등 사업 전반에 걸친 제도적 기반을 마련하고, U-City 핵심 기술 개발 지원 등에 주력했다. 반면 제2차 종합계획은 1차 계획의 성과를 확산하고 U-City 민간 산업 활성화 등을 중점적으로 추진할 계획이다.

주요 내용을 보면 먼저, 정부의 국정과제인 국가안전망 구축에 역점을 두고 있다. 국민 안전을 제고할 수 있도록 체감 효과가 큰 방범·방재, 교통, 시설물 분야 등을 핵심 U-City 서비스로 중점 구축하도록 하고, 분산된 CCTV 관제, 교통, 시설관리센터 등을 U-City 통합운영센터로 일원화할 계획이다.

다음으로 U-City 산업의 지속적 성장기반 조성 계획도 포함한다. 비용 절감형 U-City 모델을 개발하고 도시재생사업과 연계한 기존 도시 활성화 방안을 마련하며, 시민이 체감할 수 있는 실속형 U-서비스를 중점 육성한다. 또 U-City 구축·운영 비용의 절감을 위해 국내 기술로 개발된 국산 통합 플랫폼 등을 확대 보급하고, 유비쿼터스 기술의 빠른 변화에 대응하기 위해 U-City 관련 기술 개발에 지속 투자할 계획이다. 또한, U-City 정보(행정·공간·센서 정보 등)의 개방·공유, 표준화를 통해 민간업체의 자발적인 참여를 유도하고 U-City 정보·인프라를 활용한 다양한 수익 모델을 개발할 수 있는 기반을 제공한다. 민간 사업자의 일자리 창출, 시민의 편의 제고와 지자체의 U-City 운영비 보전 등을 위해 국가 R&D 투자를 통해 개발한 U-City 비즈니스 서비스 플랫폼[11]의 보급을 확산시킬 계획이다.

---

11 예를 들면, BSP(Business Service Platform) R&D 성과물로서 개방된 U-City 정보를 활용해 민간 사업자가 U-서비스를 개발·운영한다.

3. 국토교통부의 U-City 시범 도시 추진

2013년 국토교통부에서 발표한 정책 자료(국토교통부, 2013.10.7)에 따르면, U-City는 첨단 ICT 기술을 이용한 도시통합운영센터를 효과적으로 운영함으로써 도시를 효율적으로 관리하고, 시민에게 유용한 서비스를 제공하는 도시를 의미한다. 2008년 「유비쿼터스도시의 건설 등에 관한 법률」이 제정되면서 법적인 토대 위에서 U-City 사업이 추진되었다. 2009년부터 2013년까지 총 73개 지방자치단체가 U-City 사업을 추진하고 있거나 계획 중인 것으로 파악된다(최민석, 2013b).

지금의 U-City 사업은 시·도 간 경쟁을 거쳐 선정되고, 개별 기초 지자체가 몇 개의 시범 사업을 추진하는 경우가 대부분이다. U-City의 한계를 넘어 어떤 도시 또는 지구가 초연결 사회를 구현하기 위해서는 국토가 좁은 한국의 실정을 감안해 하나의 도시보다는 도시 또는 지구 간 네트워크로서 접근하는 것이 좋을 듯하다.

이런 측면을 고려한다면 세종시 이전으로 국가 중추 행정기관과 기능이 여러 도시에 분산되어 공공 정책과 행정 추진에 비효율성을 보이는 광화문 - 과천 - 세종 - 대전 대덕 지구 간의 초연결 사회 구현 프로젝트를 추진할 만하다. 중앙일보 2013년 11월 4일 자 기사에 의하면, 2013년 10월 17일 세종청사 6개 부처에 근무 중인 공무원 120명을 대상으로 실시한 설문조사에서 세종시로 정부 부처를 옮긴 이후 업무 강도와 시간이 늘어난 반면 업무 효율은 크게 떨어져 공무원 84%가 "업무 효율이 떨어졌다"고 응답했다.

〈그림 6-5〉 U-City 사업 추진현황 및 계획

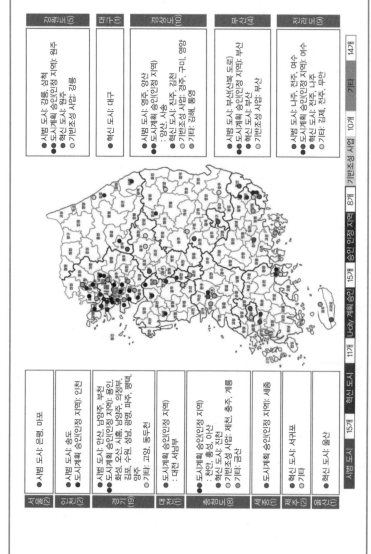

서울시 (2)	● 시범 도시: 은평, 마포
인천시 (2)	● 시범 도시: 송도 ● 도시계획 승인(인정 지역): 인천
경기 (19)	● 시범 도시: 안산, 남양주, 부천 ● 도시계획 승인(인정 지역): 용인, 화성, 오산, 시흥, 남양주, 의정부, 김포, 수원, 성남, 광명, 파주, 평택, 양주 ○ 기타: 고양, 동두천
대전시 (1)	● 도시계획 승인(인정 지역) : 대전 서남부
충청남도 (8)	● 도시계획 승인(인정 지역) : 천안, 홍성, 아산 ● 혁신 도시: 진천 ● 기반조성 사업: 제천, 충주, 계룡 ○ 기타: 금산
세종시 (1)	● 도시계획 승인(인정 지역): 세종
제주 (2)	● 혁신 도시: 서귀포 ○ 기타
울산시 (1)	● 혁신 도시: 울산

강원도 (5)	● 시범 도시: 강릉, 삼척 ● 도시계획 승인(인정 지역): 원주 ● 혁신 도시: 원주 ○ 기반조성 사업: 강릉
대구 (1)	● 혁신 도시: 대구
경상북도 (10)	● 시범 도시: 영주, 양산 ● 도시계획 승인(인정 지역) : 양산, 사천 ● 혁신 도시: 전주, 김천 ● 기반조성 사업: 경주, 구미, 영양 ○ 기타: 김해, 통영
부산시 (4)	● 시범 도시: 부산선북 도로 ● 도시계획 승인(인정 지역): 부산 ● 혁신 도시: 부산 ○ 기반조성 사업: 부산
전라남도 (9)	● 시범 도시: 나주, 전주, 여수 ● 도시계획 승인(인정 지역): 여수 ● 혁신 도시: 전주, 나주 ○ 기타: 김제, 전주, 무안

| 시범 도시 | 15개 | 혁신도시 | 11개 | U-City 계획 승인 | 15개 | 승인 인정 지역 | 8개 | 기반조성 사업 | 10개 | 기타 | 14개 |

자료: 국토교통부(2013.10.7.); 최민석(2013b) 재인용.

제5절 초연결 사회 구현 장소로서 미래 특구 적용 방안

1. 초연결 사회 구현 장소의 요건

1) 초연결 사회 구현의 장소적 맥락

매킨지 앤드 컴퍼니에 의하면 만물지능인터넷이 지향하는 미래는 사이버와 물리 세계가 통합되는 세상이다(McKinsey & Company, 2013). 전자통신의 기술적 기반 연구를 주도해온 한국전자통신연구원(ETRI) 연구팀에서도 2000년대 초부터 이와 동일한 개념을 주장해왔다(최민석, 2013a). 향후 지구 전체는 사이버 - 물리 시스템(Cyber-Physical Systems: CPS)이 될 것으로 전망한다. 사이버 - 물리 시스템이 광범위하게 적용된 세상에서는 새로운 네트워크를 이용해 인간이 물리적 자원과 사이버 자원을 실시간으로 제어하고 관리함으로써 시간과 공간의 제약을 극복할 것으로 기대된다.

지금까지 정부, 기업, 가계, 개인의 활동(또는 행동)을 지배해온 것은 장소였다. 초고속 철도망이 발달한 오늘날에도 장소가 행동을 규정한다. 지역의 중심 도시, 대도시의 도심, 글로벌 시티 등은 공항, 철도, 도로 등의 접근성이 가장 좋고 당연히 토지 지가나, 집값도 가장 비싸다.

정부기관의 입지도 마찬가지다. 국가의 대통령 관저, 국회, 정부 부처, 국가 공공 기관과 공사의 소재지는 늘 국토의 중심인 수도에 집중되어 있다. 다시 말해 수도가 물리적 세계의 중심인 것이다.

초연결 사회는 장소적 제약이 약해지는 측면도 있을 뿐만 아니라 연결의 최중심에는 장소적 중요성이 강조되기도 한다. 장소적 제약이 약해지는 것은 만물인터넷 기반하에서는 언제 어디서나 연결이 가능하기 때문에 이전에 장소 분리 상태에서 불가능했던 정보 수집과 전달, 의견의 교환과 조정, 요구나 지시 사항의 전달 등이 가능해지는 것이다. 이전에 장소 간의 연결이 교통수단을 통해서만 가능했던 것이 정보통신 기술 수단에 의해서, 더 나아가 실시간으로 가능해지는 것이다. 즉 장소 간 초연결 사회가 구현 (Inter-site base)되는 것이다.

장소적 중요성이 강조되는 것은 초연결 사회를 가능하게 하는 기술 기반 인프라가 비용이나 이용자의 집중을 이유로 한 장소에 밀집될 수밖에 없다는 이유에서다. 정보통신 기술에 의해 습득된 정보는 축적이 되는데, 축적 장소는 한 도시와 한 지점에 누적되는 경향이 있기 때문이다. 이러한 상황은 장소 내 초연결 사회를 구현 (In-site base)한다.

2) 장소 간 초연결 사회 구현의 장소 요건

장소 요건은 어떤 활동인가에 의해 그 내용과 폭이 결정된다. 장소 간 (inter-place) 연결의 내용은 정부의 통치 행위인가? 기업의 비즈니스 행위인가? 아니면 개인의 친교나 가족 간 소식을 전하는 행위인가? 등에 따라 달라진다.

정부의 통치 행위와 관련해서는 공공 부문과 민간 부문 간의 의사소통, 공공 부문 내에서의 업무 처리, 중앙정부와 지자체 간 업무 처리와 관련된 행위가 이뤄진다. 정부기관과 공공 기관의 정책 결정과 정책 시행 과정에서 정보통신 네트워크를 이용해 정책 결정자나 정책 수행자는 물리적 자원과 사이버 자원을 실시간으로 제어하고 관리함으로써 시간과 공간의 제약을 극복할 수 있다. 물리적 자원과 사이버 자원을 제어하고 관리하기 위해서는 정보통신 인프라 기반이 필수적이다.

지난 수년간의 준비로 정부는 세종시에 제2의 국가행정도시를 건설하고, 상당수 부처가 입주한 상태다. 이로 인해 국가 중추 행정기관은 현재의 광화문과 과천시 외에 세종시, 그리고 대전시 대덕 등 4개 도시에 분산되었다. 공공 부문의 업무 수행과 관련해 공무원을 중심으로 사물, 데이터, 프로

<그림 6-6〉 KBS "세종시 공무원 행정 비효율…국회, 화상회의 도입"(2013년 6월 30일 자)

자료: KBS 뉴스 검색 자료(2013.12.8).

세스, 시간, 공간, 지식 등의 정책 결정과 수행 관련 요소를 상호 연결해 초
연결 사회를 공공 부문 영역에서 구현해갈 수 있을 것이다.

이에 따라 공공 부문의 장소 간(inter-place) 초연결 사회 구현의 장소 요
건은 정부 부처, 지자체와 공공 기관의 소재지, 그리고 정책 수요자인 국민
과 기업, 정책 관련 정보, 지식 등의 요소를 가진 곳이 된다.

3) 장소 내 초연결 사회 구현의 장소 요건

초연결 사회 구현을 전 국토, 전체 공간에서 이뤄내기는 ICT 인프라의 구
축 비용과 소요 시간, 시민들의 의식과 문화 등의 문제로 쉽지 않다. 따라서
시범 지구를 통해 선도적으로 구현할 수밖에 없으며, 그 구체적 형태는 시

범 도시나 시범 특구이다.

스마트 시티는 장소 내(within-place) 초연결 사회 구현의 대표적 형태이다. 스마트 시티를 도시 차원에서 추진하는 대표적 예는 바르셀로나이고, 일정 지역에 한정해 시범 지구를 조성하는 예는 싱가포르의 '원노스', 코펜하겐 시의 '크로스 로즈', 뉴욕의 '로어맨해튼' 등이 있다. 이들 지역은 ICT 산업이 발달되어 있고, 문화도 글로벌화되고 개방적인 지역들이다.

장소 내 초연결 사회 구현을 성공적으로 이끌기 위해서는 이미 ICT 인프라가 많이 깔려 있고, 일자리 종사자와 지역 주민이 ICT 친화적인 집단이 주류를 이루며, 문화 자체도 개방적이고 역동적인 곳이어야 한다. 아울러 연결의 목적과 대상이 분명한 곳이어야 정책 대상이 분명해지고, 진행 모니터링과 실적 달성에 유리하다.

수도권과 경기도 내에서 찾아본다면 인천 송도, 경기 판교 테크노밸리, 과천 정부청사, 서울 테헤란로, 마곡 지구 등을 들 수 있으며, 아직 개발계획이 없지만 경기 북부 지역의 고양 장항 지구 등도 후보지가 될 수 있을 것이다.

2. 국가 운영 효율화를 위한 광화문 - 과천 - 세종 - 대전(대덕 지구)의 초연결 사회 기반 조성 전략

노무현 정부의 국가균형발전 전략의 일환으로 추진된 세종시로의 국가 행정 기능 일부 이전은 장소적 분리를 극복하는 초연결 사회 기반의 구축을 절실히 요구한다. 정부 부처와 정부 산하기관의 공간적 분리는 이미 주어진 조건이 되었다. 초연결 사회 이론과 기반을 이용해 국가적 비효율성을 극복하기 위해서는 우선 이들 지구를 스마트 시티로 조성할 필요성을 불러일으킨다.

<그림 6-7> 스마트 시티 시범 특구의 운영체계 구축

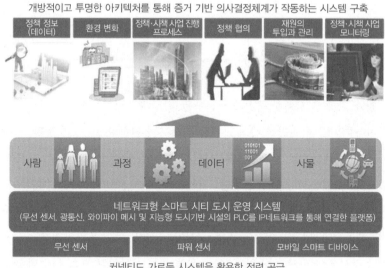

개방적이고 투명한 아키텍처를 통해 증거 기반 의사결정체계가 작동하는 시스템 구축

| 정책 정보 (데이터) | 환경 변화 | 정책·시책 사업 진행 프로세스 | 정책 협의 | 재원의 투입과 관리 | 정책·시책 사업 모니터링 |

| 사람 | 과정 | 데이터 | 사물 |

네트워크형 스마트 시티 도시 운영 시스템
(무선 센서, 광통신, 와이파이 메시 및 지능형 도시기반 시설의 PLC를 IP네트워크를 통해 연결한 플랫폼)

| 무선 센서 | 파워 센서 | 모바일 스마트 디바이스 |

커넥티드 가로등 시스템을 활용한 전력 공급

자료: 김동오(2013).

앞서 이론적으로 살펴보았듯이 스마트 시티의 구축 단계는 1단계: IoE 인프라 설계 및 구축(수집) → 2단계: 스마트 시티 운영 체계 구축(분석) → 3 단계: 스마트 서비스 제공(표출)로 전개한다.

1단계는 국가행정 효율화를 위한 스마트 시티 시범 특구로 지정하고, 초 연결 사회의 기술적 기반인 IoE 인프라 설계·구축 작업을 추진한다.

2단계는 국가행정 효율화 시범 특구의 스마트 시티 운영체계를 구축하는 작업이다. 스마트폰과 RFID의 연결뿐만 아니라 데이터·지식·프로세스 간 연결을 위한 정보통신 인프라를 구축해야 한다.

3단계는 이러한 시범 특구의 서비스 제공(표출) 작업이다. 아울러 한국 정부도 일부 국가의 정부에서 추진하는 오픈 데이터 정책에 부응해 최근 정 책적 노력의 연장에서 민간과 공공 부분을 모두 아우르는 광범위한 수준에서 초연결성 자원을 공개하는 시도가 필요하다.

제6절 정책적 시사점

첫째, 초연결 사회를 준비하는 전략은 장소 내, 장소 간 병행 추진이 효과적이다. 장소 내 초연결 사회 구현을 위해서는 인천 송도, 경기 동탄, 서울 고덕 등을 대상으로 스마트 시티 시범 조성 사업을 추진하고, 장소 간 초연결 사회 구현을 위해서는 광화문 - 과천 - 세종 - 대전(대덕 지구)의 네트워크형 스마트 시티 시범 조성 사업을 추진할 것을 제안한다. 특히 광화문 - 과천 - 세종 - 대전(대덕 지구)의 스마트 시티 조성은 국가 운영의 비효율성을 상당 부분 감소시켜줄 수 있다. 이를 위해 우선 화상회의 시스템, 정책 정보의 실시간 전송과 모니터링 시스템 구축 등을 추진할 수 있을 것이다.

경기도에 속해 있는 과천시의 경우, 지금까지 진행해온 정부 부처 이전 반대 운동 등의 방어적 전략보다는 과천시를 국가 중추 행정 기능을 분담하는 스마트 시티 시범 지구의 지정과 초연결 사회 기반 인프라 구축 사업 추진 전략으로 방향을 잡고 중앙정부와 경기도에 지원을 호소하는 것이 더 나을 것으로 판단된다. 이를 통해 과천시는 국가 운영의 효율성을 확보하고, 지역적으로도 도시의 활력을 회복할 수 있을 것이다.

둘째, 현재 추진 중인 U-City 사업을 업그레이드해 스마트 시티 사업으로 통합하고 국토가 좁은 실정을 감안해 네트워크형으로 전환할 필요가 있다. 현재 모두 73개 지자체가 추진 중인 U-City 사업은 단편적인 사업 내용이 많기 때문에 추진 단위를 대도시권으로 상향시키고, 시·군 간 기능과 역할 분담을 통해 사업 내용을 좀 더 통합적으로 추진할 필요가 있다. 아울러 개별 시·군 단위보다는 박근혜 정부가 추진 중인 지역행복생활권의 중추 도시권 단위로 묶어 추진하면 더 효율적이고, 시너지 효과를 가져올 수 있을 것이다.

셋째, 초연결 사회 구현을 위한 스마트 시티 조성 사업을 일자리 창출과 연계시켜 추진한다. 스마트 시티 조성 사업을 정보통신 기술의 관점에서 볼 것이 아니라 새로운 산업, 새로운 일자리 창출 개념에서 추진할 필요가 있다. 스마트 시티 조성 사업은 R&D 활동이 많이 일어날 것이기 때문에 기반 기술 개발, 기본·실행 계획 수립, 콘텐츠의 개발 등에서 많은 창의적인 일자리를 만들 수 있을 것이다.

참고문헌

국토교통부. 2013.10.7. 「U-City의 개념 및 추진현황」.

_____. 2013.10.4. 「제2차 유비쿼터스 도시 종합계획(2014~2018)」.

김동오. 2013.11. 「Internet of Everything 동향 및 스마트시티 적용 사례」. GRI 워크샵 발표 자료.

인천시청 내부 자료. 2013.

≪주간조선≫. 2013년 11월 1일 자 기사.

≪중앙일보≫. 2013년 2월 25일 자 기사.

최민석·하원규·김수민. 2013. 「만물지능인터넷 관점으로 본 초연결사회의 상황 진단 및 시나리오」. 한국전자통신연구원.

최민석. 2013a.11. 「메가 수도권의 발전 비전과 전략」. 『경기개발연구원 워크샵 자료집』. 경기개발연구원

최민석. 2013b.12. 「메가 수도권의 발전 비전과 전략 구상」 보고서 초안.

황기연. 2013.3. 「Connected, Hyper-connected & Singularity」. GRI 워크샵 발표 자료.

KBS "세종시 공무원 행정 비효율 … 국회, 화상회의 도입." 2013년 6월 30일 자.

Verhart, Bas. 2013.1.19. "Cities of Innovation: Amsterdam as a Hyper-Connected City." City Minded 홈페이지.

GSMA, 2013.6.24. "Connected Living? Smart Cities."

Wakefield, Jane. 2013.8.18. "Tomorrow's cities: Do you want to live In a smart city?" BBC 홈페이지.

Fredette, John et al. 2012. "The Promise and Peril of Hyperconnectivity for Organizations and Societies." *The Global Information Technology Report 2012*.

Libelium. 2013.4.8. "Libelium Smart World Infographic Sensors for Smart Cities, Internet of Things and beyond." 리벨리움 홈페이지.

Ma, Jianhua et al. 2005. "Towards a Smart World and Ubiquitous Intelligence: A Walk through from Smart Things to Smart Hyperspaces and UbicKid." *International Journal of Pervasive Computing and Communications*.

Zygiaris, Sotiris. 2013. "Smart City Reference Model: Assisting Planners to Conceptualize the Building of Smart City Innovation Ecosystems." *Journal of Knowledge Economy*. Vol.4.

http://www.cisco.com/
http://www.echelon.com/
http://www.kickstarter.com/projects/edborden/air-quality-egg
http://www.libelium.com/
http://www.smartcitiesindex.gsma.com/indicators/
http://www.streetline.com/

제7장

초연결 사회의 고찰
교통 분야

지우석

제1절 들어가기

한국은 1990대 중반부터 정보통신 분야를 활용해 교통 운영과 제어 분야에 관심을 가지기 시작했으며 중앙정부에서는 이와 관련해 과천시에 지능형 교통 시스템(Intelligent Transportation Systems: ITS) 시범 사업을 한 바 있다. 그 이후 중앙정부가 중심이 되어 전국적으로 ITS를 위한 인프라를 지속적으로 확충해왔다. 2000년에는 '지능형교통체계기본계획 21'을 수립해 사용자 중심의 ITS 서비스 확대와 첨단 교통서비스 제공을 위한 사업을 추진해오고 있다. 그 이후 U-City 사업과 함께 유비쿼터스에 대한 관심이 높아지기 시작했으며 2006년에는 'U-KOREA 기본 계획'을 수립했다. U-City 사업에는 주거(U-Home), 업무(U-Work), 의료(U-Health), 교육(U-Learning) 등을 비롯해 교통(U-Transport) 분야에 대한 서비스도 포함이 된다.

ITS와 U-Transport는 상호 중복되는 인프라와 서비스가 상당 부분 있지만 구분을 하자면 ITS 서비스는 기본적으로 자동차 또는 도로 이용자를 제어의 대상으로 본다. 즉 교통 전체 시스템적인 효율성을 달성하기 위해 운영자 입장에서 교통 소통의 최적 상태를 달성하는 것을 목적으로 한다. 반면 U-Transport에서는 운영자보다는 수요자인 도로 이용자 개개인의 요구에 좀 더 충실한 서비스로 이해할 수 있다. U-Transport에서는 도로 이용자가 원하는 시간, 원하는 장소에서 원하는 교통정보를 확보할 수 있기 때문에 ITS에서와 같이 교통 시스템적인 최적보다는 도로 이용자 개인의 선호와 판단에 따른 교통 상황이 전개된다.

U-Transport에서 이와 같이 여러 가지 정보를 종합해 도로 이용자 개인이 출발 시간, 노선, 교통수단, 교통안전 상황 등을 판단하는 반면 초연결 사회(Hyper Connected Society)에서의 교통 서비스 환경에서는 도로와 자동차 그리고 자동차와 자동차간 에 실시간 교통정보를 주고받으면서 자동차 스스로가 도로 이용자보다 더 효율적이고 안전한 이동 환경을 구현한다.

초연결 사회가 성숙되면 교통 분야에서는 우선 스마트 도로, 스마트 자동차 등의 상용화에 따라 궁극적으로 도로 상황, 날씨, 돌발 상황, 운전자 과실, 음주운전, 자동차 오작동 등으로 인한 교통사고가 없어지는 수준까지 줄어들 것으로 기대된다. 교통 소통 측면에서도 도로 교통 인프라를 가장 효율적으로 사용할 수 있는 최적 상황을 실시간으로 운영할 수 있을 것이며 사람들은 이동 중에도 자신이 원하는 일을 할 수 있고 환승 또는 대기 시간도 최소화할 수 있게 됨에 따라 개인 시간 활용의 효율화도 기대된다.

제2절 초연결 사회에서의 교통

1. 도시 교통의 변화

교통 측면에서 초연결은 사람과 사람, 사람과 사물, 사물과 사물 간의 통합적 연결 교통 환경을 의미한다. 즉 U-City, U-Transport 등에서 쓰이는 개념인 유비쿼터스가 의미하는 '언제, 어디서나' 원하는 정보를 획득해 효율적인 결정을 하며 원격 제어를 통해 원하는 상황을 구현하기 가장 적합한 기술이 실현된 교통 환경을 초연결 교통 환경으로 이해할 수 있다.

초연결 사회 환경에서 예측되는 도시 공간의 변화를 상상해보면 우선 정보, 통신 기술의 비약적 발달에 따라 물리적 접근성에 대한 중요성이 약해지므로 도시 공간의 전통적인 입지 선정의 기준인 직주근접(職住近接)의 필요성이 약화될 수 있다. 따라서 단핵도시보다는 다핵도시로의 전환이 가속화될 것으로 전망되며 주거지 선택에서는 교통의 편리성보다는 대기, 녹지율 등 쾌적성에 대한 가치 선호가 더 높아질 것이다. 이러한 도시 공간의 변화를 이끄는 주요 요인으로 원격 근무, 원격 진료는 물론 원격 교육 등이 있다. 이러한 추세 속에서 주거 공간은 지금처럼 휴식 위주의 공간 기능을 벗어나서 작업, 학습, 놀이, 레저 등의 복합적 기능을 담당하게 될 것으로 기대한다. 그에 따라 삶에서 주거 공간에 대한 가치와 비중이 높아질 것으로 전망된다.

교통적인 측면에서 가장 쉽게 예측되는 변화는 통행 시간을 생산적인 시간으로 이용하게 되는 것이다. 스마트 기기나 몇 가지 업무 보조 장치를 이용해 회사와 별로 다르지 않은 업무를 처리할 수 있거나 정보 검색, 화상회의, 영화 감상, 독서, 음악 감상 등 다양한 여가 활동이 가능해짐에 따라 장거리 통행에 대한 부담은 훨씬 경감될 것이다. 자가 운전은 스마트 기기의 활용과 도움으로 좀 더 안전하고 효율적인 운전 환경이 가능해질 것이며 궁극적으로는 현재 SF 영화에서 보는 무인운전 또는 수동운전보다 더 안전한 자동운전이 가능해지는 시대가 멀지 않은 것으로 이야기된다.

예를 들면, 영국의 밀턴 케인즈에서는 차량 예약과 지불이 가능한 스마트폰 앱과 함께 무인운전 이동 수단이 대중교통 수단으로 곧 도입될 예정이다. 2017년 2인승 차량(Pods) 100대를 도입할 계획을 공개하고 이를 위해 시범 운영 차원에서 2015년 수동운전 차량 20대를 우선 운영하기로 했다. 차량의 종류는 아직 결정된 바 없으나 전기차인 GM사의 EN-V도 고려 대상인 것으로 알려졌다. 자동운전 시스템 분야에서도 벤츠(Mercedes-benz), 볼보(Volvo), GM, 아우디(Audi), 도요타(Toyota), 혼다(Honda) 등 세계 각국의 주요 자동차 회사들은 2020년 상용화를 목표로 치열한 개발 경쟁을 하고 있다. 구글에서도 '구글 로봇카'란 이름으로 자동운전 시스템을 개발 중인데 지금까지의 실험 결과 사람이 운전하는 차량보다 안전성과 승차감이 모두 더 뛰어나다는 평가를 발표한 바 있다.

이와 같이 이동 중에도 운전할 필요 없이 여러 가지 스마트 기기를 활용해 원하는 활동을 하게 되는 환경에서는 '통행이란 원하는 활동을 하기 위해 목적지까지 가는 데 불가피하게 발생되는 파생 수요(Derived demand)'라는 개념은 더는 유효하지 않은 정의가 된다. 교통운영 관리 차원에서도 신호 체계, 주차 관리, 램프 관리, 사고 처리 등에 모두 실시간 관리 시스템이 적용될 것이다. 실시간 교통정보를 활용한 신호 운영으로 도시 교통망이 좀 더 효율화될 것이며 교통안전 수준도 크게 향상될 것으로 기대된다.

초연결 사회 환경의 교통 부문에서 크게 기대되는 것이 안전 수준의 개선이다. 차량 간 정보의 교환, 차량과 도로 시설 간의 정보 교환, 운전자와 차량의 정보 교환 등을 통해 돌발 상황의 사전 감지, 기후 변화에 따른 안전 운전 지원, 차량 이상 유무 정보 제공, 졸음운전, 음주운전 등 운전자 이상에 따른 경고와 차량 제어, 접근 거리에 따른 차량 자동 안전 시스템 등의 제어 기술과 정보 제공 기술의 발전이 있을 것이다. 그래서 운전자, 타 운전자, 차량 상태, 도로 상태, 도로 상황, 기후 등에 대한 종합적 정보 제공과 차량의 자동 제어 시스템의 도움으로 교통안전 환경이 크게 개선될 것으로 기대된다.

초연결 사회에서는 타 분야와 마찬가지로 교통 부문의 치안 안전 역시 지속적으로 개선될 것으로 전망하는데, 한 사례로서 2013년 11월 미래창조과학부에서는 '택시 안심 귀가 서비스'를 발표했다. 이 서비스는 근거리 무선통신(NFC) 태그에 스마트 기기를 대면 운수 회사, 차량 번호, 연락처, 승차 시간 등의 차량 탑승 정보가 가족이나 지인에게 문자로 전송되며 차량의 운행 노선도 실시간으로 전송되어 노약자를 대상으로 한 택시 관련 범죄가 줄어들 것이다.

2. U-Transport

1) U-Transport의 개요

U-Transport는 유비쿼터스 환경에서 여행자, 교통 시설, 교통수단이 실시간으로 네트워킹(상태 인식과 인과관계 정보를 분석)해 안전성과 이동성에 기여하는 인간 중심의 미래형 교통 서비스·시스템을 제공하는 교통체계를 의미한다. U-Transport의 구성 요소로는 교통 인프라로서의 차량, 인접 인프라, 센터 간의 정보 교환 매개체를 의미하는 교통 시설, 타 차량과 교통 시설과의 정보 교환을 스스로 담당하는(제어되는) 차량, 차량 내 운전하는 운전자를 포함한 모든 여행자(동승자, 보행자 등), 교통정보 수집·가공·제공하는 중앙관제센터, 통신 구현 기술(USN, Fiber Optic, RFID, DSRC, WiBro, 무선랜, 블루투스 등) 그리고 정보 제공 매체(인터넷, VMS/PIS, 노변 장치, PDA, 휴대전화, DMB, KIOSK 등)가 포함된다.

현재 추진 혹은 계획 중인 U-City는 U-Transport를 중심으로 구현되며, 다른 분야에 비해 구체성이 두드러진다. 실제 예산의 70% 그리고 도시통합관제센터의 시스템 역시 4분의 3 이상이 U-Transport를 통해 집행되거나 구현된다. 서비스와 플랫폼 구성의 구체성 역시 U-Transport를 중심으로 제

<그림 7-1> 초연결 사회에서의 도시 교통의 변화

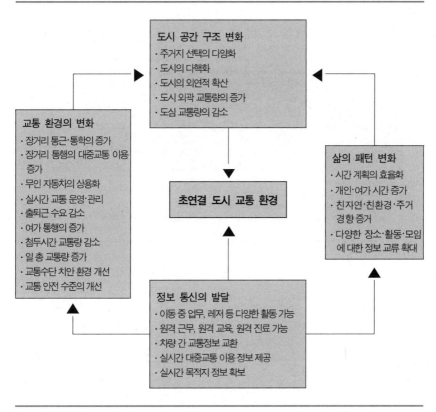

도시 공간 구조 변화
· 주거지 선택의 다양화
· 도시의 다핵화
· 도시의 외연적 확산
· 도시 외곽 교통량의 증가
· 도심 교통량의 감소

교통 환경의 변화
· 장거리 통근·통학의 증가
· 장거리 통행의 대중교통 이용 증가
· 무인 자동차의 상용화
· 실시간 교통 운영·관리
· 출퇴근 수요 감소
· 여가 통행의 증가
· 첨두시간 교통량 감소
· 일 총 교통량 증가
· 교통수단 치안 환경 개선
· 교통 안전 수준의 개선

초연결 도시 교통 환경

삶의 패턴 변화
· 시간 계획의 효율화
· 개인·여가 시간 증가
· 친자연·친환경·주거 경향 증거
· 다양한 장소·활동·모임에 대한 정보 교류 확대

정보 통신의 발달
· 이동 중 업무, 레저 등 다양한 활동 가능
· 원격 근무, 원격 교육, 원격 진료 가능
· 차량 간 교통정보 교환
· 실시간 대중교통 이용 정보 제공
· 실시간 목적지 정보 확보

자료: 필자 정리.

시되며 U-Transport는 주로 공공 중심의 서비스 제공으로 이루어진다.

2) U-Transport와 ITS

U-Transport는 기존 ITS를 기반으로 이용자 중심 민간 서비스를 보완한 형태이다. 기존 ITS는 U-Transport의 공공 부문과 도로, 차량, 센터 등 기반 인프라를 구축해 정보 수집·가공·제공하는 역할을 주로 담당하고, U-Transport

<그림 7-2> U-City에서의 ITS 개념도

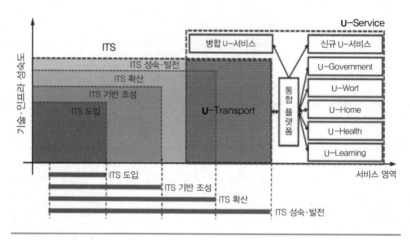

자료: 김경석(2013).

는 민간 부문의 모바일 기반의 정보 제공 서비스를 포함해 공공과 민간 부문의 교통 서비스를 포괄해 융합하는 방향으로 발전하고 있다.

U-City의 대표적인 여섯 가지 응용 서비스 중 하나인 'U-Transport'는 교통신호와 교통 물류 제어, 교통정보 제공과 안전 관리, IT 기반의 교통 시설물 활용 등의 구현 단위 서비스에서 기존 지능형 교통체계(ITS)의 개념과 유사하다고 할 수 있다. 특히 현재 구현 가능한 U-Transport 세부 서비스와 제공 시스템은 기존 ITS의 서비스와 시스템을 크게 벗어나지 못하고 있으며, 향후 타 서비스와 연계를 통해 일정 부분의 U-Transport 서비스 확장이 예상된다.

U-Transport는 개념상 개별 이용자의 요구를 만족시키는 것을 목적으로 하고 있어, ITS에 비해 세부적이고 개별적인 서비스 제공이 목표이다. 기존 ITS는 교통 이용자 불특정 다수를 대상으로 서비스 제공과 사회 전체의 효율성 향상을 목적으로 하는 데 반해 U-Transport는 유비쿼터스 환경 속의

<그림 7-3> U-Transport 핵심 서비스 분야 예시

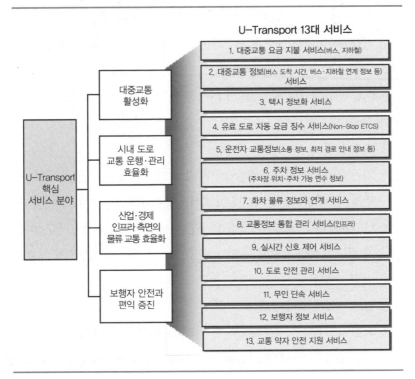

U-Transport 13대 서비스

대중교통 활성화
- 1. 대중교통 요금 지불 서비스(버스, 지하철)
- 2. 대중교통 정보(버스 도착 시간, 버스·지하철 연계 정보 등) 서비스
- 3. 택시 정보화 서비스

U-Transport 핵심 서비스 분야

시내 도로 교통 운행·관리 효율화
- 4. 유료 도로 자동 요금 징수 서비스(Non-Stop ETCS)
- 5. 운전자 교통정보(소통 정보, 최적 경로 안내 정보 등)
- 6. 주차 정보 서비스 (주차장 위치·주차 가능 면수 정보)

산업·경제 인프라 측면의 물류 교통 효율화
- 7. 화차 물류 정보와 연계 서비스
- 8. 교통정보 통합 관리 서비스(인프라)
- 9. 실시간 신호 제어 서비스

보행자 안전과 편익 증진
- 10. 도로 안전 관리 서비스
- 11. 무인 단속 서비스
- 12. 보행자 정보 서비스
- 13. 교통 약자 안전 지원 서비스

자료: KT(2005)를 재구성.

의료, 교육, 생활 등과의 밀접한 관계에 중점을 두고 있기 때문에 기존 ITS 체계에 비해 부분적으로 서비스 연계 체계 구축과 융합 중심의 교통 체계 구현을 지향한다. 즉 U-Transport는 서비스 효과 측정의 목표를 이용자의 편의성과 쾌적성에 둔다고 할 수 있다.

ITS에 U-구현 기술을 접목할 경우 교통정보의 수집, 가공, 제공, 요금 징수, 물류, 긴급 구난, 위치 기반 서비스의 현실화가 가능하므로, U-Transport가 표방하는 대부분의 서비스(교통과 관련된 지속적인 네트워킹과 상호적 정보 제공, 개별화된 서비스)가 ITS에 의해 구체화될 수 있다. 따라서

U-Transport는 기존 ITS를 U-구현 기술을 결합해 이용자의 개별성·편의성 증진, 타 서비스와의 연계를 강화하는 측면으로 개선한 개념으로 정의하는 것이 바람직하며, U-City에서 제공하는 U-Transport의 실체라고 판단할 수 있다.

또한 U-Transport는 기존 ITS에 비해 구축 단계별로 다음과 같은 특징과 차별성이 있다.

① 수집 단계
- 기존 ITS는 차량 검지 기술을 기반으로 개별 차량에 대한 검지보다는 전체 시스템상의 총량적 개념에 초점을 맞추어 개방형 센서를 활용한다.
- U-Transport는 좀 더 다양한 U-구현 기술, 특히 개별 차량 혹은 이용자 행동 정보를 감지할 수 있는 센서(RFID 등)의 기술 활용으로 개별성이 부가된다.

② 정보 가공과 처리 단계
- 기존 ITS의 경우 정보의 가공과 처리 목적이 교통에 국한되어 교통센터를 중심으로 비교적 단순한 가공 처리 과정을 거치게 된다.
- U-Transport는 도시통합관제센터에서 통합 플랫폼을 형성해 타 서비스와 정보 공유를 통한 좀 더 광역적 표준화와 통합 기술을 적용한다.

③ 정보 제공 단계
- 기존 ITS는 네트워크에 접속해 이용자가 서비스를 받거나, 고정된(일부 제외) 장치(VMS, KIOSK 등)를 통해 서비스가 이루어져 수동적 서비스 제공 형태가 된다.
- U-Transport는 이용자가 찾지 않아도 서비스가 주변에 침투해서(pervasive) 서비스를 제공받는 형태이다.

④ 운영·관리 측면
- 기존 ITS는 주로 공공 중심의 서비스와 공공이 운영하는 교통센터를

중심으로 시스템이 운영되는 특징을 지닌다.

- U-Transport는 민간 부문 활용의 중요성이 상대적으로 커져 공공과 민간의 통합·연계가 강조되고, 민간 부문은 특히 비즈니스 모형의 창출을 위한 노력이 요구된다.

3) U-City에서 U-Transport의 역할

ITS 서비스의 기초 기술과 유비쿼터스 기술을 통합해 U-City를 구현하게 되는데 기초 인프라로서 U-Transport는 U-City에서 제공되는 다른 분야의 다양한 기초 인프라와 함께 새로운 U-서비스로 진화하게 되며, 이러한 U-서비스는 지속적으로 창출될 것으로 기대된다. 따라서 타 분야와의 통합·연계를 위한 '플랫폼' 형성이 U-City에서 ITS 구축의 관건이라 할 수 있다.

U-Transport는 post-ITS로서 여러 기관을 통해 수집된 교통정보와 교통상황, 교통 관련 연계 서비스 지원을 위해 정보의 수집·가공을 실시하며, 이

〈그림 7-4〉 U-City 통합 플랫폼의 활용

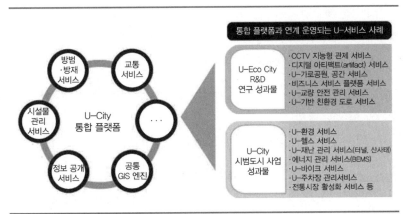

자료: 한국유비쿼터스도시협회 홈페이지.

를 통해 교통행정 지원과 교통 관련 시스템, 기반 시설의 원격 관리를 추구한다.

U-City 통합 플랫폼은 교통 분야(돌발 상황, 도로 통제, 차량 정체), 방범 분야(도난·수배 차량, 비상벨 요청), 방재 분야(호우 상황, 태풍 상황, 수위 경보 상황), 환경 분야(대기 정보 상시 표출), 관제 운영 분야(방범 CCTV, 교통 CCTV 등) 등에 대한 종합 관리 시스템이다. 그렇게 함으로써 개별적인 시스템에 대한 상호 운영성을 확보해 신속한 상황 처리, 상황 관리의 효율성 증대, 중복 투자 방지 등을 목적으로 한다.

3. 스마트 모빌리티

스마트폰으로 대표되는 스마트 기기는 현대인의 요술상자 역할을 하고 있으며 그 기능의 확대가 더욱 기대된다. 2020년경에는 한국 휴대전화 사용자의 대부분이 스마트폰을 사용할 것으로 예상되는 가운데 스마트폰은 정보의 검색과 확보를 비롯해 여가의 일정 부분과 인적 네트워크의 확장까지 그 영역이 점차 넓어지고 있다.

자동차도 단순한 기계 장치를 넘어서 이제는 전자 장치에 가깝다는 평가를 들을 만큼 자동차의 상당 부분이 전자 관련 장치로 구성되고 있고 그 기능은 더욱 확장될 것으로 예상된다. 스마트 기기는 앞으로 자동차와 운전자를 연결하는 역할을 할 것으로 기대되는데 간단히 예를 들면 다음과 같은 상황을 예상할 수 있다.

운전자는 스마트폰으로 자동차의 소유자임을 확인하고 문을 연다. 겨울철이라면 일정 시간 예열 기능도 스마트폰으로 가능하다. 스마트폰을 거치대에 장착하면 자동차의 상태 점검을 자동으로 하게 된다. 목적지까지 노선에 대한 교통 상태, 노면 상태, 사고 유무 등에 대한 브리핑을 받으며 자동

〈그림 7-5〉 스마트 갈아타기 센터 시스템에서 활용 가능한 10대 요소 기술

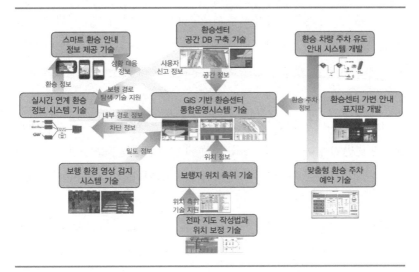

자료: 국토해양부(2010).

차를 출발한다. 차량 주변 교통 상황을 기록하는 차량 블랙박스의 데이터는 운전하는 동안 GPS 정보를 포함하여 자동으로 스마트폰에 기록된다. 익숙하지 않은 목적지까지 내비게이션 기능이 필요하다면 헤드업 디스플레이(headup display)로 스마트폰에서 제공하는 내비게이션 정보를 받아 볼 수 있다. 통화를 비롯해 기타 필요한 정보 검색은 구두로 스마트폰을 이용할 수 있어 운전자는 운전 중 불필요한 조작을 할 필요가 없으며 헤드업 디스플레이의 구현으로 운전에 집중할 수 있어 좀 더 안전한 운전 환경이 가능하다. 주변 차량들과의 소통을 통해 갑작스러운 사고 또는 위험 구간에 대한 사전 정보를 실시간으로 알려준다. 목적지에서는 주차 정보의 제공 또는 예약이 가능하다.

대중교통 이용자도 스마트 모빌리티(smart mobility)를 이용해 통행을 효율화한다. 기본적으로 대중교통 노선의 검색, 도착 시간 확인, 환승 정보,

통행 소요 시간 확인, 대체 교통수단 비교 검색 등을 통합해 수행한다. 이런 스마트 환경에서 정부도 대중교통 이용자의 환승 편의 증진을 위해 대중교통 스마트 갈아타기 시스템에서 활용 가능한 보행자 위치 측위, 보행 환경 영상 검지 시스템, 맞춤형 환승 주차 예약 등 10대 요소 기술을 제시하고 있다.

이와 같이 스마트 모빌리티는 통행 전, 통행 후 그리고 이동 중 차량 내외 상황과 출발지와 목적지 장소 또는 시설에 대한 교통정보를 포함한 다양한 정보를 실시간으로 주고받아 이용자의 안전과 편의를 최적화하는 것으로 이해할 수 있다.

4. 스마트 하이웨이

도로 분야에서는 도로 공급의 한계, 교통 정체로 인한 사회적 비용 등의 문제를 해결하기 위한 목적으로 1990년대부터 지능형 교통체계(Intelligent Transport System: ITS)를 도입하기 시작했다. 이러한 노력들로 인해 2010년대부터 스마트 하이웨이 시대를 열어가고 있으며 국토해양부에서도 이러한 추세를 반영해 스마트 하이웨이 사업에 박차를 가하고 있다.

스마트 하이웨이 사업은 V2V(Vehicle-to-Vehicle) 기술 부문과 V2I (Vehicle-to-Infra) 기술 부문으로 대별되는데 주로 도로 상황 자동 검지 시스템, 스마트 톨링(Smart Tolling) 시스템, 도로 - 운전자 정보 연계 주행 보조 시스템, 안전 운전 지원 시스템으로 구성된다. 해외 사례로서 미국의 경우 교통국(US DOT) 주관으로 자동차 제조사가 주축이 되어 무선통신 기술을 활용한 서비스의 개발, 통신 인프라 구축, 단말기 개발과 보급 등을 목표로 2002년 VSC(Vehicle Safety Consortium) 프로젝트를 시작해 VII(Vehicle Infrastructure Integration), 인텔리 드라이브(IntelliDrive) 프로젝트를 거쳐 2011년 이후에

<표 7-1> 스마트 하이웨이 서비스별 요구 사항

서비스	통신 기능 요구 사항	통신 성능 요구 사항
다차로 무정차 ETC	- V2I 통신 기능 - 보안·인증 기능 - 식별·분류·장애 처리 기능	- 120km/h 이동 - 통달 거리: 30m 이내 - 정보 형태: 데이터 - 데이터 용량: 1Mbps - 링크 접속시간: 100msec - PER: 0.1 이하
교통정보의 수집·제공	- V2I 통신 기능 - 차량 정보 수집 기능(ECU와 차내망 연동 기능) - 교통정보 방송 기능	- 120km/h 이동 - 통달 거리: 1km 이내 - 정보 형태: 데이터, 영상, 이미지 - 데이터 용량: 수십 kbps - 링크 접속 시간: 100msec - PER: 0.1 이하
C & R (개인 맞춤 서비스)	- V2I 통신 기능 - 셀 간 핸드오버(hand-over) 기능	- 120km/h 이동 - 통달 거리: 최대 1km - 정보 형태: 데이터, 영상 - 전송 속도: 최대 10Mbps - 링크 접속 시간: 100msec - PER: 0.1 이하
차량 안전	- V2I / V2V 통신 기능 - 차량 안전 메시지 생성 기능	- 120km/h 이동 - 통달 거리: 최대 1km 이내 - 정보 형태: 데이터 - 데이터 용량: 수십 kbps - 링크 접속 시간: 100msec - PER: 0.1 이하

자료: 이상우·오현서(2010).

는 커넥티드 비히클(Connected Vehicle) 프로젝트로 스마트 하이웨이 사업을 진행 중이다. 유럽에서는 CVIS(Cooperative Vehicle-Infrastructure Systems) 프로젝트를 ETRICO(유럽 ITS 기구) 주관으로 약 60여 개의 기관이 참여해 V2X 통신을 위한 무선통신 기술과 위치 기반 응용 기술 개발을 목표로 스마트 하이웨이 사업을 추진하고 있다. 한국에서도 한국도로공사가 중심이

〈그림 7-6〉 스마트 하이웨이의 돌발 상황 검지 시스템

자료: 한국도로공사.

되어 국토해양부에서 수립한 '건설 교통 R&D 혁신 로드맵'에서 '스마트 하이웨이 사업'이 VC-10[1]으로 선정되어 추진 중이다.

스마트 하이웨이 서비스는 시스템 운영자 측면과 이용자 측면으로 구분되는데 시스템 운영자 측면에서는 기본적으로 도로 상태와 교통정보를 수집해 분석·가공한 후 필요한 이용자에게 그 정보를 알기 쉬운 형태로 제공할 수 있어야 한다. 이용자 측면에서는 통행 중 정확한 교통 상황과 생활 관련 정보를 실시간 원하는 형태(목소리, 동영상, 그림 등)로 받아볼 수 있는 서비스와 위급, 응급 상황 발생 시 신속한 대응이 되는 서비스를 기대한다.

---

1 '밸류 크리에이터-10(Value Creator-10: VC-10)'은 혁신로드맵 비전과 목표를 바탕으로 정책, 산업, 기술적 중요도와 전문가 의견, 시장 동향을 반영해 세계 일류 기술 개발을 위한 10대 중정 추진 R&D 프로젝트를 말한다.

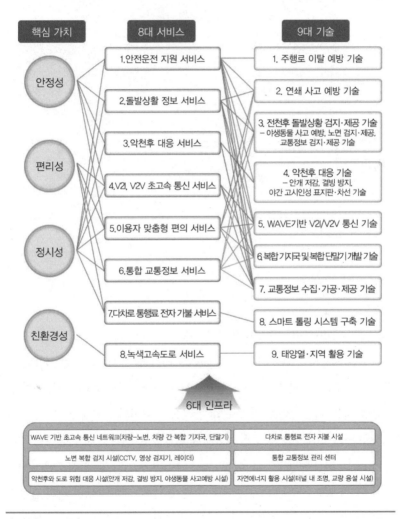

– 869 전략
구현해야 할 서비스·인프라·기술을 선정하고 최종적으로 스마트하이웨이를
구현하여 가치를 높일 수 있는 서비스를 포함하는 869 전략을 수립하여 시행

핵심 가치	8대 서비스	9대 기술

- 안정성
- 편리성
- 정시성
- 친환경성

1.안전운전 지원 서비스
2.돌발상황 정보 서비스
3.악천후 대응 서비스
4.V2I, V2V 초고속 통신 서비스
5.이용자 맞춤형 편의 서비스
6.통합 교통정보 서비스
7.다차로 통행료 전자 기불 서비스
8.녹색고속도로 서비스

1. 주행로 이탈 예방 기술
2. 연쇄 사고 예방 기술
3. 전천후 돌발상황 검지·제공 기술 – 야생동물 사고 예방, 노면 검지·제공, 교통정보 검지·제공 기술
4. 악천후 대응 기술 – 안개 저감, 결빙 방지, 야간 고시인성 표지판·차선 기술
5. WAVE기반 V2I/V2V 통신 기술
6.복합기지국 및 복합단말기 개발 기술
7. 교통정보 수집·가공·제공 기술
8. 스마트 톨링 시스템 구축 기술
9. 태양열·지역 활용 기술

6대 인프라

WAVE 기반 초고속 통신 네트워크(차량–노변, 차량 간 복합 기지국, 단말기)	다차로 통행료 전자 지불 시설
노변 복합 검지 시설(CCTV, 영상 검지기, 레이더)	통합 교통정보 관리 센터
악천후와 도로 위험 대응 시설(안개 저감, 결빙 방지, 야생동물 사고예방 시설)	자연에너지 활용 시설(터널 내 조명, 교량 융설 시설)

자료: 한국도로공사.

<그림 7-8> 스마트 하이웨이 기대 효과

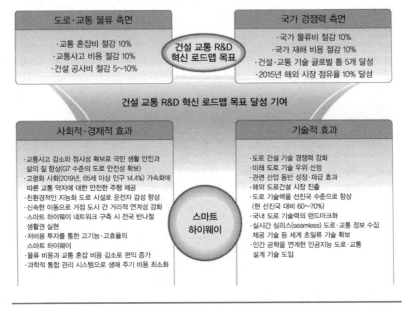

도로·교통 물류 측면
·교통 혼잡비 절감 10%
·교통사고 비용 절감 10%
·건설 공사비 절감 5~10%

건설 교통 R&D 혁신 로드맵 목표

국가 경쟁력 측면
·국가 물류비 절감 10%
·국가 재해 비용 절감 10%
·건설·교통 기술 글로벌 톱 5개 달성
·2015년 해외 시장 점유율 10% 달성

건설 교통 R&D 혁신 로드맵 목표 달성 기여

사회적·경제적 효과
·교통사고 감소와 정시성 확보로 국민 생활 안전과 삶의 질 향상(G7 수준의 도로 안전성 확보)
·고령화 사회(2019년, 65세 이상 인구 14.4%) 가속화에 따른 교통 약자에 대한 안전한 주행 제공
·친환경적인 지능화 도로 시설로 운전자 감성 향상
·신속한 이동으로 거점 도시 간 거리적 연계성 강화
·스마트 하이웨이 네트워크 구축 시 전국 반나절 생활권 실현
·저비용 투자를 통한 고기능·고효율의 스마트 하이웨이
·물류 비용과 교통 혼잡 비용 감소로 편익 증가
·과학적 통합 관리 시스템으로 생애 주기 비용 최소화

스마트 하이웨이

기술적 효과
·도로 건설 기술 경쟁력 강화
·미래 도로 기술 우위 선정
·관련 산업 동반 성장·파급 효과
·해외 도로건설 시장 진출
·도로 기술력을 선진국 수준으로 향상 (현 선진국 대비 60~70%)
·국내 도로 기술력의 랜드마크화
·실시간 심리스(seamless) 도로·교통 정보 수집 제공 기술 등 세계 초일류 기술 확보
·인간 공학을 연계한 인공지능 도로·교통 설계 기술 도입

자료: 한국도로공사.

5. 스마트 카

스마트 모빌리티와 다소 중복적인 부분이 있지만 스마트 카를 별도로 정의해보면 지능형 자동차와 그린카(green car) 기술에 IT, 스마트 그리드 기술, 자동운전 시스템 등의 첨단 정보통신 기술이 융합·접목된 자동차이다. 지능형 자동차는 기존의 기계·유압 방식으로 제어되는 제동·조향·현기 시스템을 전기·전자 기술로 전환한 자동차로서 주요 신기술은 차체 자세 제어 장치(ESC), 전자식 파워 스티어링(EPS), 타이어 공기압 감시 시스템(TPMS), 차선 유지 보조 시스템(LKAS), 전방 충돌 경고 시스템(FCWS), 거리 감응형 순항 시스템(ACC), 전자 제어 서스펜션 시스템(ECS) 등과 같은 전자 제어 유

〈표 7-2〉 자동차의 전자화 동향

프로젝트	사업 내용
미국 VSC-3 프로젝트	자동차 완성 업체 8곳이 미교통국과 함께 V2V 차량안전 기능 실증 평가 수행 중
포드 싱크 앱 링크	포드, GM, 크라이슬러가 타이완에서 개최된 컴텍스 2013을 통해 소개한 음성 명령을 통한 인포테인먼트 제어 서비스
구글 무인 자동차	2010년 도요타 프리우스를 개조한 무인 자동차로 샌프란시스코에서 로스앤젤레스까지 무사고 주행
볼보 자동운전 프로젝트 (Safe Road Trains for the Environment: SARTRE)	2012년 도로상에 로드 트레인을 형성하고 차량 내 무선통신 장치로 시간당 90km의 속도로 군집 운행 가능
볼보 무인주차 시스템	2013년 운전자 없이 스마트폰으로 주차를 명령하면 차량 스스로 근처 주차장을 찾아 주차 후 차량 위치를 스마트폰으로 전송
도요타 운전자 감시 시스템	운전자의 눈동자 움직임을 인식하여 졸음 방지, 위급 시 자동 정차, 야간 보행자 인식 시스템 시연(2010년 부산 ITS 대회)
닛산 자동주행 시연	2013 시텍 재팬(CEATEC JAPAN)에서 다양한 센서를 이용해 자동차 주변을 360도 인식하여 자율 주행. 2020년까지 실용화 계획
도요타 고속도로 고도 운전지원 시스템	고속도로 주행 중인 선행 차량과 주행 차선 등의 정보를 확보해 최적의 주행 차선과 차간거리를 유지하도록 하는 시스템. 2015년 실용화 목표

자료: 이재관(2013)을 재정리.

인(ECU)이 장착된 자동차이다. 그린카는 에너지 절감과 환경 보호를 위한 고효율 기술 기반 자동차로서 하이브리드 자동차, 전기 자동차 등을 의미한다(김두겸 외, 2011).

1972년 독일의 보쉬(Bosch)사가 전자 제어식 연료 분사 장치를 세계 최초로 개발한 이후 1980년대 마이크로 컴퓨터를 이용한 엔진 제어 유닛 ECU(Engine Control Unit) 제품의 개발을 비롯해 급속한 전자·정보통신 기술의 발달로 자동차의 많은 부분이 전자 시스템화되고 있다. 현재는 안전 운전 보조 시스템(Advanced Driver Assistant System: ADAS), 보행자 인식 배기음 배출 제품(Active Vess), 차 간 거리 경보 시스템(Collision Warning System: CWS) 등을 통합적으로 제어하는 스마트 자동차의 운영체계를 선점하기 위해 삼성과 애플 등 스마트 기기 주류 업체들이 각자의 운영체제(Operating System: OS)를 치열하게 개발 중이다. 이러한 추세라면 조만간 자동차를 구입할 때 지금 스마트폰을 사는 것처럼 자동차가 어떤 운영체제를 사용하는지 확인해야 하는 시대가 올 것으로 예상된다.

자동차의 전자화는 통합 차량정보 서비스 분야와 접목해 그 진가를 더욱 높인다. 통신(Telecommunication)과 정보 과학(Informatics)을 합성해 텔레매틱스란 용어가 탄생했으며 그 의미는 위치확인 시스템(Global Positioning System: GPS), 이동통신망, 위치 정보 기반 서비스 등의 기술을 자동차 시스템에 도입해 자동차의 내비게이션, 차량 도난·사고 감지, 실시간 교통정보 제공, 기종점 및 경로상 생활 편의 정보 제공 등을 편리하게 하는 서비스를 뜻한다.

텔레매틱스의 필요성과 가치가 높아짐에 따라 자동차 회사와 이동통신 회사 간에 합작 사업이 활발하게 진행되고 있다. 미국의 경우 제너럴 모터스(GM)와 모토로라가 합작해 온스타(On-Star)를 만들었으며 포드와 퀄컴, 벤츠와 도이치 텔레콤 등이 손을 잡았다. 한국의 경우도 현대 자동차의 블루링크, 기아 자동차의 우보(UVO)가 스마트폰으로 자동차의 주요 기능을 제어할 수 있는 텔레매틱스 서비스를 제공하고 있다. 삼성의 경우 CCC(Car Connectivity Consortium)를 통해 스마트폰과 자동차 사이의 정보의 표준전송 기술 개발을 추진 중이다.

〈표 7-3〉 스마트 카에 예상되는 스마트 시스템 유형

서비스 분류	시스템 내용
안전성 향상	차량 블랙박스 네트워크 연동 시스템
	위급 상황 자동전화 시스템
	도난 방지 추적 시스템
	IC 진·출입부 분기점 안전 정보 제공
	추월 경고 시스템
	전방 돌발 상황 경고 시스템
	특수 차량, 응급 차량 접근 경고
	능동형 추돌·충돌 회피 시스템
	주행로 이탈 방지 시스템
	차선 변경 시 사각지대 경고 시스템
	음주운전 방지 시스템
	주행 경로별 공사·사고 상황 안내 시스템
	고속도로 견인 차량 지원 서비스
	실시간 도로 상황 패턴 인식 경고 시스템
주행 경제성 · 편의성	스마트 파킹 시스템
	차량 고장 자동진단 시스템
	배터리 잔량 정보 이용 전기차 지원 시스템
	원격 시동·공조 작동 시스템
	원격 도어 오픈 시스템
	목적 지향 상세 주행정보 제공
	실시간 교통정보 이용 다이내믹 라우팅(routing) 시스템
	에너지 효율적인 최적 주행정보 제공 시스템
	군집 자동주행 서비스
	주유소, 정비소, 스마트 톨링 일원화 지불 시스템
	전용차로 특별 주행 요금제
	물류와 운수 관련 트래킹 최적화
인포테인먼트	인포테인먼트 시스템과 관련 서비스
	최종 목적지 주행 중 생활 서비스 정보 제공
	주행 중 특정 정비소, 주유소 안내
	고속버스 환승 편의 서비스
	목적지별 광고 차별화 내비게이션 서비스
	고속도로 특산품 휴게소 안내
	SNS 업체 연계 서비스

자료: 노철우 외(2013) 재정리.

제3절 초연결 교통으로 인한 생활의 변화

1. 원격 근무 본격화

1) 현황

정보통신 기술의 급격한 발달로 사실 원격 근무(telecommuting)를 위한 기술적 조건은 상당 부분 충족되어 있어 작업 윤리와 문화 차원에서 원격 근무에 대해 긍정적인 분위기가 형성된다면 원격 근무로 인해 첨두 시간 출퇴근 수요를 원천적으로 줄일 수 있기 때문에 교통 정체 완화, 에너지 절감, 온실가스 감축, 도시 교통 네트워크의 효율화 등이 가능해진다.

이러한 이유로 선진국에서는 현재 원격 근무가 상당히 활성화되어 있다. 미국은 2006년 현재 전체 노동인구의 약 8%인 1,240만 명이 원격 근무를 하는 것으로 조사되었다. 1990년대 초부터 중앙정부기관을 대상으로 한 시범사업 실시로 원격 근무가 확대되고 있으며 각 주마다 독자적인 원격 근무 프로그램을 추진하고 있다. 유럽은 북미·아시아권과 비교할 때 원격 근무가 더욱 활발하게 추진되고 있는데 핀란드의 경우 기술적 요인에 힘입어 원격 근무를 확산하는 추세이며 스웨덴 민간 기업의 45%가 원격 근무를 위한 네트워크화가 진행되었다. 유럽의 텔레코티지(telecottage)는 원격 근무 서비스가 주 기능이지만 다양한 형태의 서비스를 제공해 지역 공동체의 중심지 역할도 수행한다. 한편 일본은 정부 차원에서 먼저 원격 근무의 필요성을 인식하고 시범 적용 후 정부의 성공 사례나 효율성의 적극적 홍보를 통해 민간 부문으로 확대하고 있다. 1990년대부터 기업을 위한 대규모 위성 사무실 실험이 본격화되었으며 우정성의 주도하에 원격 근무센터 지원이 이루어지고 있다.

한국은 아직까지 대면 업무를 중시하는 업무 문화, 성과 중심의 평가제

<표 7-4> 원격 근무를 통한 교통 대체 효과

원격 근무 전환 비율 (%)	총 목적 통행량 (%)	통근 통행 수요 (%)	교통 혼잡 비용 (억 원)	CO_2 배출량 (%)	교통 대체 효과 (억 원)
5%	▽ 0.6	▽ 2.1	▽ 541	▽ 1.1	▽ 10,856
10%	▽ 1.2	▽ 4.2	▽ 1,083	▽ 2.2	▽ 21,712

자료: 국토연구원(2013).

<표 7-5> 원격 근무를 통한 교통 대체 효과

| 구분 | 기존 시설의 활용(대안 1) | | 신규 설치(대안 2) | |
	커뮤니티 시설 활용	공실 건물의 활용	교통 결절점에 설치	주거 지역에 설치
활용 가능 시설	문화정보센터, 구민회관, 종합사회복지관 등	통폐합된 동사무소 등	환승센터, 환승 주차장 등	신규 설치
규모	소규모	소규모	대규모	소규모
공간적 설치 단위	구 단위	동 단위	구 단위	동 단위
편익 시설 설치	가능	가능	가능	불가능
투자 주체	공공	공공	공공·민간	공공
특징	- 저비용으로 설치 가능 - 커뮤니티 강화를 위한 서비스 제공	- 저비용으로 설치 가능 - 정부의 추진의지 필요	- 민간투자사업 유치 가능 - 커뮤니티 강화를 위한 서비스 제공	- 통근 통행 수요 저감 효과 극대화 - 저비용으로 설치 가능

자료: 국토연구원(2013).

도 미정착, 원격 근무자에 대한 복지혜택 제한 등의 문제로 아직까지 활성화되고 있지 못하다. 하지만 홍갑선(2003) 등 전문가들은 한국의 급속한 정보통신 기술의 발달, 통근 통행 수요에 대한 관리 정책의 필요성 증가, 정규 통근 고용자의 필요성 감소 등의 영향으로 한국에서도 원격 근무의 비율이 점차 증가할 것으로 예상한다.

2) 원격 근무의 효과

국토연구원(2013)의 분석에 따르면 수도권의 총 통근자중 5~10%가 원격 근무로 전환하는 경우 총 목적 통행량 0.6~1.2% 감소, 이산화탄소 배출량 1.1~2.2% 감소(전국 기준), 통근 통행 수요 2.1~4.2% 감소, 교통 혼잡 비용 0.5~0.9%(541억~1,083억 원) 정도 감소할 것으로 예측되었다. 이 효과를 금 전적으로 환산하면 원격 근무로 인한 직접적인 통근 비용(유류비, 시간 비용 등 포함) 감소와 도로상의 교통량 감소로 인한 유류비 절감 등 간접 비용 감 소를 포함할 경우 직간접 교통 대체 효과는 1조 1,000억~2조 2,000억 원의 절감이 가능할 것으로 예측되었다.

국토연구원(2013)의 원격 근무에 대한 수요 조사에서는 고용주의 경우 만 족도가 72.7%로 매우 높게 나타났으며 근로자의 경우는 PC방 등에서의 원 격 근무 만족도는 33.3%로 다소 낮게 나타났지만 자택에서 근무하는 경우 의 만족도는 85.4%로 매우 높게 나타났다. PC방에 대한 낮은 만족도는 한 국 PC방의 어두운 조명, 주변 사용자들의 소음, 담배 냄새 등 업무에 매우 부적절한 환경 때문인 것으로 판단된다. 선진국의 지역원격근무센터와 같 이 필요한 업무 환경을 갖춘 시설이 있다면 원격 근무에 대한 만족도는 더 높아질 것으로 기대된다. 이러한 조사는 한국에서도 전통적인 근무 윤리의 변화와 원격 근무자에 대한 불이익 우려가 사라지면 원격 근무가 상당 부분 활성화될 수 있다는 것을 시사한다.

2. 공유 경제의 활성화

공유 경제(sharing economy)는 2008년 미국 하버드대학교 로렌스 레싱 (Lawrence Lessing) 교수에 의해 처음 사용된 개념으로서 하나의 제품을 여 러 명이 공유해서 쓰는 협업 소비를 기본으로 하는 경제 방식이다. 20세기

대량생산, 대량소비에 기초하는 자본주의 경제 시스템에 대한 대안적 소비 방식을 제시하는데 제품 또는 서비스를 소유하지 않고 필요한 양만큼, 필요한 시간만큼만 빌려 쓰는 방식이다. 또한 자신의 소유 물품도 필요하지 않는 시간에는 다른 사람에게 빌려주는 공유 소비의 형태이다. 최근에는 세계적인 경기 침체가 지속되면서 사회운동 차원에서도 공유 경제를 적용하는 분야가 늘고 있는 추세이다.

한국도 서울시에서 추진하는 '서울시민 열린 옷장 프로젝트', 소셜 민박 서비스인 '에어비앤비(airbnb)', '코자자(kozaza)', 지혜 공유를 추구하는 '위즈돔(wisdom)', 자동차를 공유하는 '그린카', '소카(socar)' 등이 있다.

이렇게 자신이 소유한 집, 자동차, 물건 등을 자신이 사용하지 않는 동안 다른 사람에게 대여하기 위해서는 필수적으로 서로에 대한 신뢰가 있어야 가능하다. 이러한 신뢰는 인터넷, SNS, 중계업체 등을 통해서 확인·조성이 가능하기 때문에 초연결 사회에서는 개인 간 신뢰를 바탕으로 한 사업 모델이 더욱 다양해지고 확장될 것으로 전망된다.

교통 부문에서도 공유 경제의 개념이 도입되고 있는데 대표적인 사례가 집카(Zip Car)이다. 기본적인 사업 구조는 유료회원 등록제이며 인터넷, 스마트 기기 등을 이용해 예약 후 지정해놓은 집카 주차장에서 자동차를 대여해 목적지 인근의 또 다른 집카 주차창에 자동차를 반납하는 방식이다. 기존의 렌트카와 다른 점은 이용자가 원하는 시간만큼만 분 단위로 자동차를 대여할 수 있으며 RFID를 사용해 자동차의 대여와 반납을 원하는 곳에서 자유롭게 해 기존 렌트카를 대여할 때와 같은 번거로운 절차가 없다는 것이다.

집카의 경우 자동차를 운영 관리하는 업체가 있어서 실질적으로 집카에서 사용되는 자동차의 소유는 그 업체의 소유물인 반면 최근 자동차의 소유 없이 이용자와 자동차 소유자와 연결만을 해주는 사업 모델이 나타났다. 집

〈그림 7-9〉 집카의 서비스 흐름도와 솔루션

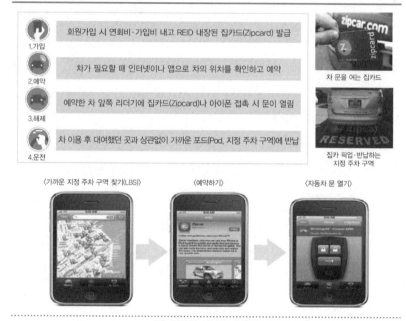

〈가까운 지정 주차 구역 찾기(LBS)〉　　〈예약하기〉　　〈자동차 문 열기〉

(가) 집카의 서비스 흐름도

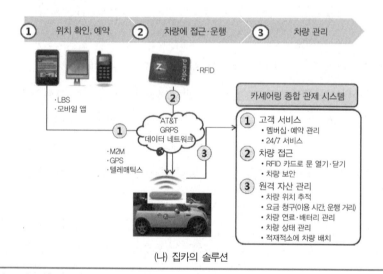

(나) 집카의 솔루션

자료: 정강현 외(2011).

카에 비해 한발 더 나아간 공유 방식으로 평가되는데, 이 사업 방식은 공유 자동차(Car sharing)와 차별적으로 공유 택시(Sharing Taxi)라 불리는 공유 방식으로서 미국의 시애틀, 워싱턴 등 여러 도시에서 최근 빠르게 확산되고 있다. 특히 캘리포니아 주에서는 2013년 10월 리프트(Lyft), 사이드카(Sidecar), 우버(Uber) 등이 공유 택시 운영업체로서 공식 허가를 받았다. 현재 미국 여러 주에서 공유 택시가 확산되고 있지만 기존의 택시업계가 강하게 반대를 하고 있기 때문에 주 정부 차원에서 쉽게 허가를 해주지 못하는 상황이란 점에서 이번 캘리포니아 주의 공식 허가가 중요하게 인식된다.

이들의 사업 방식은 집카와 같이 직접 자동차를 소유해 운영하는 것이 아니라 승용차 소유자와 이용자 간에 스마트폰, 인터넷 등을 이용해 실시간 매칭을 해주는 시스템이라는 점이 다르다. 즉 승용차 운전자가 스마트폰 앱을 통해 실시간으로 동승자를 찾아 함께 통행하는 방식, 또는 반대로 이용자가 실시간으로 자신의 목적지와 같은 목적지로 운행하는 승용차를 찾아 함께 통행하는 새로운 방식의 카셰어링(Car sharing)이다. 이용 요금은 택시 요금의 70% 정도로서 지불 방식은 '기부(donate)'의 형식을 취한다. 캘리포니아에서는 공유 택시로 등록된 승용차임을 알리기 위해 차량 앞에 분홍색 콧수염 모양을 장착해 일명 '분홍색 콧수염 택시(pink moustache taxi)'라고 불리기도 한다.

이들은 성공적인 공유 경제의 대표 사례로 평가된다. 한국과는 달리 대중교통이 취약한 캘리포니아 주의 샌프란시스코, 로스앤젤레스 등의 대도시에서 비가 오는 날, 출퇴근 시 택시를 이용하기가 어려웠던 시민들은 이 새로운 교통수단의 이용 방식을 반기고 있다.

이와 같은 서비스가 가능해진 가장 큰 요인은 정보통신의 비약적 발달과 스마트 기기 사용의 일반화라 해도 과언이 아니다. 첫째, 과거의 카셰어링은 특정 시간과 특정 목적지를 고정해두고 운영하다 보니 이용자와 운전자 모두 불편한 점이 많았지만 스마트 기기의 앱을 통해 실시간으로 가장 인근에 있는 서비스가 가능한 차량을 이용할 수 있기 때문에 기존의 택시보다 오히려 이용이 더 편리해졌다. 말 그대로 '언제, 어디서나' 바로 서비스가 가능해진 것이다. 두 번째는 '아무 이용자'를 태우거나 '아무 운전자'가 운행하는 차량을 타는 것이 아니라는 것이다. 이는 바로 모바일 스마트 기기의 앱을 통해 이용자와 운전자 상호 간의 인적 사항을 사전에 확실하게 확인하기 때문에 기존 택시 이용보다 오히려 치안 차원에서 더 안심하게 이용하는 것이 가능하다. 부수적인 효과는 기존 택시 기사들보다 공유 택시 운전자들이 훨씬 친근하고 편안하다는 것이다. 이렇게 모바일 스마트 기기를 통해 치안 문제, 실시간 서비스의 한계 등으로 그동안 서비스가 제한되었던 새로운 분야에서 지금과는 전혀 다른 형태의 사업 모델들이 개발될 것으로 예상된다. 이에 따라 공유 택시로 인해 기존 택시업계가 상당한 타격을 받게 되는 것처럼 초연결 사회 환경에 적응하지 못하는 기존의 사업 아이템의 상당수는 조정을 받게 될 것으로 전망된다.

제4절 정책적 시사점

한국에서는 전자정보 기술의 활용을 통해 교통안전의 향상, 교통 소통 용량의 증대, 도로 이용자의 편익 증진 등의 목적으로 스마트 하이웨이 사업을 필두로 많은 사업을 추진 중이다. 하지만 지능형 교통체계(ITS), U-transport 등의 화려한 이름으로 관련 사업들이 진행되는 속도와 현황을 살펴보면 당초 기대했던 효과에는 못 미치고 있다. 도로 이용자들이 현재 교통정보와 지능형 교통체계 관련해서 실질적으로 체감하는 것은 고속도로의 하이패스, CCTV 영상을 포함한 교통정보 현황 정도이다. 그나마 국도,

지방도와 도시 간선도로에서의 교통정보는 정확도와 정보 확보 구간의 한계가 많은 실정이다. 지금까지 교통 분야에서 첨단 전자정보 기술 활용과 접목을 위한 사업에 그 중요성과 기대 효과를 인정하면서도 실질적인 국가 예산의 투자는 미미한 편이었다. 인터넷, 스마트폰 등 첨단 기술과 전자정보 분야에서 세계 최고 수준의 서비스를 기대하는 한국 도로 이용자들의 기대와 수준에 부응하기 위해서는 명목상이 아닌 획기적인 기술 개발과 관련 시설 설치를 위한 국가 예산의 확대가 필요하다.

공상 과학 영화에서 자주 보아온 것처럼 지능형 도로에서 무인 시스템으로 자동 주행하는 것이 직접 운전하는 것보다 더 안전한 미래가 머지않아 현실화될 것이다. 더불어 매일 출근하는 고전적 직장 문화는 초연결 시대의 도래와 함께 서서히 변화해 어느 곳에 있는 것이 중요하기보다는 일하는 시간이 중요한 시대가 되어 직주(職住) 유형에 상당한 변화가 예상된다.

이러한 변화와 관련해 국가 차원에서 준비 또는 대응해야 할 사항으로 우선 전자정보 기술의 표준화를 마련할 필요가 있다. 초연결 사회는 국가에서 개발하는 기술이나 국가의 사업으로 이루어지는 것이 아니라 민관의 기술과 사업이 상호 긴밀하게 연결되어 만들어진다. 따라서 다양한 기술 분야에서 같은 목적이지만 서로 다른 기술과 장비를 사용할 가능성이 있다. 단순한 예이지만 휴대전화기의 충전 어댑터 하나에서부터 그간 소비자는 많은 불편을 겪었으며 사회적으로는 큰 낭비를 경험한 바 있다. 초연결 사회에서 활용할 기술과 관련해 여러 민간 부문의 노력이 불필요하게 중복되거나 같은 기술이 다른 장비로 구현되는 문제점들에 대해 국가 차원에서 관리와 협조를 유도할 필요성이 있다.

직주 패턴의 변화로 인한 도시 관리 패러다임의 변화에 대해서는 경기도의 준비가 필요하다. 한국에서도 자연 친화형 주거지에 대한 선호도가 지속적으로 높아지고 있으며 그 대상지의 대부분은 경기도 일원이 될 것으로 전망된다. 지금도 벌써 그런 현상이 곳곳에서 발견되는데 고속도로와 전철이 연결되는 경기도 전역에 난개발형 전원주택 단지 건설이 심각하게 진행되고 있다. 이 전원주택 단지들은 계획성 있게 추진되기보다는 단기 사업성에 치중하거나 개인들이 개별적으로 건설하고 있어 주변 지역과의 조화가 미흡하고 도로, 상하수도 등 도시 기반 시설 용량의 추가 없이 만들어지고 있어 도시 관리상 부담이 되기 쉽다. 초연결 사회가 가까워질수록 자연 친화형 주거 환경에 대한 선호는 더 가시화될 것으로 예상되므로 이러한 수요에 대해서 체계적인 도시 개발적 대응이 필요하다.

참고문헌

노철우 외. 2013. 「스마트하이웨이 플랫폼 전략과 스마트카 기술의 차세대 비즈니스 모델」. 한국자동차공학회 부문종합 학술대회.

국토연구원. 2013. 통근통행수요 저감을 위한 원격(재택) 근무 지원방안연구.

국토해양부. 2010. 『교통연계환승 통합운영시스템 실용화 및 테스트베드 운영』.

김경석. 2013. 「U-city와 교통」. GRI 워크샵 발표 자료.

김두겸 외. 2011. 「Smart Car 기술동향 및 미래 기술 전망」. 한국자동차공학회 학술대회 및 전시회.

이상우·오현서. 2010. 「스마트하이웨이 통신기술」. ≪한국통신학회논문지≫, 제27권 제11호.

이재관. 2013. 「스마트카 개발동향 및 당면과제」. ≪한국통신학회지≫, 30권 11호.

정강현 외. 2011.5.31. 「Zipcar, IT로 자동차 소유의 족쇄를 풀다」. DIGIECO 보고서.

KT. 2005. 「부산 u-City 구축전략 및 마스터플랜 - u-Traffic 사업수행계획서」.

한국도로공사 홈페이지.

한국 유비쿼터스 도시협회 홈페이지.

http://www.greencar.co.kr

http://www.google.com

http://www.socar.kr

http://www-03.ibm.com/able/europe/index.html

제8장

초연결 사회의 고찰

법제 분야

정진명

제1절 머리말

인터넷이 없는 세상은 생각할 수 없을 정도로 인터넷은 이미 생활에 없어서는 안 될 필수 불가결한 요소가 되었다. 인터넷은 처음에는 서로 다른 네트워크를 연결하기 위해 고안되었으나 현재 컴퓨터, PDA(Personal Digital Assistants), 휴대전화, 게임기, TV 등 다양한 단말기를 통해 인터넷 접속과 각종 서비스의 이용이 가능해졌다. 그 결과 언제 어디서나 누구든지 네트워크에 접속해 개인 간 의사소통, 경제활동, 여가 선용이 가능한 초연결 사회가 도래했다. 그러나 현재 초연결 사회의 기반인 인터넷은 인터넷 이용자의 급증[1], 다양한 네트워크 기술의 출현, 네트워크 장비에 특화된 기능들로 인해 많은 문제가 발생하고 있다.[2] 이러한 문제점은 인터넷의 복잡화와 사용

---

[1] 한국의 초고속 인터넷 보급률은 2013년 7월 기준 97.2%로 세계 최고 수준이며, 2012년 인터넷 이용자는 3,812만 명, 인터넷 이용률은 78.4%에 이른다(한국정보화진흥원, 2013: 91~92).

[2] 현재 인터넷의 문제점과 미래 인터넷의 연구 동향에 대해서는 김성수·홍원기·최미

량의 증가 때문만이 아니라 초기 인터넷 설계의 근원적인 문제에서 기인한
다. 즉 초기 인터넷의 구성 방식(architecture) 설계 시 현재 이용되는 서비스
방식, 무선·센서 기술, 이동성, 보안성 등을 고려하지 않았고, 그로 인해 인
터넷 이용 패턴의 변화와 인터넷에서의 콘텐츠 소비와 생산의 폭발적인 증
가에 따른 인터넷 환경 변화를 반영하기 어려운 구조적 한계를 지니게 되었
다. 그리하여 미국, 유럽연합, 일본 등 주요 선진국은 현재 인터넷의 한계를
해결하고 전송 품질의 보장, 이동성, 완벽한 보안과 새로운 융합 서비스를
확장·수용할 수 있는 새로운 개념의 미래 인터넷 연구·개발 프로그램을 추
진 중에 있다.[3]

인간의 욕구 변화와 기술의 진화는 초연결 사회를 이끄는 동력원으로서
IT 기술을 이용해 수많은 대상을 연결하고 그 속에서 파생되는 정보를 활용
해 인간 중심의 행복하고 따뜻한 사회를 지향한다. 즉 사람·프로세스·데이
터·사물이 서로 연결되어 지능화된 네트워크를 구축하고, 이를 통해 새로운
가치와 혁신의 창출이 가능한 사회를 초연결 사회라고 말한다. 초연결 사회
는 언제 어디서나 누구든지 모든 단말기를 통해 네트워크에 접속하고, 개인
또는 공동체가 클라우드 공간에서 서로 소통·협업하고, 공유할 수 있게 한

정(2009: 24 이하); 서동일·장종수·조현숙(2009: 60 이하); 신명기(2007: 122 이하);
안원호(2009: 30 이하)를 주로 참조했다.
3 미국은 2005년 미국 국립과학재단(National Science Foundation: NSF)에서 FIND
(Future Internet Design) 프로젝트를 시작했고, 선행적인 미래 인터넷 기술을 실험
하기 위한 GENI(Global Environment for Network Initiative)를 구축 중이다. 유럽
연합은 2007년부터 FP7(Framework Program 7) 내 ICT(Information and Co-
mmunication Technology) 프로그램과 EIFFEL(Evolve Internet Future for Euro-
pean Leadership)를 시작함으로써 미래 인터넷 연구를 진행 중에 있다. 일본은
1999년부터 JGN(Japan Generation Network)이라는 이름으로 광대역 연구망 프로
젝트를 진행하고 있으며, 2008년부터 미래 인터넷(NeW Generation Network:
NWGN)과 연계해 추진하고 있다.

다. 이러한 초연결 사회는 기술적 측면에서는 현재 인터넷의 한계를 극복한 미래 인터넷에 의해 구현될 수 있으며, 법제적 측면에서는 인터넷을 기반으로 하는 전자상거래, 온라인 뱅킹, 온라인 게임, 이러닝 등 관련 서비스가 안전하고 편리하게 이용될 수 있도록 법제도의 정비를 요구한다.

그러므로 초연결 사회의 기반인 미래 인터넷의 발전 모습과 현행 법제의 문제점을 검토한 다음, 이를 바탕으로 초연결 사회에 대비한 법제의 전망과 과제를 제시해보기로 한다.[4]

제2절 미래 인터넷의 의의와 특성

1. 의의

1) 개념

미래 인터넷(future internet)이라 함은 "통신, 방송, 컴퓨팅, 센서망 등이 모두 융합된 인프라로서 현재, 미래의 다양한 요구 사항을 수용하는 새로운 구조의 네트워크"를 말한다(한국정보화진흥원, 2009: 2). 이는 좁은 의미로는 "현재의 IP 기반의 인터넷과 근본적으로 다른 구성 방식의 새로운 네트워크"라고 정의되며, 이 경우 미래 인터넷은 인터넷 패러다임의 근본적인 변화를 의미한다. 좁은 의미의 미래 인터넷은 클린 스테이트(clean state) 방식에 의해 구성 방식부터 통신 프로토콜까지 새롭게 설계되는 네트워크로서 이용자가 언제 어디서나 자신의 특성과 상황에 맞는 최적의 서비스를 기술

4　초연결 사회에 대해서는 김현중(2012: 2 이하)를 참조했다. 초연결 사회의 기반인 미래 인터넷 법제에 대해서는 정진명(2012: 3 이하)를 주로 참조했다.

적으로 지원할 수 있는 환경을 말한다. 이에 대해 넓은 의미로는 "협의의 미래 인터넷 개념과 현재의 IP 기반의 인터넷이 진화된 네트워크"라고 정의되며, 이 경우 미래 인터넷은 인터넷 패러다임의 점진적인 변화를 의미한다. 넓은 의미의 미래 인터넷은 '차세대 인터넷' 개념으로 현재의 IP 기반의 인터넷 구성 방식의 유지를 전제로 한다. 생각건대 미래 인터넷은 현재 인터넷의 기본적인 구조적 한계를 극복하기 위해 기존의 인터넷 기술과 호환성을 고려하지 않고 현재와 미래의 요구 사항에 근거해 새롭게 설계되는 것이므로 좁은 의미의 미래 인터넷 개념이 초연결 사회에 좀 더 적합하다고 할 수 있다.

2) 구분

(1) 클라우드 컴퓨팅

클라우드 컴퓨팅이란 "가상화 기술, 분산 컴퓨팅 등의 기술과 정보통신망을 이용해 정보통신 자원을 제공하거나 정보를 처리·보관·관리하는 것"을 말한다(「클라우드컴퓨팅이용촉진법안」 제2조 제1호).[5] 여기서 '정보통신 자원'이란 정보통신망에 접속해 이용되는 정보통신 기기·설비, 소프트웨어, 데이터베이스, 그 밖에 이에 준하는 자원을 말하며, "클라우드 컴퓨팅 서비스"란 클라우드 컴퓨팅 기술을 이용해 정보통신 자원을 임대·대여하거나 정보를 수탁·관리하는 등 정보통신 자원의 효율적 이용을 위한 제반 서비스를 말한다. 클라우드 컴퓨팅은 다양한 소프트웨어와 하드웨어 솔루션을 역동적으로 확장할 수 있으며 컴퓨팅, 네트워크, 스토리지 자원들이 대부분 가상화된 정보통신 자원의 형식으로 존재하며, 정보통신망을 통해 제공되는 응용 프로그램이 단순히 정보통신망을 거치는 대신에 직접 클라우드와

---

5 클라우드 컴퓨팅의 다양한 정의에 대해서는 김의중(2008: 25) 참조.

결합해 그 응용 프로그램의 일부가 되는 모듈화된 서비스이다.[6] 특히 클라우드 컴퓨팅은 이용자의 요구 사항에 맞추어 정보통신 자원을 가상화하며, 그 할당을 신속하게 확대 또는 축소할 수 있다는 점에서 미래 인터넷과 같은 기능을 가지지만 미래 인터넷이 현재 인터넷의 서비스 방식과 무선·센서 기술, 이동성, 보안 등의 한계를 극복하고자 새로이 설계되는 네트워크라는 점에서 이러한 문제점을 여전히 내포하는 클라우드 컴퓨팅과 구분된다.

(2) 유비쿼터스 컴퓨팅

유비쿼터스 컴퓨팅은 "언제 어디서든지 어떤 사물을 통해서도 컴퓨터를 활용할 수 있는 상태"를 의미하는 용어로 사용된다. 유비쿼터스 컴퓨팅은 무한대의 고유 식별번호 부여를 가능하게 하는 태그칩, RFID/USN 또는 더스트칩(dust chip)을 통해 인간을 포함한 모든 사물과 대상이 지능화되고 사이버 공간에서 연결되어 서로 정보를 주고받는 컴퓨팅을 말한다. 이는 사람과 사물이 언제 어디서나 제한 없는 접속(ubiquitous access)을 할 수 있게 되어 개인의 다양한 요구 사항을 수용할 수 있는 점에서 미래 인터넷과 동일한 기능을 갖는다. 즉 미래 인터넷은 인물 센서 네트워크(Body Sensor Network: BSN)를 통한 사람의 정보화, 사물 센서 네트워크(Object Sensor Network: OSN)를 통한 사물의 정보화, 환경 센서 네트워크(Environmental Sensor Network: ESN)를 통한 환경의 정보화가 실현되어 상황 인지 서비스(Context-aware Service)의 제공이 가능한 현실 세계와 사이버 세계가 언제, 어디서나 연결되는 유비쿼터스 환경을 의미한다. 이러한 측면에서 미래 인

---

6 클라우드 컴퓨팅의 대표적인 사례가 구글의 크롬북이다. 크롬북은 2011년 5월 구글이 공개한 최초의 클라우드 방식의 노트북 PC로서 하드디스크 같은 저장 장치나 고성능 중앙처리장치(CPU)를 탑재할 필요가 없고, 모든 프로그램과 데이터는 구글 서버에 저장했다가 필요할 경우에 불러내어 사용할 수 있다.

터넷은 유비쿼터스 컴퓨팅을 포괄하는 넓은 개념으로 볼 수 있다. 즉 유비쿼터스 컴퓨팅은 "드러난 컴퓨팅에 의해 한정된 공간에서 일정한 명령 행위에 의해 개인의 행적을 어느 정도 분산·디지털화하는" 현재 인터넷과 달리 "숨겨진 컴퓨팅에 의해 일정한 명령 행위 없이 언제 어디에서나 개인의 행적을 집약적·전자적 기록으로 남기는" 측면에서는 미래 인터넷과 동일한 개념으로 볼 수 있다. 미래 인터넷은 현재 인터넷의 다양한 기술적 요구 사항을 수용한 새로운 구성 방식이라는 점에서 현재 인터넷의 문제점을 내포한 유비쿼터스 컴퓨팅과 구분된다.

(3) 차세대 표준 기술
① 차세대 네트워크

차세대 네트워크(New Generation Network: NGN)는 음성과 데이터, 유선통신과 이동통신이 단일 네트워크 인프라 위에 통합되고, 네트워크 계층과 서비스 계층을 분리해 서비스를 독립적으로 제공할 수 있는 네트워크 구조이다. 차세대 네트워크는 기존의 네트워크 구조가 공중교환전화망(Public Switched Telephone Network: PSTN), 이동전화망, 비동기 전송 방식(Asynchronous Transfer Mode: ATM), 인터넷망 등 개별적으로 망을 구성하고 있으며, 각각의 망에 대한 서비스도 개별적으로 존재해 공중교환전화망에서 제공하는 서비스가 이동통신망이나 인터넷망 등 다른 네트워크에서 사용될 수 없는 한계를 반영해 재설계한 것이다. 그 결과 차세대 네트워크는 단일 백본망(backbone network) 위에 다양한 접속 방식을 갖는 음성과 영상 통신의 통합된 서비스를 구현하게 되었고, 이러한 점에서 미래 인터넷과 유사하다. 그러나 차세대 네트워크는 현재 인터넷의 근간인 IP를 기반으로 All-IP 망의 구축을 통해 차세대 네트워크 요구 사항들을 구현하는 접근 방법인 반면, 미래 인터넷은 이러한 요구 사항을 구현하기 위해 패킷 스위칭(packet switching), 서킷 스위칭(circuit switching)과 같은 기존의 어떠한 네트워크 기법들을 전제하지 않은 채 새로운 설계 기법에 따라 네트워크를 재설계하는 클린 스테이트 접근 방법을 취한다.

② IPv6

IPv6(Internet Protocol version 6)는 현재 인터넷의 구조적인 주소 부족 문제를 해결하기 위해 1988년 IETF(Internet Engineering Task Force)를 중심으로 표준화가 시작된 새로운 IP 기술이다. 1974년 디바이스 간 상호 연결을 위한 프로토콜이 개발되었고, 이후 IP 표준 문서는 지속적인 작업을 통해 1981년에 완성되었는데, 이것이 현재 인터넷이 사용하는 IPv4이다. IPv6는 IPv4 기반 현재 인터넷과 연결이 가능하도록 IP와 패킷 스위칭 방식을 수용한 점진적인 설계 방식으로 새로운 인터넷 패러다임과 기반 구조를 목표로 하는 미래 인터넷과 구분된다(박수홍, 2013: 39~40). 즉 미래 인터넷은 어떠한 네트워크 기법도 전제로 하지 않고 현재와 미래의 요구 사항을 반영해 새로이 설계하고자 하는 네트워크라는 점에서 차세대 인터넷인 IPv6과 구분된다.

2. 특성

미래 인터넷은 현재 인터넷의 구조적 한계를 극복하고 현재와 미래의 요구 사항을 수용하기 위해 현재 인터넷과의 호환성(backward compatibility)을 고려하지 않고 전혀 다른 혁신적인 개념으로 재설계될 것이 요구된다. 초기 인터넷은 설계 당시 네트워크 간 연결, 생존성, 다중 유형의 서비스 지원, 다양한 물리 계층의 지원, 분산 관리 허용, 비용 절감이라는 설계 목표와 요구 사항을 기반으로 했다(Feldmann, 2007: 59~64). 이러한 설계 목표와 요구

<표 8-1> 인터넷 세대별 특성 비교

구분	초기 인터넷	현재 인터넷	미래 인터넷
연결 방법	1-1/Client-Server	1-m/P2P/Pubsub	1-m/m-m/Anycast
망 구성	Dumb Network/ Smart Host	Middle Com (NAT/Caching/IMS/DPI)	Smart & Flexible
전송	Best Effort	QoS (Quality of Service)	QoE (Quality of Experience)
서비스	E-mail, FTP	Web, File-sharing, Real-time, Audio Visual	Context-aware/ Large-Scale Prosumer/ User-participation
신뢰성	Trusted peer	Untrusted/Malicious Users	Secure, Legacy
접속 기술	Fixed	Wireless nomadic, Single-hop	Energy/BW deficient, Multi-hop

자료: 김종권(2010: 9).

사항을 맞추기 위해 현재 인터넷은 계층화(layering), 패킷 스위칭, 네트워크의 네트워크, 네트워크의 단순화와 단말의 지능화, 단대단 통신(end-to-end argument)을 구현했다.

현재 인터넷의 설계 철학은 네트워크와 이를 구현하는 프로토콜을 단순화시켜 다양하고 복잡한 네트워크와 네트워크 간의 연결을 간편하게 했고, 이는 인터넷 발전의 원동력이 되었다. 그러나 네트워크와 네트워크를 연결하는 형태만으로는 인터넷 이용자의 급증, 다양한 네트워크 기술의 출현, 네트워크 장비에 특화된 기능들로 인해 구조적 한계를 가질 수밖에 없게 되었고, 미래 인터넷은 이러한 현재 인터넷의 구조적 한계를 보완, 해결하기 위한 것이다. 이를 세대별로 구분하면 <표 8-1>과 같다.

1) 현재 인터넷의 구조적 한계

인터넷은 원래 서로 다른 구조의 네트워크를 상호 연결하기 위해 고안된 연구망으로서, 최초 설계 시에는 현재 이용되는 서비스 방식, 무선·센서 기술, 이동성, 보안성 등을 고려하지 않았다.[7] 그러나 현재 인터넷은 인터넷의 환경 변화에 따라 다음과 같은 과제가 있다.[8]

첫째, 보안성 문제이다. 초기 인터넷은 모든 이용자에 대한 신뢰를 전제로 해 언제 어디서나 누구든지 누구에게나 패킷을 보낼 수 있는 단대단 통신 원칙[9]을 채택했다. 여기서 단대단 통신은 각 종단 간의 자유로운 통신을 가능하게 함으로써 익명성과 개인정보가 문제된다. 초기 인터넷은 모든 이용자에 대한 신뢰를 바탕으로 만들어졌기 때문에 인터넷을 악의적으로 이용하는 자에 대한 보안성이 취약하다. 즉 악의적인 이용자가 패킷의 자기 주소를 변조해 악성 트래픽을 발생시켜도 그 근원지를 찾아내기 어렵고, 스팸 메일이나 디도스 공격 등의 침해 행위에 대한 방어에도 취약하다. 이에 따라 현재 인터넷은 특정 프로토콜에 IPSec(IP Security)나 DNSSEC(Domain Name System Security Extensions)와 같은 보안 기능을 추가하고 있지만 이는 시스템 전체를 고려하지 않은 부분적인 해결 방법에 지나지 않는다.[10] 현재 인터넷은 전자상거래, 은행 거래, 전자정부 등 사회적 인프라로서 그 역할

---

7 현재 인터넷이 가지고 있는 현시적인 문제점(immediate problem)과 현재 인터넷의 한계 때문에 실현되지 못하는 인터넷의 가능성(missed opportunity)에 대한 구체적이고 기술적인 논의에 대해서는 EIFFEL(2009) 참조.

8 이에 대해 자세하게는 김성수·홍원기·최미정(2009: 25 이하); 변성혁(2009: 2 이하).

9 인터넷의 확장성, 다양성을 위해 망은 단순 기능만 수행하고 통신 세션 관리, 폭주 제어 등 복잡한 기능은 양단의 호스트에 두도록 해야 한다는 인터넷의 기본적인 설계 원칙을 말한다.

10 이는 확장성, 견인성(robustness), 관리성(Manageability), 비용 측면에서 한계점을 가지고 있다.

이 확대되면서 인터넷의 보안 문제가 중요한 관심사가 되고 있다.

둘째, 안전성 문제이다. 초기 인터넷은 그 기능을 네트워크보다 단말기에 부과하는 기반 구조를 가지고 있기 때문에 네트워크 내부에 외부의 공격과 인터넷의 작동 이상을 감지하는 모니터링 기능을 탑재하지 못했다. 그 결과 단말기가 컴퓨터 바이러스에 감염되거나 또는 해킹당한 경우 혹은 네트워크 설정이 잘못된 호스트에 의해 대량의 브로드캐스트(broadcast) 패킷이 만들어지는 경우 네트워크가 마비될 위험이 있다. 이는 네트워크 내부에서 중앙 집중 제어가 이루어지지 않는 개방형 네트워크의 특성에 기인한다. 현재 인터넷은 기반 구조상 네트워크에 대한 외부의 공격을 막는 강력한 기능을 부여하기 어렵고, 만일 방화벽과 같은 패치(patch)를 사용하는 경우에는 인터넷이 개방형 네트워크가 아닌 폐쇄형 네트워크로 운영될 우려가 있다.

셋째, 이동성 문제이다. 초기 인터넷의 단말은 유선망에 연결된 고정 단말이었지만 현재는 휴대전화, 태블릿 PC 등 이동 단말이 급증하고 있으며, 미래에는 더욱 다양한 이동 단말이 나타날 것이다. 현재 인터넷은 초기 인터넷이 고려하지 않은 이동성 문제를 해결하기 위해 모바일 IP(mobile IP), 프록시 모바일 IP(proxy MIP), 고속 핸드오버(fast handover) 등의 기술을 도입했으나 단말 기술의 근본적인 한계 때문에 본격적인 네트워크 이동성 서비스가 활성화되지 못하고 있다.

넷째, 관리성 문제이다. 초기 인터넷은 설계 시에 네트워크의 관리 방안은 고려하지 않았으므로 현재 인터넷은 단순 망 관리 프로토콜(Simple Screen Management Protocol: SSMP)을 통해 네트워크와 장비를 모니터링하는 수준의 관리 기능을 제공했다. 그 결과 네트워크 분리, 라우팅(routing) 설정, 보안 설정, 트래픽 엔지니어링, 경계 경로(Border Gateway Protocol: BGP) 정책 설정, 가상 사설망(Virtual Private Network: VPN)[11] 관리 등은 숙련된 관리자에 의한 직접 설정이 요구되고 있다. 그러나 네트워크 트래픽의 폭발적인 증가, 다양한 네트워크 장비의 등장, 이를 개발하는 데 사용된 다양한 프로그래밍 언어와 모델 등은 네트워크 관리를 어렵게 하며, 이 경우 네트워크 설정 오류는 네트워크 서비스 중단이라는 치명적인 결과를 야기할 수 있다. 따라서 인터넷 네트워크 상황을 좀 더 정확히 파악할 수 있고, 문제의 원인을 찾아낼 수 있는 네트워크 설정·관리 시스템이 필요하다.

2) 미래 인터넷에 대한 요구 사항

미래 인터넷은 현재와 미래의 네트워크 요구 사항을 바탕으로 처음부터 새로 설계하고자 하는 네트워크로서, 미래 인터넷의 요구 사항은 다음과 같다(Clark, 2007: 10).[12]

첫째, 보안성이다. 현재 인터넷은 보안을 암호화 또는 소프트웨어 중심의 기술에 의존하고 있으며, 보안의 중요성에 대한 무지 또는 구성의 곤란, 성능의 문제로 인해 네트워크 보안이 취약한 편이다. 인증(authentication), 책임(accountability), 기밀성(confidentiality) 등 다양한 측면을 포함하는 정보 보안은 미래 인터넷에서도 매우 중요한 사항으로서 이용자와 시스템의 정보를 안전하게 보호하고, 네트워크 자원의 상태와 전송되는 데이터의 무결성을 지원해야 한다. 다만, 인터넷 보안은 인터넷의 중요한 요구 사항 중의 하나인 익명성이나 개인의 프라이버시를 해칠 우려가 있으므로 미래 인터넷은 보안 강화와 프라이버시 보장이라는 상반된 목표를 모두 고려해야 한다.

---

11 가상 사설망은 인터넷망과 같은 공중망을 사설망처럼 이용해 회선 비용을 크게 절감할 수 있는 기업 통신 서비스를 말한다.
12 이에 대해 자세하게는 김성수·홍원기·최미정(2009: 27 이하); 변성혁(2009: 3 이하); 신명기(2007: 118 이하) 참조.

〈표 8-2〉 미래 인터넷 응용 및 요구 사항

구분	P-Self	P2P (people to people)	P2M (people to machine)	M2M (machine to machine)
정의	개인 업무용 - 정보 검색, 저장, 이용, 평가 등 - 디지털 콘텐츠 생성, 소비 등	사람과 사람 간 정보 공유, 공동 작업 등	사람과 사물 간 통신, 정보 공유 - 모니터링, 감시, 제어, 트래킹 등	센서망 기반의 사물 간 통신과 응용
대표 서비스	네트워크 PC	원격 협업 텔레프레젠스(telepresence)	국방 명령, 통제, 초실시간 원격 수술	초실시간 환경 등 자동 감시·제어, 전력 제어 등
기존 솔루션 문제점	실시간 마우스 조작·제어 불가	협업을 위한 실시간 마우스 조작·제어 불가, 눈 맞춤 불가	원격지로부터 초정밀 제어와 실시간 조작 불가	수많은 센서를 통해 수집되는 데이터를 초실시간 전송·작동 장치를 통한 제어 불가

자료: 백은경 외(2009: 21) 참조.

둘째, 신뢰성과 안정성이다. 초기 인터넷은 신뢰할 수 있는 이용자를 상정해 네트워크를 구축했지만 현재는 누구나 사용하게 되면서 이용자에 대한 신뢰성과 네트워크의 안정성이 중요한 요소가 되었다. 그러나 이용자에 대한 신뢰성과 네트워크의 안정성을 높이기 위한 구성 방식의 설계는 네트워크의 관리 능력과 보안성을 필요로 한다. 따라서 미래 인터넷은 이용자에 대한 신뢰성과 네트워크의 안정성을 높이기 위한 노력과 이와 상반되는 요구 사항인 개방성, 다양성, 확장성 등과 조화를 이룰 수 있는 설계가 필요하다.

셋째, 이동성이다. 현재 인터넷은 동일한 네트워크 기술과 인터페이스를 이용하는 네트워크 AP(access point) 간의 끊임없는 서비스를 지원하는 수평적 핸드오프(Horizontal Handoff)만 지원한다. 그러나 미래 인터넷 환경에서는 다양한 종류의 액세스 기술이 공존할 것으로 예상되므로 단말이 이동하면서 언제 어디서나 통신할 수 있도록 이동성이 제공되어야 한다. 즉 이용자가 서로 다른 네트워크 연결 기술을 사용하는 다른 종류의 네트워크로 이동하는 경우에도 서비스의 제공 수준이 일정하게 유지되는 수직적 핸드오프(Vertical Handoff)가 지원되어야 한다. 나아가 미래 인터넷의 이동성은 단말이 이동함에 따라 자신의 물리적 환경을 인식하고 그 상황에 맞게 적응할 수 있는 상황 인지와 이와 연계된 보안이 완벽하게 제공되도록 구축되어야 한다.

넷째, 관리성이다. 현재 인터넷은 계층적 구조를 기반으로 설계되었으므로 다른 계층과의 상호작용이 불가능하다. 그러나 미래 인터넷 환경에서는 인터넷의 신뢰성과 안정성을 위해 자동화된 네트워크 관리 프레임워크가 필요하며, 네트워크 오류 시 그 원인을 파악하고 이를 쉽게 복구할 수 있는 구성 방식으로 구축되어야 한다. 또한 미래 인터넷은 다양한 응용 서비스의 요구 사항을 최적으로 만족시킬 뿐만 아니라 앞으로 새롭게 등장할 응용 서비스에 대한 요구 사항에도 최적화된 네트워크를 제공하기 위해 관리 측면에서 편리성, 추적성, 자동성, 최적화 기능 등이 고려되어야 한다.

다섯째, 개방성, 다양성, 확장성이다. 현재 인터넷은 개방적이고 적응성이 높은 IP 계층을 중심으로 다양한 새로운 기술과 응용 프로그램을 수용해왔다. 그러나 미래 인터넷 환경에서는 서로 다른 네트워크, 단말, 애플리케이션 그리고 서버들이 서로 다른 역할을 수행할 것으로 예상된다. 그러므로 미래 인터넷은 새로운 개념의 컴퓨팅 패러다임을 수용할 수 있는 개방성이 요구되며, 단말의 다양성도 지원되어야 한다. 그리고 유비쿼터스 네트워크로 진화해가면서 다양한 단말의 출현과 단말 수의 급증으로 인해 네트워크 자체의 복잡도가 커지고 있으므로 네트워크의 확장성도 고려해야 한다.

3. 미래 인터넷의 모습

미래 인터넷은 네트워크, 콘텐츠, 애플리케이션 등 다양한 인터넷 요구 사항을 수용하고 데이터와 트래픽을 효율적으로 관리하며, 확장 가능하고 다이내믹한 IP와 라우팅을 가질 것을 요구받고 있다. 이에 따라 미래 인터넷은 다음과 같은 모습을 띨 것으로 예상한다.[13]

1) 이용자에 의한 이용자를 위한 인터넷

미래 인터넷은 정보를 소유한 자와 소유하지 못한 자 사이의 차이인 정보 격차를 극복함으로써 인터넷 이용자의 기대와 요구 사항을 충족시키는 "이용자에 의한 이용자를 위한 인터넷(Internet by and for People)"으로서의 특징을 갖는다. 즉 미래 인터넷은 개인, 공동체의 일상생활을 가능하게 하고 사업의 크기, 도메인, 기술 등의 차이에도 모든 사업 유형을 허용하며, 정보 생산자와 정보 소비자 사이의 장벽을 깨뜨릴 수 있는 수단을 제공한다. 미래 인터넷은 누구에게나 정보에 대한 접근과 이용을 허용하며 온라인의 개인 네트워크로 구성된 소셜 네트워크를 통해 자유로운 의사의 교환을 가능하게 한다. 또한 미래 인터넷은 개인화된 글로벌 네트워크로서 신속하고 편리한 업무 처리가 가능하고, 일상생활에 대한 상황 인지 정보를 토대로 모든 상황에 적합한 자가 조정(self-arbitration)이 가능하다. 이에 따라 개인과 공동체의 일상생활에서 온라인과 오프라인의 경계가 모호해지고, 개인과 공동체가 다양한 서비스를 창출하는 수단으로서 정보를 생산하고 소비하게 되어 양자의 경계가 소멸될 것으로 예상한다.

---

13 이에 대해 자세하게는 김민중(2011: 57 이하); 한국정보화진흥원(2009: 3); Dimitri et al.(eds.)(2009: 10~15) 참조.

2) 콘텐츠의 인터넷

정보통신 기술이 진화함에 따라 현대사회는 정보와 콘텐츠를 대량으로 생산·소비하고 있으며, 미래 인터넷은 이러한 변화를 지역적·세계적으로 전파하는 중요한 수단이 되고 있다. 즉 미래 인터넷은 언제 어디서나 누구든지 모든 단말기를 통해 정보와 콘텐츠를 생성하고 배포할 수 있는 "콘텐츠 인터넷(Internet of Contents)"으로서의 특징을 가진다. 또한 정보와 웹 애플리케이션이 지능적으로 생성·처리·검색되어 정보와 콘텐츠를 이해하기 쉽고 접근하기 용이하게 한다. 이에 따라 미래 인터넷 환경에서는 지식, 정보, 문화가 지역적인 장애 없이 전 세계적으로 유통되고 학습되며, 이용자들이 공동의 창작 활동을 통해 전혀 새로운 가치를 지닌 전체를 만드는 집단 이성(collective intelligence)이 출현할 것으로 예상한다.

3) 사물인터넷

미래 인터넷은 일상의 사물이 태깅(tagging)과 네트워킹(networking)되어 사물 확인, 위치 파악, 모니터링, 원격 조정이 가능한 사회를 출현시킨다. 또한 상황 인지 정보를 활용해 실시간으로 당해 시점과 장소에 대한 최적의 서비스를 제공한다. 이에 따라 미래 인터넷은 일상의 사물을 조정하고 통제하는 중심 센터로서 이용자와 사물을 연계하는 매체의 역할을 한다. 이러한 측면에서 미래 인터넷은 '사물인터넷'의 특징을 갖게 되며, 나아가 사물이 서비스와 연계되면서 서비스의 인터넷으로도 발전하리라 본다.

4) 서비스의 인터넷

미래 인터넷은 시간과 공간의 제약 없이 상시적으로 끊임없는 서비스를 제공하므로 '서비스의 인터넷(Internet of Services)'[14]이라고도 한다. 즉 이용자가 이동 중에도 서비스를 계속해서 제공받을 수 있을 뿐만 아니라 개인별 프로파일, 선호도, 기타 관련 정보 등을 최적화된 상태로 제공받는다. 이와 같이 미래 인터넷은 이용자가 시간과 공간을 뛰어넘어 네트워크 기반의 경제활동을 실현할 수 있는 서비스를 제공한다. 이를 위해서 미래 인터넷은 컴퓨터에 의해 유도되는 인터넷 등급의 서비스, 상황 인지적이며 사전 행동적이고 개인화된 서비스에 대한 접근, 그리고 이러한 서비스들의 결합(orchestration)을 요소로 한다.

제3절 미래 인터넷 법제의 현황과 과제

1. 이용자 중심 인터넷: 프라이버시 문제

인터넷에서 이용자의 개인정보는 일반에게 공개되거나, 분실 또는 도난되거나, 부정한 방법으로 유출 또는 수정되는 경우에 프라이버시 침해의 문제가 생긴다. 이 경우 프라이버시는 이용자의 관심사에 대한 이익과 우선순위(priority)의 충돌을 야기한다. 즉 이용자는 스스로 프라이버시에 대한 이익을 선호해 개인정보의 공개를 원하지 않거나 이와 반대로 프라이버시의 유용성을 선호해 개인정보의 공개를 원할 수 있다. 후자의 경우 이용자는 자기가 원하는 프라이버시 수준을 이해하고 이를 통제할 수 있는 지위에 있어야 한다.

한편 법 집행기관은 이용자의 프라이버시가 침해되는 것을 막기 위해 정보의 이용을 제한하기를 원하는 반면, 인터넷 서비스 제공자는 서비스를 제

---

14 '서비스의 인터넷'이라는 용어는 서비스가 인터넷에서 어떻게 제공되고 작동되는지에 대한 미래를 구현할 다수의 상호 연결 현상을 가리키는 포괄적인 용어이다.

공하기 위해 이용자의 정보를 필요로 한다. 이를 위해 서비스 제공자는 이따금 이용 목적을 넘어 또는 다른 목적을 위해 이용자의 정보 수집을 원한다. 그 이유는 이용자가 어떠한 개인정보도 공개하지 않는 경우에 서비스 제공자는 어떠한 서비스도 제공할 수 없기 때문이다. 특히 초연결 사회에서 이용자는 언제 어디서나 누구든지 단말기를 통해 정보를 유포할 수 있을 뿐만 아니라 사물과 연계된 상황 인지 정보를 제공받을 수 있기 때문에 개인정보의 프라이버시는 그 중요성이 더욱 커진다.

1) 법제 현황

개인정보 보호에 대한 입법은 나라마다 다르지만 그 목적은 정보 주체인 개인으로부터 기인하는 정보를 보호하는 데 있다. 여기서 법률이 보호하는 정보는 개인을 식별할 수 있는 정보로서 법률로 보호할 수 없는 불특정 정보(anonymous data)와 구분되며, 또한 법률은 익명의 정보(pseudonymous data)에 대해도 효력이 없다.

(1) 국제적 기준

각국의 입법은 OECD의 프라이버시 보호에 관한 가이드라인[15]을 수용하고 있으며, 이는 목적 특정의 원칙을 규정한다. 즉 개인정보는 특정 목적을 위해서만 수집되어야 하고, 수집 이후에는 특정 목적의 실현 또는 특정 목적과 양립할 수 있는 범위 내에서만 처리되어야 한다. 특히 개인정보는 법률 또는 정보 주체의 동의가 없는 경우에는 이를 특정 목적 이외의 용도로 공개하거나 이용하거나 제공해서는 안 된다.

---

15 "Guidelines Governing the Protection of Privacy and Transborder Flows of Personal Data"(September, 1980).

유럽연합의 경우 OECD가 제시한 목적 특정의 원칙을 1995년 개인정보의 처리에 관한 지침[16]으로 수용했으며(제6조 제1항 b), 이 지침은 일정한 경우에 개인정보의 처리를 허용한다. 즉 개인정보의 처리는 정보 주체의 동의를 얻거나 또는 정보 주체와 맺은 계약으로부터 발생한 채무의 이행을 위하여 필요한 경우에 허용된다(제7조 b항). 또한 개인정보의 활용이 개인정보 처리자, 제3자 또는 그 정보를 공개한 자가 추구하는 정당한 목적에 필요한 경우에는 그러한 이익이 정보 주체의 기본권과 자유에 대한 이익을 초과하지 않는 한도에서 허용된다(제7조 f항). 이는 개인정보 처리자와 정보 주체의 보호 이익의 조정을 요구하며, 임의적인 개인정보의 처리를 허용하지 않음을 의미한다(Sorge, Girao, Sarma, 2009). 여기서 정보 주체의 보호 이익을 초과하지 않는 정당한 이익은 인터넷 서비스 제공자의 정상적인 영업활동이 아니라 개인정보의 이용이 남용되는 경우에 존재한다. 이 경우 지침은 정보 주체에게 개인정보의 처리에 대한 이의를 제기할 수 있는 권리를 부여한다(제14조 a항).

아시아의 경우 아시아태평양경제협력체(APEC)는 개인정보의 보호를 통해 소비자의 신뢰를 제고하고 이를 바탕으로 전자상거래를 촉진하기 위해 2005년 정보 프라이버시 원칙[17]을 제시했다. 이는 개인정보의 수집은 수집 목적에 국한되어야 하고, 개인정보의 수집은 합법적이고 공정한 방법으로 이루어져야 하며, 필요할 경우에는 해당 개인에게 고지하거나 사전 동의를 받아야 한다고 수집 제한의 원칙을 제시하고 있다.

---

[16] Directive 95/46/EC of the European Parliament and of the Council of 24 October 1995 on the protection of individuals with regard to the processing of personal data and on the free movement of such data, 395 L0046, Official Journal L281, 23/11/1995 pp. 31~50, http://europa.eu.int/eurlex/en/lif/dat/1995/en_3951J046.html.

[17] APEC information privacy principles(November, 2004).

(2) 국내법적 현황

한국의 「개인정보보호법」[18]은 개인정보에 관한 국제 기준에 맞추어 개인 정보 보호 원칙을 규정한다. 즉 개인정보 처리자는 개인정보의 처리 목적을 명확하게 하여야 하고, 그 목적에 필요한 범위에서 최소한의 개인정보만을 적법하고 정당하게 수집하여야 하며(제3조 제1항), 개인정보의 처리 목적에 필요한 범위에서 적합하게 개인정보를 처리하여야 하며, 그 목적 이외의 용도로 활용하여서는 안 된다(제2항). 그리고 개인정보 처리자는 개인정보의 처리 방법 및 종류 등에 따라 정보 주체의 권리가 침해받을 가능성과 그 위험 정도를 고려하여 개인정보를 안전하게 관리하여야 하며(제4항), 개인정보 처리 방침 등 개인정보의 처리에 관한 사항을 공개하여야 하며, 열람 청구권 등 정보 주체의 권리를 보장하여야 한다(제5항). 특히 개인정보 처리자는 정보 주체의 사생활 침해를 최소화하는 방법으로 개인정보를 처리하여야 하며(제6항), 개인정보의 익명 처리가 가능한 경우에는 익명에 의하여 처리할 것을 규정한다(제7항). 또한 「개인정보보호법」은 정보 주체는 자신의 개인정보 처리와 관련하여, ① 개인정보의 처리에 관한 정보를 제공받을 권리, ② 개인정보의 처리에 관한 동의 여부, 동의 범위 등을 선택하고 결정할 권리, ③ 개인정보의 처리 여부를 확인하고 개인정보에 대하여 열람(사본의 발급을 포함한다. 이하 같다)을 요구할 권리, ④ 개인정보의 처리 정지, 정정·삭제 및 파기를 요구할 권리, ⑤ 개인정보의 처리로 인하여 발생한 피해를 신속하고 공정한 절차에 따라 구제받을 권리를 가진다고 규정하고 있다(제4조). 나아가 「개인정보보호법」은 국가와 지방자치단체는 개인정보의 목적 외 수집, 오용·남용 및 무분별한 감시·추적 등에 따른 폐해를 방지하여 인간의 존엄과 개인의 사생활 보호를 도모하기 위한 시책을 강구하여야 하며(제

---

18 일부 개정 2013.3.23, 법률 제11690호.

5조 제1항), 국가와 지방자치단체는 개인정보의 처리에 관한 불합리한 사회적 관행을 개선하기 위하여 개인정보 처리자의 자율적인 개인정보 보호 활동을 존중하고 촉진·지원하여야 한다는 국가의 책무를 규정한다(제2항).

한편 한국은 정보통신망의 이용을 촉진하고 정보통신 서비스를 이용하는 자의 개인정보를 보호하기 위하여 「정보통신망 이용촉진 및 정보보호에 관한 법률」(이하 「정보통신망법」이라 부른다)[19]을 제정했다. 즉 미래창조과학부 장관 또는 방송통신위원회는 정보통신망의 이용 촉진 및 안정적 관리·운영과 이용자의 개인정보 보호 등을 통하여 정보사회의 기반을 조성하기 위한 시책을 마련하여야 하며(제4조 제1항), 정보통신망을 통하여 수집·처리·보관·이용되는 개인정보의 보호 및 그와 관련된 기술의 개발·보급을 포함하도록 하고 있다(제2항 6호). 특히 「정보통신망법」은 정보통신 서비스 제공자는 이용자의 개인정보를 이용하려고 수집하는 경우에는, ① 개인정보의 수집·이용 목적, ② 수집하는 개인정보의 항목, ③ 개인정보의 보유·이용 기간을 이용자에게 알리고 동의를 받아야 한다고 규정한다(제22조 제1항). 그리고 정보통신 서비스 제공자는 이용자의 개인정보를 수집하는 경우에는 정보통신 서비스의 제공을 위하여 필요한 최소한의 정보를 수집하여야 하며, 필요한 최소한의 정보 외의 개인정보를 제공하지 아니한다는 이유로 그 서비스의 제공을 거부하여서는 안 된다(제23조 제2항). 또한 정보통신 서비스 제공자는 제22조 및 제23조 제1항 단서에 따라 수집한 개인정보를 이용자로부터 동의 받은 목적이나 제22조 제2항 각 호에서 정한 목적과 다른 목적으로 이용하여서는 안 되며(제24조), 이용자의 개인정보를 제3자에게 제공하려면 제22조 제2항 제2호 및 제3호에 해당하는 경우 외에는 ① 개인정보를 제공받는 자, ② 개인정보를 제공받는 자의 개인정보 이용 목적, ③ 제

---

[19] 일부 개정 2013.3.22, 법률 제11690호.

공하는 개인정보의 항목, ④ 개인정보를 제공받는 자의 개인정보 보유 및 이용 기간을 이용자에게 알리고 동의를 받아야 한다(제24조 제1항). 정보통신 서비스 제공자로부터 이용자의 개인정보를 제공받은 자도 그 이용자의 동의가 있거나 다른 법률에 특별한 규정이 있는 경우 외에는 개인정보를 제3자에게 제공하거나 제공받은 목적 외의 용도로 이용하여서는 안 된다(제24조 제2항).

2) 과제

초기 인터넷은 정보의 자유롭고 신속한 처리를 통해 특정인의 정보 독점으로 인한 폐해를 줄이고 개인의 개성과 창의성을 극대화해 인간의 전반적인 삶의 질을 향상시키는 것을 목적으로 출발했다. 그러나 미래 인터넷 환경이 P2P를 거쳐 M2M으로 발전하면서 국가기관이나 공공 단체와 같은 공공 기관과 민간 기업, 나아가 개인에 의한 개인정보의 수집과 활용이 용이해지고 그 전파 속도가 빨라짐에 따라 이로 인한 개인의 프라이버시 침해의 위험성이 높아졌다. 그러나 미래 인터넷은 그 설계 목적이나 요구 사항을 고려하면 어떠한 법률을 제정한다고 하더라도 법률만으로는 미래 인터넷에서 발생할 수 있는 프라이버시 침해를 효과적으로 억제하고 그 피해를 구제하는 데 한계가 있다.[20] 그러므로 미래 인터넷을 기반으로 하는 초연결 사회에서는 다음과 같은 법적 과제가 예상된다.

첫째, 소극적 프라이버시 보호에서 벗어나 적극적 프라이버시 보호로의 패러다임의 전환이 요청된다. 종래의 프라이버시권이 '은둔으로서의 사생활보호(privacy as seclusion)'에 의미를 두었다면 현재와 미래에는 '참여로서의 사생활보호(privacy as participation)'가 강조된다. 이러한 의미에서 개인

---

20 이에 대해 자세하게는 최정열(1999: 104 이하); 이인호(2007: 319 이하) 참조.

정보 자기결정권은 초연결 사회에서도 중요한 의미를 갖는다. 왜냐하면 개인의 프라이버시권은 자기 정보의 유통에 관한 통제권과 자기에 관한 잘못된 정보에 대한 수정 등을 내용으로 하는 매우 포괄적이고 중요한 실정법적 권리인 동시에 자연법적인 권리라고 말할 수 있으며, 개인정보 자기결정권은 바로 포괄적 의미의 프라이버시권의 일종이라고 할 수 있기 때문이다. 그러므로 초연결 사회에서 법률은 개인의 은밀한 삶에 대한 침해를 소극적으로 방어하는 수단에서 정보 주체가 자기 정보의 유통에 대한 통제권을 적극적으로 보장하는 수단으로 그 목적이 변화되어야 한다. 즉 정보 주체가 자기에 대한 정보를 누가 어떤 목적으로 어떻게 이용하고 있는지 명확하게 인식하고 이러한 처리 과정에 참여할 수 있어야 한다. 이를 위해 법률은 정보 주체가 자기에 관한 정보의 소재를 확인하고 열람할 수 있도록 하고, 정확성·시의성·적절성을 가지지 못한 정보를 정정, 혹은 삭제하거나 파기할 것을 개인정보 처리자에게 요구할 수 있도록 해야 한다.

둘째, 현재 인터넷 환경에서 개인의 프라이버시 침해는 주로 타인에 관한 은밀한 삶에 대한 정보를 직접 또는 간접으로 인터넷을 통해 유포시키는 형태로 나타난다. 이러한 침해는 초연결 사회에서도 발생할 가능성이 매우 높다. 왜냐하면 미래 인터넷은 개인의 신분, 위치, 활동 그리고 주변 상황 등에 관한 정보를 자동적으로 그리고 실시간으로 수집할 수 있을 뿐만 아니라 개인정보 처리자는 자신의 신분을 노출하지 않고 타인에 대한 정보를 얼마든지 활용할 수 있기 때문이다. 다른 한편 초연결 사회에서 개인의 프라이버시 침해는 유포 속도가 매우 빠르고 그 범위도 넓어 그로 인한 피해가 정보 주체에게 미치는 영향은 치명적일 수밖에 없다. 그러나 초연결 사회에서 발생하는 개인의 프라이버시 침해를 모두 규제하기에는 법률적으로나 기술적으로 한계가 있다. 그러므로 초연결 사회에서 개인정보를 처리하는 경우에는 되도록 익명으로 처리해 프라이버시 침해를 방지해야 하고, 정부나 개인정보 감독 기구에 의한 외부적·타율적 규제의 한계를 극복하기 위해 민간 부문의 자율적인 집행 수단[21]을 충분히 고려하고 활용해야 한다.

셋째, 초연결 사회에서는 이용자가 네트워크에 접속하고, 단말기를 이용해 인터넷 서비스를 제공받거나 또는 다른 사람과 통신하는 동안에 그에 대한 다양한 데이터가 통합되어 이른바 '가상 신분(virtual identification: VID)'이 만들어진다(Sorge, Girao, Sarma, 2009: 64~65). 가상 신분은 그것이 가리키는 실제 인격과 항상 일치하는 것은 아니므로 정보 주체의 프라이버시를 보호하는 역할을 수행하는 한편, 가상 신분에 내재된 프라이버시와 함께 유통됨으로써 정보 주체의 프라이버시를 침해할 위험성도 있다. 왜냐하면 가상 신분은 미래 인터넷의 신분 관리 시스템(Identity Management System: IdMS)에 의해 자동적으로 형성될 것이므로 정보 주체가 이를 인식하거나 또는 통제할 수 없으며, 또한 개인정보 처리자는 이를 영업활동에 적극적으로 활용하기를 원하기 때문이다. 그러므로 초연결 사회에서는 정보 주체의 프라이버시를 보호할 수 있는 방법으로 이용자의 가상 신분을 감지하는 네트워크, 인터넷 서비스·관리 체계가 구축되어야 하고, 개인정보 처리자는 정보 주체의 프라이버시 침해를 최소화하는 방법으로 처리 목적에 필요한 범위 내에서 개인정보를 처리해야 한다.

2. 네트워크 중심 인터넷: 보안 문제

현재 인터넷은 이용자에 대한 신뢰성과 공동 목표에 대한 협업을 목표로

---

21 이러한 수단으로는 프라이버시 선언(Privacy Commitment), 프라이버시 실무 규약 (Privacy Code of Practice), 프라이버시 표준(Privacy Standard), 프라이버시 인증 (Privacy Seal), 세이프 하버 협정(Safe Harbor Agreement) 등이 있다.

설계되었기 때문에 보안이 취약하다. 현재 인터넷은 이용자의 신뢰를 전제로 허용하는 익명성을 어떠한 종류의 보안도 깨는 강력한 무기로 사용하고 있으며, 최종 이용자의 신뢰성 기반도 그 대상·활용·유용성 측면에서 매우 이질적이다. 예컨대 컴퓨터 바이러스, 피싱(phishing), 스파이웨어(spyware), 온라인 사기 등은 네트워크에 대한 이용자의 신뢰성과 그 유용성을 감소시킨다. 이는 현재 인터넷이 직면한 가장 중요한 문제의 하나인 보안 문제를 노정하고 있으며, 이용자가 수용할 수 있는 신뢰성, 네트워크 보호·수용 가능성 보장, 멀티캐스트(multicast) 전송과 같은 특별한 네트워킹 이슈에 대한 요구 사항 등을 포함한다. 특히 미래 인터넷은 단말의 다양성을 지원해야 하며, 다양한 미래의 신기술을 쉽게 수용할 수 있는 개방성도 유지해야 한다. 이러한 요구 사항은 네트워크의 안정성과 신뢰성을 낮출 수 있으므로 이에 대한 법제도의 개선과 기술적 보호 조치가 필요하다.

1) 법제 현황

현재 인터넷에 대한 보안은 인터넷 서비스의 중단과 일시적인 장애에 따른 영향력이 큰 영역부터 순차적으로 제도화되고 있다. 즉 네트워크 보안에서 시스템 보안으로, 그리고 시스템 보안에서 정보 보안으로 진행된다.[22]

(1) 네트워크 보안

네트워크 보안을 위해 국가는 인터넷 접속 서비스를 중심으로 국가의 주요 정보통신 시설을 주요 기반 시설로 지정해 집중 관리한다. 즉 국가는 정보통신망의 안전성과 신뢰성을 제고하고, 정보통신망을 통해 수집·처리·보관·이용되는 개인정보의 보호를 위한 시책을 마련해야 하며, 그 밖에 정보

---

22 이에 대해 자세하게는 정진명(2007: 242~243); 심동욱·주용환(2006: 10) 참조.

통신망 이용 촉진 및 정보 보호 등을 위해 필요한 사항에 관한 시책을 마련해야 한다(「정보통신망법」제4조 6호, 8호 및 9호). 또한 정보통신 서비스 제공자는 이용자의 권익 보호와 서비스의 품질 향상 및 안정적 제공을 보장하기 위해 인터넷 서비스 품질의 측정·평가에 관한 기준에 따라 자율적인 서비스 품질 약정(Service Level Agreement: SLA) 제도를 도입해 실시하고 있다(「정보통신망법」제15조 참조).

(2) 시스템 보안

한국은 종합적이고 실효성 있는 정보 보호 정책을 수행할 수 있는 기반을 마련하고, 정보 보호 종합계획의 수립·시행, 침해 예방과 대응 체계에 대한 근거를 마련해 시스템 보안을 시행하고 있다. 이는 국가정보원을 중심으로 하는 국가·공공 분야의 정보 보안 체계와 한국인터넷진흥원을 중심으로 하는 민간 분야의 정보 보호 체계로 이원화되어 있다.[23]

① 「정보통신기반보호법」[24]은 관계 중앙행정기관의 장은 소관 분야의 주요정보통신기반시설에 대하여 보호지침을 제정하고 해당 분야의 관리기관의 장에게 이를 지키도록 권고할 수 있도록 하고(제10조 제1항), 누구든지 ⓐ

---

23 그 이외에 행정정보의 수집·가공·검색이 용이하게 구축된 정보 시스템으로는 「시설물의 안전관리에 관한 특별법」상의 "시설물정보관리종합시스템", 「원양산업발전법」상의 "원양산업종합정보시스템", 「자격기본법」상의 "자격정보시스템", 「장애인연금법」상의 "장애인연금정보시스템", 「중소기업진흥에 관한 법률」상의 "중소기업정책정보시스템", 「초·중등교육법」상의 "교육정보시스템", 「축산물위생관리법」상의 "축산물위생관리정보시스템", 「소 및 쇠고기 이력관리에 관한 법률」상의 "이력관리시스템" 등이 있다. 그리고 법원의 「민사소송 등에서의 전자문서 이용 등에 관한 법률」상의 "전산정보처리시스템", 금융기관의 「신용정보의 이용 및 보호에 관한 법률」상의 "신용정보전산시스템" 등이 있다.

24 일부개정 2013.3.23, 법률 제11690호.

접근권한을 가지지 아니하는 자가 주요정보통신기반시설에 접근하거나 접근권한을 가진 자가 그 권한을 초과하여 저장된 데이터를 조작·파괴·은닉 또는 유출하는 행위, ⓑ 주요정보통신기반시설에 대하여 데이터를 파괴하거나 주요정보통신기반시설의 운영을 방해할 목적으로 컴퓨터 바이러스·논리폭탄 등의 프로그램을 투입하는 행위, ⓒ 주요정보통신기반시설의 운영을 방해할 목적으로 일시에 대량의 신호를 보내거나 부정한 명령을 처리하도록 하는 등의 방법으로 정보처리에 오류를 발생하게 하는 행위를 하여서는 안 된다고 하는 주요 정보통신기반시설 침해 행위 금지의무를 규정하고 있다(제12조).

② 「전자정부법」[25]은 행정기관등은 전자정부의 구현·운영 및 발전을 추진할 때 정보 시스템의 안전성·신뢰성의 확보에 필요한 대책을 마련하도록 하고(제4조 제1항) 국회, 법원, 헌법재판소, 중앙선거관리위원회 및 행정부는 전자정부의 구현에 필요한 정보통신망과 행정정보 등의 안전성 및 신뢰성 확보를 위한 보안대책을 마련하여야 하며(제56조 제1항), 행정기관의 장은 제1항의 보안대책에 따라 소관 정보통신망 및 행정정보 등의 보안대책을 수립·시행하여야 한다고 규정한다(제2항). 그리고 행정기관의 장은 정보통신망을 이용하여 전자문서를 보관·유통할 때 위조·변조·훼손 또는 유출을 방지하기 위하여 국가정보원장이 안전성을 확인한 보안 조치를 하여야 하고, 국가정보원장은 그 이행 여부를 확인할 수 있도록 정보통신망 등의 보안대책 수립 및 시행을 의무화하고 있다(제3항). 여기서 "행정정보자원"이라 함은 전자정부 구현을 위하여 행정기관이 보유하고 있는 행정정보, 전자적 수단에 의하여 행정정보의 수집·가공·검색이 용이하게 구축된 정보 시스템, 정보 시스템의 구축에 적용되는 정보 기술·정보화예산 및 정보화

---

25 일부개정 2013.4.5, 법률 제11735호.

인력 등을 말한다. 특히 미래창조과학부장관은 관계기관의 장과 협의하여 정보보호 시스템의 성능과 신뢰도에 관한 기준을 정하여 고시하고, 정보보호 시스템을 제조하거나 수입하는 자에게 그 기준을 지킬 것을 권고할 수 있도록 하고 있다(제38조 제1항).

③「국가정보화 기본법」[26]은 미래창조과학부장관은 관계기관의 장과 협의하여 정보보호 시스템의 성능과 신뢰도에 관한 기준을 정하여 고시하고, 정보보호 시스템을 제조하거나 수입하는 자에게 그 기준을 지킬 것을 권고할 수 있도록 규정하고 있으며(제38조 제1항), 유통 중인 정보보호 시스템이 제1항에 따른 기준에 미치지 못할 경우에 정보보호 시스템의 보완 및 그 밖에 필요한 사항을 권고할 수 있도록 규정한다(제2항).

④「정보통신산업진흥법」[27]은 미래창조과학부장관은 암호·인증·인식·감시 등의 보안 기술(이하 "보안 기술"이라 한다)이 적용된 제품(이하 "보안 제품"이라 한다)을 제조 또는 판매하거나, 보안기술 또는 보안제품을 활용하여 재난·재해·범죄 등에 대응하거나 관련 장비·시설을 안전하게 운영하기 위한 모든 서비스 제공(이하 "지식정보보안"이라 한다)과 관련되는 산업의 육성 및 경쟁력 강화를 위하여 필요한 시책을 마련하도록 규정하고 있다(제32조 제2항).

한편 정보통신 서비스 제공자는 정보통신 서비스의 제공에 사용되는 정보통신망의 안정성 및 정보의 신뢰성을 확보하기 위한 보호조치를 하여야 한다(「정보통신망법」제45조 제1항). 특히 타인의 정보통신 서비스 제공을 위하여 집적된 정보통신시설(Internet Data Center: IDC)을 운영·관리하는 사업자는 정보통신시설을 안정적으로 운영하기 위하여 대통령령으로 정하는 바

---

26 일부개정 2013.5.22, 법률 제11764호.
27 일부개정 2013.3.23, 법률 제11690호.

에 따른 보호조치를 하여야 하며, 집적된 정보통신시설의 멸실·훼손, 그 밖의 운영 장애로 발생한 피해를 보상하기 위하여 대통령령으로 정하는 바에 따라 보험에 가입하여야 한다(「정보통신망법」 제46조). 또한 신용정보회사 등은 신용정보전산 시스템에 대한 제3자의 불법적인 접근, 입력된 정보의 변경·훼손 및 파괴, 그 밖의 위험에 대하여 대통령령으로 정하는 바에 따라 기술적·물리적·관리적 보안대책을 세워야 한다(「신용정보의 이용 및 보호에 관한 법률」[28] 제19조 제1항).

(3) 정보 보안

정보 보안은 국가기관과 지방자치단체 그리고 정보통신 서비스 제공자(Online Service Provider: OSP)에 의하여 이루어진다. 먼저 국가기관과 지방자치단체는 정보를 처리하는 모든 과정에서 정보의 안전한 유통을 위하여 정보보호를 위한 시책을 마련하여야 하며, 정부는 암호 기술의 개발과 이용을 촉진하고 암호 기술을 이용하여 정보통신 서비스의 안전을 도모할 수 있는 조치를 마련하여야 한다(「국가정보화기본법」 제37조).

한편 정보통신 서비스 제공자는 정보통신 서비스의 제공에 사용되는 정보통신망의 안정성 및 정보의 신뢰성을 확보하기 위한 보호조치를 하여야 한다(「정보통신망법」 제45조 제1항). 여기서 보호조치의 구체적 내용을 정한 정보통신 서비스의 정보통신망 및 정보에 관한 보호지침(이하 "정보보호지침"이라 한다)에는, ① 정당한 권한 없는 자의 정보통신망에의 접근과 침입을 방지하거나 대응하기 위한 정보보호 시스템의 설치·운영 등 기술적·물리적 보호조치, ② 정보의 불법 유출·변조·삭제 등을 방지하기 위한 기술적 보호조치, ③ 정보통신망의 지속적인 이용이 가능한 상태를 확보하기 위한

---

[28] 일부개정 2013.5.28, 법률 제11845호.

기술적·물리적 보호조치, ④ 정보통신망의 안정 및 정보보호를 위한 인력·조직·경비의 확보 및 관련 계획 수립 등 관리적 보호조치를 포함한다(「정보통신망법」 제45조 제3항). 그리고 정보통신 서비스 제공자 등은 이용자의 개인정보를 취급함에 있어서 개인정보의 분실·도난·누출·변조 또는 훼손을 방지하기 위하여, ① 개인정보를 안전하게 취급하기 위한 내부 관리계획의 수립·시행, ② 개인정보에 대한 불법적인 접근을 차단하기 위한 침입차단 시스템 등 접근 통제장치의 설치·운영, ③ 접속기록의 위조·변조 방지를 위한 조치, ④ 개인정보를 안전하게 저장·전송할 수 있는 암호화 기술 등을 이용한 보안조치, ⑤ 백신 소프트웨어의 설치·운영 등 컴퓨터 바이러스에 의한 침해 방지조치, ⑥ 그 밖에 개인정보의 안전성 확보를 위하여 필요한 보호조치를 하여야 한다(「정보통신망법」 제28조 제1항). 그리고 위치정보사업자 등은 위치 정보의 누출, 변조, 훼손 등을 방지하기 위하여 위치 정보의 취급·관리지침을 제정하거나 접근권한자를 지정하는 등의 관리적 조치와 방화벽의 설치나 암호화 소프트웨어의 활용 등의 기술적 조치를 하여야 하며, 이 경우 관리적 조치와 기술적 조치의 구체적 내용은 대통령령으로 정한다(「위치정보의 보호 및 이용에 관한 법률」 제16조 제1항). 또한 위치정보사업자 등은 위치 정보 수집·이용·제공사실 확인자료를 위치 정보 시스템에 자동으로 기록되고 보존되도록 하여야 한다(제2항). 금융회사 등은 전자금융거래의 안전성과 신뢰성을 확보할 수 있도록 전자적 전송이나 처리를 위한 인력, 시설, 전자적 장치, 소요경비 등의 정보 기술 부문 및 전자금융업무에 관하여 금융위원회가 정하는 기준을 준수하여야 한다(「전자금융거래법」 제21조). 나아가 전자거래사업자는 전자거래의 안전성과 신뢰성을 확보하기 위하여 암호제품을 사용할 수 있으며, 정부는 국가안전보장을 위하여 필요하다고 인정하면 암호제품의 사용을 제한하고, 암호화된 정보의 원문 또는 암호 기술에의 접근에 필요한 조치를 할 수 있다(「전자문서 및 전자거래

기본법」 제14조).

2) 과제

초연결 사회에서는 모든 형태의 위험으로부터 정보의 비밀성·무결성·이용 가능성 등을 유지하고 확보하기 위해 정보통신망과 정보 시스템을 보호해야 한다. 특히 초연결 사회는 네트워크의 개방성, 단말의 다양성, 정보의 확장성으로 인해 보안 문제가 더욱 중요해질 것이며, 이는 관련 법제의 개선과 침해 행위에 대한 대응 기술의 개발을 요구할 것이다.

첫째, 보안 문제는 「정보통신망법」 이외에 국가 정보, 금융 정보, 위치 정보, 전자서명 관련 법령에서 규율한다. 그러므로 입법적으로는 다수의 개별 법률에 산발적으로 규정된 정보 보안에 관한 사항을 통합해 체계적으로 규정하자는 방안이 제시되고 있다.[29] 그러나 보안 문제를 해결하기 위해서는 이용자의 행위에 대한 추적 가능성과 정밀성이 필요한 반면, 이는 이용자의 익명성과 개인의 프라이버시를 침해할 우려가 있기 때문에 양자를 함께 고려해야 한다. 이러한 측면에서 보안 문제는 국가 차원의 종합적이고 체계적인 대응과 함께 개인적인 보안을 유도할 수 있는 법률 체계의 형성과 그 내용의 적절한 수준 설정이 요구된다고 할 수 있다. 예컨대 초연결 사회에서는 이용자가 정보 주체에게 충분히 신뢰성을 보이면 '투명한(transparent)' 통신을 보장하고, 익명성 유지를 원하면 통신은 허락하되 패킷과 필터링(filtering) 등으로 악의적인 행동을 방지할 수 있는 보안 구조를 갖추어야 한다.

---

29 정보 보안에 관한 일반법으로서는 이미 「정보시스템 등 기반보호에 관한 법률」의 제정이 논의된 예가 있으므로 장래에는 이른바 「인터넷보안기본법」과 같은 법률을 제정해 인터넷 보안 문제를 통일적·일반적으로 규율하는 방안을 검토할 필요가 있다.

둘째, 초연결 사회에서 보안은 인터넷 기반 아래 활용되는 정보의 보호와 그러한 정보에 대한 효과적인 활용을 전제로 한다는 점에서 적절한 보안 대책이 필요하다(이창범, 2007: 296). 즉 정보통신 기술의 발전에 따른 정보처리의 안전한 사용을 유도하는 방법을 고려할 필요가 있다. 예컨대 초연결 사회를 위한 보안 정책에는 식별과 인증, 소프트웨어의 유입 통제, 암호화, 네트워크 접근 통제, 운영과 관리 등의 요소를 고려해 이용자, 개인정보 처리자, 기술 요원 등에 대한 책임 영역을 정하는 방안이 필요하다. 왜냐하면 초연결 사회에서는 새로운 보안 기술을 도입한다고 하더라도 인터넷상의 모든 악성코드나 해킹을 방지할 수 없기 때문이다. 그러므로 초연결 사회에서 보안은 사업자에게 일방적인 부담을 지우기보다 그 역할과 책임을 이용자와 조정하는 방안이 필요하다. 또한 이용자와 개인정보 처리자가 보호해야 할 정보와 그에 대한 보호 기술을 스스로 결정해 신분 관리 시스템을 통해 보안을 구현하는 법제도적 방안도 고려할 필요가 있다.

셋째, 초연결 사회에서 보안은 하드웨어 기반 보안 체계에서 소프트웨어 기반 보안 체계로의 패러다임의 변화가 필요하다. 이제까지 인터넷 보안은 방화벽, 침입 탐지 시스템(Intrusion Prevention System: IPS)과 같은 하드웨어적 방법이 주로 사용되었지만 장래에는 데이터를 전체로 취합해 분석해야만 침해 행위를 판단할 수 있는, 이른바 지능형 지속 위협(Advanced Persistent Threat: APT)[30]이 증가할 것으로 예상한다. 이 경우 악성코드 분석이나 침해 사고에 대응하기 위한 정보를 확보하기 위해서는 각 기반 시설에 구축된 정보공유분석센터를 연결해 관련 정보를 수집·조사·분석해야 한다.

---

30 지능형 지속 위협은 주로 국가나 범죄 단체와 같이 잘 조직된 그룹들이 수행하는 공격으로, 대부분의 보안 장비를 우회할 수 있으며, 특정 조직을 목표로 효율적이고 지속적인 공격을 수행해 해당 조직에 막대한 피해를 준다.

이와 함께 악성 프로그램에 감염된 컴퓨터에 대한 접속과 해당 자료의 수집과 조사를 위한 이용자의 동의, 악성 프로그램에 감염된 컴퓨터와 이를 조정하는 컴퓨터의 연결을 차단할 수 있는 인터넷 서비스 제공자의 권한 부여 그리고 이를 통제할 수 있는 국가 차원의 기구를 설치할 수 있는 법제도의 마련이 요청된다.

3. 콘텐츠 중심 인터넷: 콘텐츠 보호와 유통 문제

현재 인터넷은 IP 주소에 의해 식별되는 최종 호스트, 즉 서버와 이용자의 단말기를 연결하는 구성 방식에 기초한다. 이러한 구성 방식은 모두 컴퓨터를 기반으로 이루어지므로 이용자가 파일 이동이나 원격 접속과 같은 서비스를 이용하는 경우에 서버와 단말기를 쌍방향으로 연결하는 장점이 있다. 현재 인터넷은 대부분 콘텐츠나 서비스 검색, 콘텐츠 전송과 스트리밍, 웹서비스 접속 등에 이용되지만 이용자는 콘텐츠 또는 서비스 자체와 그 전송에만 관심을 가질 뿐 어떤 단말기가 콘텐츠 또는 서비스를 제공하는지 그리고 이들에 대한 책임성, 안정성, 프라이버시 등을 보장하는지 알지 못한다. 그러나 미래 인터넷은 이용자가 요구하는 콘텐츠 중심 인터넷을 만들기 위해서 모든 종류의 콘텐츠를 재현할 수 있는 단말기와 이를 연결할 수 있는 플랫폼을 설계 목표로 삼는다. 즉 미래 인터넷은 콘텐츠가 최종이용자에게 좀 더 용이하게 저장될 수 있으며, 라우터가 유통되는 콘텐츠를 확인할 수 있고, 네트워크가 이용자에게 최적의 경로를 식별시키며, 콘텐츠가 상황에 적합하게 제공될 수 있도록 설계될 전망이다. 그 결과 미래 인터넷은 콘텐츠 중심 네트워크 서비스의 현실화에 중요한 요소가 될 것이며, 여기서 콘텐츠 중심 서비스는 주문형 및 라이브 미디어(on-demand and live media) 배포 서비스, 콘텐츠 출판·검색·적응·처리 서비스, 디지털 저작권 관리(Digital Rights Management: DRM) 서비스, 화상회의 서비스, 미디어 주석·색인·찾기 서비스 등을 포함한다. 이와 같이 미래 인터넷은 콘텐츠의 제작·유통 수단, 제작자, 이용자 등의 양적 확대와 새로운 콘텐츠의 창작·유통의 형태와 수단 등에 대한 질적 변화를 불러올 것으로 전망한다(Zahariadis et al. 2010: 228~232).

1) 법제 현황

현재 인터넷은 서버와 이용자의 단말기를 연결하는 구조로 되어 있어 이용자 상호 간에 정보를 공유하기 위해서는 반드시 중앙 집중적 서버를 경유해야만 한다. 그러나 최근에는 중앙 집중적 서버를 거치지 않고 이용자 상호 간에 직접 파일이나 정보를 공유할 수 있는 P2P(Peer to Peer) 기술이 이용되고 있으며, 이는 미래 인터넷에 요구되는 기술의 한 형태이다. P2P는 TCP/IP에 기반을 둔 새로운 형태의 인터넷 프로토콜로서 이를 이용하는 개별 컴퓨터는 스스로가 이용자이면서 동시에 서버의 역할을 수행하므로 자신의 하드디스크 공유 폴더에 저장된 파일을 다른 이용자와 직접 공유할 수 있다. 그러므로 P2P 프로그램의 이용자가 자신의 공유 폴더에 타인의 저작물을 복제해둔 경우에 전송권을 침해한 것으로 볼 것인가의 문제가 있다. 현행 「저작권법」에 따르면 타인이 저작권을 가지고 있는 저작물을 허락 없이 디지털화해 공유하는 경우에는 그 자체로서 복제권 침해가 될 수 있다. 그러나 타인이 적법하게 취득한 디지털 저작물을 P2P 프로그램을 이용해 공유하는 경우에는 복제권 침해가 성립할 여지는 없고 단지 전송권 침해만이 문제로 된다. 후자의 경우에 P2P 프로그램의 이용자가 타인의 저작물을 단순히 공유 폴더에 저장해둔 것만으로는 송신하거나 이용에 제공했다고는 할 수 없으므로 적어도 타인이 수신하는 것이 가능하도록 P2P 프로그램을 실행했을 때 비로소 전송권 침해가 성립한다고 할 것이다(최정열, 2003: 286).

한편 미래 인터넷 환경에서도 콘텐츠 유통과 관련하여 공정 이용의 원칙 (fair use doctrine)을 어느 정도로 보장할 것인가의 문제가 있다. 현행 「저작권법」은 저작물의 이용 목적이나 이용 형태 등에 따라 개별적으로 권리제한 규정을 두는 한정 열거주의를 채택한다. 그러나 한정 열거 방식은 첫째, 저작물의 이용이 어느 경우에도 권리 제한에 관한 개별 규정에 해당되지 않아 저작권자의 이용을 부당하게 침해하지 않더라도 형식적으로는 권리 침해에 해당해 저작물의 원활한 이용을 방해하는 경우가 있다. 둘째, 저작물 또는 콘텐츠를 둘러싼 다양한 환경 변화에 적절하고 신속하게 대응하고 저작물 또는 콘텐츠를 원활하게 이용하기 위해 개별 규정을 두거나 일부를 개정하는 것만으로는 한계가 있다. 그러므로 초연결 사회에 대비해 미리 저작권법상 권리 제한에 관한 일반 규정을 도입할 필요성이 있는지에 대한 검토가 필요하다(서계원, 2010: 169~171).

2) 과제

초연결 사회에서는 콘텐츠를 둘러싼 환경 변화가 클 것으로 전망한다(황주성 외, 2008: 128~129). 콘텐츠의 소비 유형이 '지불 - 소유' 형태에서 '가입 - 임대' 형태로 전환됨에 따라 장래에는 창의적인 콘텐츠나 그러한 콘텐츠를 제공하는 서비스가 양적으로 확대되고, 질적으로도 다양한 변화가 시도될 것이다. 예컨대 '롱테일 현상(long-tail phenomenon)'에 의해 꼬리에 있는 틈새 콘텐츠나 UCC(User Created Contents) 등과 같은 이용자 제작 콘텐츠의 제작이나 유통이 더욱 활성화될 것이다. 또한 초연결 사회에서 유통되는 콘텐츠는 유튜브나 소셜 네트워크 서비스에서 보는 바와 같이 지금보다 훨씬 더 세계화되면서 콘텐츠의 유통을 둘러싼 국가 간의 경계가 허물어질 전망이다. 그러므로 초연결 사회에서 콘텐츠의 양적·질적인 변화에 맞는 정책이나 법제도의 도입이 요구되고, 필요에 따라서는 현재 시행되는 법제도의 개정이 요구된다.

첫째, 초연결 사회에서는 콘텐츠의 원활한 제작과 유통을 보장하기 위해서 규제를 최소화하고, 가능한 한 이용자의 자유에 맡겨두어야 한다는 기본 원칙이 유지되어야 한다. 왜냐하면 초연결 사회에서는 누구나 자신이 직접 콘텐츠를 제작할 수 있으며, 제작한 콘텐츠를 다른 사람에게 쉽게 배포할 수 있는 기술적·사회적 여건이 확보될 것이기 때문이다.[31] 따라서 콘텐츠의 제작·유통과 관련해 시장에 의한 해결을 근본 원칙으로 정하고, 시장에서 해결할 수 없는 문제에 국한해 법제도적인 대응이 필요하다. 다만, 국가나 지역 간 서로 다른 법률과 규제로 인해 콘텐츠의 자유로운 이동이나 유통이 방해될 가능성이 큰 경우에는 콘텐츠의 보호나 유통을 통일적으로 규율하는 국제적 규범을 마련할 필요가 있다.

둘째, 초연결 사회에서는 콘텐츠의 보호뿐만 아니라 콘텐츠의 제작과 유통도 필요하기 때문에 공정 이용의 원칙이 유지되어야 한다. 물론 공정 이용의 원칙을 확대 적용하는 경우에 콘텐츠 제작자 등 권리자의 권리가 제약될 우려가 있는 반면, 이를 축소해 적용하면 콘텐츠의 원활한 이용이 저해되는 결과를 초래할 위험이 있다. 특히 초연결 사회에서 콘텐츠의 유통은 콘텐츠의 공유뿐만 아니라 서로 다른 플랫폼 간 교차 이용, 시공간 이동 이용 등 '멀티 플랫폼밍(multi-platforming) 이용 행태를 띨 것이다. 이 경우 '콘

---

31 프로슈머가 콘텐츠의 제작·공급에 참여하는 유형을 구분하면 다음과 같다.

구분	아마추어	프로페셔널
상업적 거래	능동적 프로슈머 (싸이언 프로슈머)	프로페셔널 프로슈머 (CCC, SCC 제작)
비상업적 거래	수동적 프로슈머 (UCC 제작)	중간적 프로슈머 (PCC, RCC, LCC 제작)

자료: 김민중(2011: 75).

텐츠의 공정 이용권 보장'이 문제되므로 저작물이나 콘텐츠에 대한 권리를 제한하는 일반 규정의 도입을 고려할 필요가 있다.

셋째, 초연결 사회에서는 공용 콘텐츠 확보가 중요한 이슈가 될 것이다. 초연결 사회에서는 콘텐츠의 초대량 생산, 초대량 유통, 초대량 소비가 일어날 것이므로 어디에 어떤 콘텐츠가 있는지, 누구에게 어떤 권리가 있는지, 그리고 그러한 콘텐츠에 관해 어떤 법적 보호가 인정되는지를 미리 확인하기가 곤란하며, 제작자 또는 권리자도 콘텐츠의 이용 방식을 통제하기가 쉽지 않다. 특히 초연결 사회에서는 언제 어디서나 누구든지 어떤 서비스인가를 묻지 아니하고 개인의 특성이나 상황에 맞는 최적의 서비스를 끊임없이 제공받을 수 있을 것이다. 그러므로 초연결 사회에서는 콘텐츠를 너무 규제해서는 안 되며, 규제보다는 원활한 이용의 증진에 초점을 맞추어 다양하고 창의적인 콘텐츠가 제작될 수 있도록 공용 도메인(public domain)에 대한 법적 보호·육성 정책이 필요할 것이다. 즉 초연결 사회에서는 콘텐츠의 이동성이나 글로벌성 등으로 인해 이용자가 일정한 한도에서 자유로이 복제 또는 변경해 사용할 수 있는 공용 콘텐츠를 확보할 필요가 있다. 이러한 측면에서 공용 콘텐츠는 콘텐츠 정책의 핵심에서 다소 벗어나 있었으나 향후 그 중요성이 증대됨에 따라 정부의 역할이 더욱 강화될 필요가 있다.[32] 이 경우 민간에 의한 공용 콘텐츠 이용 활성화를 촉진하는 방안이 무엇보다도 중요한 정책 과제가 될 것이다.

---

32 대표적인 공용 도메인으로는 위키피디아(Wikipedia), 오픈코스웨어(Open Course Ware), 학술 기관 리포지토리(Registry of Open Access Repositories)를 들 수 있다.

4. 서비스 중심 인터넷: 소비자 보호 문제

인터넷은 초연결 사회를 구축하는 데 필요한 정보, 서비스, 네트워킹을 제공하는 기반 구조이다. 이러한 기반 구조는 웹 1.0의 특징인 정보의 '배분'에서 웹 2.0의 특징인 '참여'와 '공유'로 그리고 웹 3.0의 특징인 '협업'으로 급속하게 진화하면서 기술적인 구성 방식뿐만 아니라 법률과 제도에서도 많은 문제를 제기한다[Tselentis, et al.(eds.), 2009: 9]. 특히 웹 1.0에서 웹 2.0[33]으로 진화한 인터넷은 이용자 중심 인터넷을 형성하면서 이용자는 웹을 통해 콘텐츠 생산자의 역할을 수행하는 한편, 서비스의 생성과 관리를 통제할 수 있게 된다. 이러한 측면에서 미래 인터넷은 서비스 중심 인터넷으로 기능하며, 단말기보다 이용자가 주된 요소이다. 즉 미래 인터넷은 이용자가 경험할 수 있는 서비스를 제공하고 모든 이용자가 이용할 수 있는 콘텐츠를 제공하기 위한 보편적 접근 가능성을 가지며, 이용자의 경험을 최적화하기 위해 네트워크가 일정한 지능을 가질 것이 요구된다. 여기서 이용자의 경험과 최적의 서비스는 네트워크, 서버, 서비스, 컴퓨팅, 자원, 사물, 프로세스, 정보, 콘텐츠 등 다양한 요소(entity)를 발견, 생성, 조작, 통합, 공유, 전달하는 방식으로 제공된다. 결국 미래 인터넷은 이용자의 욕구가 잘 반영되고 이를 가장 효율적으로 충족시킬 수 있는 최적의 경험을 제공해야 하며, 이용자가 주어진 자원을 가장 효율적으로 사용할 수 있게 해야 할 뿐만 아니라 적절한 수준의 신뢰와 프라이버시도 보장해야 한다.[34]

---

33 웹2.0은 특정한 기술을 지칭하는 것이 아니라 이용자들의 참여와 공유, 그리고 개방형 서비스라는 특징으로 대변되는 트렌드를 의미한다.

34 DG INFSO Task Force, "Draft Report of the Task Force on Interdisciplinary Research Activities applicable to the Future Internet"(2009) 참조.

1) 법제 현황

인터넷 서비스란 인터넷을 기반으로 이용자의 편익을 도모하기 위해 제공되는 모든 서비스라고 할 수 있다. 예컨대 전자우편, 원격 컴퓨터 연결, 파일 전송, 유즈넷(Usenet) 뉴스, 인터넷 정보 검색, 인터넷 채팅, 전자 게시판, 온라인 게임 등 인터넷을 기반으로 제공되는 서비스를 말한다.[35] 오늘날 소비자는 자신의 경제행위를 자유롭고 이성적으로 결정할 수 있는 인간, 이른바 '경제적 인간(homo economics)'으로 기능적인 경쟁과 자유로운 상행위(商行爲)를 통해 최적의 상품 공급과 배분을 보장하는 시장경제의 패러다임을 전제로 한다(정진명, 2009: 520 이하). 여기서 소비자는 사업자와의 관계에서 정보의 수집과 처리 측면에서 상품이나 서비스에 대한 충분한 정보를 가지고 있지 못하고, 거래 교섭의 측면에서 사업자와 대등한 정도의 조건·환경에 대한 교섭력이 없으며, 선택과 판단력의 측면에서 충분히 합리적으로 행동하지 못하고, 손해 처리의 측면에서 회복이 곤란한 손해를 입을 가능성이 높아 법적 보호가 필요하다. 그러나 초연결 사회에서 소비자는 '소비', '참여', '관계', '공유' 등의 행위를 중심으로 활동하므로 이에 대한 재고를 요한다.[36] 즉 '소비'는 기존의 경제행위를 기반으로 생산자 또는 공급자

---

[35] 현행법에서는 '인터넷 서비스'라는 용어보다 「정보통신망법」상의 '정보통신 서비스'라는 용어를 주로 사용한다. 그러나 정보통신 서비스는 기간통신역무, 부가통신역무, 정보 제공 및 정보 제공매개를 포괄하는 서비스를 포괄하는 개념이므로 인터넷 서비스와 차이가 있다. 예컨대 전통적인 정보통신 서비스에 포함되는 '전송역무', '주파수를 제공받아 제공하는 역무', '전기통신설비 임대의무'를 인터넷 서비스라고 부르는 것은 적합하지 않다.

[36] 인터넷 서비스는 서비스 종류에 따라 달리 규정되며, 이에 속하는 것으로는 「온라인디지털콘텐츠산업발전법」, 「게임산업진흥에 관한 법률」, 「음악산업진흥에 관한 법률」, 「영화 및 비디오물 진흥에 관한 법률」, 「이러닝산업발전법」, 「표시·광고의 공정화에 관한 법률」, 「소프트웨어산업진흥법」, 「전자무역촉진에 관한 법률」, 「물류정책기본법」, 「전자서명법」, 「인터넷주소자원에 관한 법률」, 「정보통신기반보호법」

와 소비자의 양자적 관계로 보아 「전자문서 및 전자거래기본법」을 비롯한 「전자상거래소비자보호법」 등의 보호 규정이 적용된다. 그러나 '참여'는 경제행위가 아닌 인터넷의 단순 이용으로 인해 발생하는 이용자 문제로서 공급자와 이용자, 이용자와 이용자의 관계가 발생하므로 소비자 보호 규정을 적용하기에 한계가 있다. '관계'는 적극적으로 인터넷을 이용하는 이용자는 아니지만 인터넷으로 인해 피해를 입을 우려가 있는 잠재적 이용자로서 공급자와 이용자 그리고 이용자의 다자간 관계가 발생하므로 이러한 잠재적 이용자를 보호할 필요성이 대두된다. 그리고 '공유'는 인터넷의 개인적 사용을 의미하며, 이는 사적 친밀권을 기반으로 하므로 초연결 사회에 적합한 법적 변화를 요구한다.

2) 과제

초연결 사회에서는 다양한 차원의 콘텐츠와 서비스의 융합이 이루어지고, 이에 따라 소비자의 역할도 더욱 다양화되고 복잡화될 것으로 예측된다. 그러므로 초연결 사회에서는 소비자의 역할을 규명하고, 각각의 역할을 수행하는 데 보장되어야 할 소비자의 권리와 소비자가 지켜야 할 의무에 대한 고찰이 요구된다.

첫째, 인터넷의 발전이 소비자의 역할에 가져온 가장 큰 변화는 소비자가 단순히 제공되는 서비스와 콘텐츠를 소비하는 수동적인 역할에서 벗어나 가치를 공동으로 창출하는 생산자(prosumer) 또는 가치 창조자(value-creator)로서의 역할을 수행하는 것이다(구혜경·나종연, 2012: 195). 즉 콘텐츠 중심 인터넷에서는 다양한 멀티미디어 콘텐츠가 운영되고, 이용자는 한편으로 콘텐츠의 소비자로서, 다른 한편으로 콘텐츠의 생산자로서의 역할을 한다

에서 개별적인 인터넷 서비스에 대한 사항을 정한다.

(Baladron, et al., 2009: 218). 이 경우 소비자는 인터넷에서 제공되는 서비스나 콘텐츠의 가치를 높이기 위해 새로운 서비스나 콘텐츠의 개발에 참여하는데 소비자의 가치 창출의 동기가 이윤의 추구인 경우에는 창출되는 이윤의 분배와 소유권, 지적재산권 등이 문제된다. 이에 반해 참여의 동기가 영리의 추구가 아닌 경우에는 사업자가 저작권이나 지적재산권의 침해를 이유로 소비자의 참여를 규제하는 것은 타당하지 않다. 여기서 소비자의 참여는 혁신의 시작이라는 점에서 장려할 만하지만 소비자의 참여로 인해 서비스나 콘텐츠의 개발이 개발자가 원래 의도하지 않았거나, 예측하지 못한 방향으로 진행된다면 문제가 될 수 있다. 그러나 이러한 이유로 사업자에게 규제의 권한을 지나치게 유리하게 제공할 경우에는 혁신을 저해하는 병목현상(bottleneck)을 가져올 수 있으며, 동시에 사업자가 자의적으로 특정 참여자를 배제하는 근거가 될 수 있다. 따라서 초연결 사회에서는 서비스와 콘텐츠의 가치를 높이기 위해 소비자의 참여를 장려하는 동시에 사업자의 의욕과 투자를 저해하지 않는 적정한 균형점에 대한 법 정책적 논의가 필요하다.[37]

둘째, 초연결 사회에서 공공 서비스로서의 미래 인터넷과 관련된 소비자 이슈로는 미래 인터넷에 대한 소비자 접근권을 어떻게 보장할 것인가의 문제이다. 미래 인터넷에 대한 소비자 접근권이 보장된다는 것은, 첫째로 누구나 합리적이고 차별적이지 않으며 일상을 방해받지 않는 범위 내에서 어떤 단말기를 통해서든 네트워크에 접속할 수 있어야 하고(access to network),

---

[37] 초연결 사회에서도 필요에 따라서는 규제 당국의 개입이 필요하지만 그 방식은 전통적 규제 방식보다 훨씬 유연성을 가져야 한다. 예컨대 미래 인터넷을 위한 경쟁 정책을 수립하고 집행할 경우에는, ① 시장을 창출하는 규제(Enabling Regulation), ② 최소한의 규제(Minimum Level of Regulation), ③ 상황에 민감한 규제, ④ 국제적 조화(International Harmonization)의 법 원리를 들 수 있을 것이다.

둘째로 소비자가 접속한 네트워크에서 공공의 서비스와 콘텐츠를 획득할 수 있어야 하며(access to content), 셋째로 인터넷에서의 참여에 배제되지 않아야 한다(access to forum)는 것을 의미한다(Baladron et al., 2009: 230). 따라서 초연결 사회에서 공공의 서비스와 콘텐츠를 획득하고 이를 공유하는 중요한 수단으로서 미래 인터넷에 대한 보편적인 접근 가능성(universal accessibility)을 보장하는 법제도적 방안이 필요하다.

셋째, 미래 인터넷이 소비자 지향적인 인터넷이 되기 위해서는 소비자의 선택권이 보장되어야 한다. 초연결 사회에서 소비자의 선택권이 보장된다는 것은 모든 이용자가 자신의 선택에 따라 콘텐츠를 접속하고 자신이 선택한 애플리케이션을 작동할 수 있는 권리가 보장된다는 것을 의미한다. 이는 궁극적으로 미래 인터넷을 통해 어떤 서비스를 이용하고, 어떤 사람들과 관계를 맺으며, 어떠한 사이트와 콘텐츠에 접근할 것인가에 대한 결정권을 소비자가 가져야 한다는 것을 의미한다. 그러므로 미래 인터넷에서 소비자의 선택권이 강화되기 위해서는 기본적인 플랫폼들의 개방성이 강조되어야 한다. 특히 플랫폼의 표준화와 상호 호환성이 강조된 기술의 개발이 이루어지면 소비자들은 특정 단말기나 네트워크에 구속되지 않을 수 있게 되어 특정 이해관계자에 의해 통제되는 힘의 쏠림 현상을 막을 수 있다. 즉 초연결 사회에서 소비자는 사업자에게 표준화된 기술 개발을 요구하고, 디지털 소비자의 권리로서 상호운용성(interoperability)을 적극적으로 요구할 수 있는 법제도적 방안이 필요하다.

5. 정보 중심 인터넷: 사물지능통신 서비스의 문제

현재 인터넷이 다양한 애플리케이션을 지원한다고 할지라도 대단위 애플리케이션 사이에는 일부 기능적인 장벽이 존재한다. 그러므로 미래 인터넷은 통상적인 서비스 요소의 유연한 설정·검색·이용을 지원하는 네트워크 환경을 설계할 것이 요구된다(Baladron et al., 2009: 231). 여기서 유연성은 사물 위치의 탐지와 서비스 요소의 호출이며, 서비스 요소의 적시(just-in-time) 제공은 네트워크 서비스의 최적화와 신속한 혁신을 지원한다. 특히 초연결 사회에서 서비스나 콘텐츠의 트래픽 증가는 P2P 애플리케이션 또는 콘텐츠 배포 네트워크(Content Distribution Network: CDN)에 의해 해결하며, 이러한 정보 중심 인터넷은 호스트 중심 인터넷에 대한 근본적인 패러다임의 변화를 가져온다(Kostopoulos et al., 2009: 7). 그리고 사물인터넷으로서의 미래 인터넷은 이용자 식별, 위치 정보, 센싱 데이터 등의 상황 인지 정보를 활용해 이용자에게 실시간(real-time) 당해 시점과 장소에 대한 다양한 최적의 서비스를 제공할 것이다.

1) 법제 현황

미래 인터넷은 인간, 사물, 환경 등 모든 사물이 네트워킹 되어 언제 어디서나 다양한 단말기로 관련 정보를 이용할 수 있는 플랫폼으로서 그 중심에는 사물지능통신(Object to Object Intelligent Network: O2N)[38]이 있다. 이는 방송, 통신, 인터넷 등 개별 미디어를 기반으로 한 인간 중심(P-Self: People-Self, P2P: People to People)의 정보수집 방법에서 이들을 융합해 인간 대 사물(People to Machine: P2M), 사물 대 사물(Machine to Machine: M2M)의 정보

---

38 사물인터넷이라는 용어는 1998년 P&G의 켈빈 애스턴(Kelvin Aston)이 사용했으며, 현재 사물지능통신은 "방송통신망을 이용해 사람이나 지능화된 기기에게 사물정보를 제공하거나, 사람이나 지능화된 기기가 사물의 상태를 제어하기 위한 통신을 의미한다"고 하거나(남동규, 2010: 39), 사물지능정보통신은 "사물정보지능통신기반을 통한 사물정보의 수집·가공·저장·검색·송신·수신 및 활용, 사물의 관리 또는 제어 등 사물과 사물 또는 사람과 사람 사이의 통신을 말한다"고 한다(방송통신위원회, 2010: 13).

를 확인할 수 있는 제반 솔루션으로서 미래 인터넷 서비스 모델이다. 이와 같이 미래 인터넷은 방송, 통신, 인터넷 등 다양한 개별 미디어를 융합한 새로운 서비스[39]로서 개별 미디어나 네트워크 구축을 규정한 개별 법률[40]들은 이미 존재하지만 이를 규율할 수 있는 법제는 아직 마련되어 있지 않다.[41] 또한 현재 인터넷에서 제공되는 사물지능통신 서비스는 주로 물류 추적 서비스, 공공 서비스, 원격 검침 서비스와 같은 B2B(Business to Business) 형태로 형성되어 있지만 장차 미래 인터넷에서는 헬스 케어 서비스, 차량 지능화 서비스, 스마트 안심 서비스와 같은 B2C(Business to Customer) 형태와 개인 맞춤 서비스, 지식 통신 서비스, 실감 지능 서비스와 같은 C2C(Customer to Customer) 형태로 발전할 것이다. 이 경우 사물지능통신 서비스에 대해서는 사생활 침해, 정보 보안 등에 대한 관련 법제의 정비가 필요할 것이다.

---

39 「인터넷 멀티미디어 방송사업법」 제2조 제1호는 "인터넷 멀티미디어 방송"이란 광대역통합정보통신망 등(자가 소유 또는 임차 여부를 불문하고, 「전파법」 제10조 제1항 제1호에 따라 기간통신사업을 영위하기 위해 할당받은 주파수를 이용하는 서비스에 사용되는 전기통신회선설비는 제외한다)을 이용해 양방향성을 가진 인터넷 프로토콜 방식으로 일정한 서비스 품질이 보장되는 가운데 텔레비전 수상기 등을 통해 이용자에게 실시간 방송 프로그램을 포함해 데이터·영상·음성·음향 및 전자상거래 등의 콘텐츠를 복합적으로 제공하는 방송을 말한다.

40 사물지능통신 기반 구축 및 사물정보 이용활성화와 관련된 법률로는 「정보통신망 이용촉진 및 정보보호 등에 관한 법률」, 「전기통신기본법」, 「전기통신사업법」, 「전파법」, 「위치정보의 보호 및 이용 등에 관한 법률」, 「인터넷멀티미디어방송사업법」, 「인터넷주소자원에 관한 법률」, 「국가공간정보에 관한 법률」, 「공간정보산업진흥법」, 「도시 및 주거환경정비법」, 「유비쿼터스도시의 건설 등에 관한 법률」, 「국가정보화기본법」, 「전기사업법」 등이 있다.

41 사물지능통신 법제도에 대해서는 한국정보화진흥원(2010: 1 이하); 최경진(2012: 223 이하) 참조.

2) 과제

초연결 사회의 기반인 사물지능통신은 정보의 수집과 활용 관계를 사람 대 사람에서 사람 대 사물, 사물 대 사물로 변화시킨다. 그러므로 초연결 사회에서는 다음과 같은 법적 과제가 예상된다.

첫째, 방송통신 패러다임의 변화가 필요하다. 현재 인터넷에서는 정보의 수집과 활용이 사람 중심의 통신을 기반으로 기술이 개발되고 서비스가 제공되어왔지만 초연결 사회에서는 방송, 통신, 인터넷 등 개별 미디어의 융합을 기반으로 사람 중심에서 사람 대 사물, 사물 대 사물까지 그 영역이 확장되고 있으며, 이를 이용한 다양한 능동적, 지능형 융합 서비스가 출현하고 있다. 여기서 사업자는 이용자의 요구 사항에 부합하는 새로운 융합 서비스를 개발할 것이 예상되는 반면, 이러한 융합 서비스를 오용하거나 남용할 위험성도 있다. 그러므로 모든 융합 서비스에 대해서는 오용·남용의 여지가 있는지에 대한 심의가 필요하며, 이를 위해 심의기구를 설치하고 정보가 수집되고 활용되는 주체에 따라 공공 부문과 민간 부문으로 구분해 규율 대상을 설정해야 할 것이다. 또한 미래 인터넷은 방송, 유·무선통신, 사물지능통신과 같은 매체가 통합되어 융합 서비스를 창출하므로 매체의 표준화와 상호 호환성 확보가 필요하다. 특히 폐쇄적인 서비스 개발은 이용자의 외면을 초래할 뿐만 아니라 중복 투자로 인해 효율성이 저하되므로 공통의 플랫폼을 제공하고, 통합 모니터링과 관리 체계의 구축이 필요하다.

둘째, 미래 인터넷은 통신과 사물인터넷 기술을 결합해 사람의 상태 정보, 위치 정보, 원격지 사물 등을 확인하고 원격으로 제어할 수 있기 때문에 통신망의 안정성, 데이터의 신뢰성, 서비스의 기밀성·무결성, 정보의 보호·보안이 중요하다. 이를 위해 미래 인터넷 서비스에 대한 인증 체계의 구축이 필요하다. 즉 단말기와 서버 사이에 인증 절차를 마련하고, 전송되는 데이터에 대해서는 암호화를 추진하며, 네트워크 운영에는 보완 규정을 마련

〈표 8-3〉 인터넷 종류별 법적 이슈와 과제

인터넷 종류	이용자 중심 인터넷	네트워크 중심 인터넷	콘텐츠 중심 인터넷	서비스 중심 인터넷	정보 중심 인터넷
법적 이슈	프라이버시	보안	콘텐츠와 유통	소비자 보호	사물지능통신 서비스
법적 과제	소극적 프라이버시 보호에서 적극적 프라이버시 보호로 패러다임 전환	국가 차원의 종합적인 법률 체계 구축	시장에 의한 해결 원칙, 예외적인 경우 법적 규율	소비자의 참여 장려와 사업자의 이익과 균형 유지	융합 서비스에 대한 오·남용 방지, 통합 모니터링과 관리 체계 구축
	민간 부분의 자율적인 집행 수단 고려	사업자와 이용자의 역할과 책임 조정	콘텐츠의 공정 이용 보장	서비스와 콘텐츠에 대한 보편적인 접근권 보장	인증 체계 구축, 암호화 추진, 보안 규정 마련
	가상 신분을 통한 관리 체계 구축	신분 관리 시스템을 통한 보안 구현	공용 콘텐츠 확보	소비자의 선택권 보장	인터넷 서비스의 사회적 영향력·기능·책임에 따른 법제 정비

해 미래 인터넷 서비스 제공에서 나타나는 침해를 방지해야 한다.

셋째, 미래 인터넷은 이용자 제작 콘텐츠, 소셜 네트워크 서비스 등 이용자 참여형 서비스와 오픈 앱(open API), 오픈 캐스트(open cast) 등 개인의 취향에 적합한 맞춤형 서비스 등 현재 인터넷을 기반으로 이루어지는 모든 서비스뿐만 아니라 미래 인터넷을 기반으로 하여 새롭게 출현할 수 있는 서비스를 포괄해야 하므로 기존의 서비스별 구분 방법에 따른 규율 체계는 한계가 있다. 그러므로 미래 인터넷 서비스는 개별적인 인터넷 서비스의 사회적 영향력·기능·책임에 따라 새로이 구분하고, 그 바탕 위에서 미래 인터넷 서비스 법제를 준비해야 할 것이다.

제4절 맺음말

초연결 사회의 기반인 미래 인터넷은 현재 인터넷이 가지는 구조적 한계에 대한 단순한 보완이나 수정이 아닐 뿐만 아니라 현재 인터넷의 단순한 진화도 아니라는 사실은 분명하다. 미래 인터넷은 새로운 구성 방식과 인터페이스, 데이터 관리 방식, 단말기, 센서, 서비스, 사물, 사람 등 모든 실체를 통합하는 새로운 방식의 인터넷으로서 일종의 인터넷 패러다임의 변화라고 할 수 있다. 그러므로 미래 인터넷에서 제기되는 이슈는 전혀 새로운 방식의 기술적 문제일 뿐만 아니라 사회적·문화적으로도 새로운 문제를 만들어낼 것이다. 이와 관련해 초연결 사회에서 제기될 것으로 예상되는 법적 이슈로는 프라이버시, 정보 보안, 콘텐츠 보호와 육성, 소비자 보호, 사물지능통신 등을 들 수 있다. 그러나 이러한 문제들은 현행 법제로 규율하기에 한계가 있으므로 법제도적 개선 방안이 요청된다. 하나는 기존의 법규들을 '초연결 사회'의 기반 구축이라는 목적에 부합하도록 개정하는 방안이고, 다른 하나는 '초연결 사회'의 특수성을 포함하는 새로운 법률을 제정하는 방안이다. 전자는 기존의 법률 체계와 법 개념을 바탕으로 하기 때문에 개정에 대한 사회적·법적 장애가 적은 반면, 개정된 규정들이 초연결 사회의 법적 이슈들을 효율적으로 규율할 수 있을지 의문이다. 이에 대해 후자는 이미 기술적·사회적으로 나타나고 있는 초연결 사회의 이슈들을 효율적으로 규율할 수 있는 반면, 기존의 법규와 조화를 이루며 새로운 환경에 적합한 법률을 제정하는 것이 쉽지 않다. 초연결 사회는 완성된 실체가 아니라 현재 진행 중인 사회 변화의 한 모습이고, 그 밑그림이 드러나면 드러날수록 더욱 구체적인 법적·제도적 이슈도 명확해질 것이므로 현재로서는 새로운 법률의 제정보다 개별적으로 제기되는 법적 이슈에 대한 대응 방안이 타당할 것이다.

초연결 사회의 법제는 단순히 인터넷 서비스에 한정된 문제뿐만 아니라 방송통신 융합 환경, 정보통신망의 발전 방향, 인터넷 서비스 개별 법제의 개정 방향에 대한 종합적인 고려와 미래 인터넷 자체의 기능과 책임에 대한 사회적 중요성을 종합적으로 고려해야 한다. 특히 미래 인터넷은 사회, 경제 그리고 디지털 라이프를 위한 다양한 애플리케이션을 지원하기 위해서 계속 진화할 것이다. 이를 위해 미래 인터넷은 현재 인터넷보다 뛰어난 보안성·안정성·이동성·관리성·개방성을 지닐 것이므로 초연결 사회의 법제는 미래 인터넷의 특성과 모습을 고려해 법 개념화와 규율 체계 마련에 노력해야 할 것이다.

미래 인터넷은 다양한 플랫폼과 다른 영역을 넘나드는 융합적인 특성을 갖는다는 점에서 기존의 수직적 접근에서 벗어나 정부, 기업, 민간 등 다양한 영역의 유기적인 협조와 다양한 정부 부처 간의 협력 방안을 고려한 수평적 접근이 필요하다. 현재 인터넷은 중앙 집중적 배분 체계를 가지고 있지만 미래 인터넷은 분산적인 참여와 공유, 나아가 협업을 지향하기 때문에 초연결 사회에서는 미래 인터넷의 기술적 특성과 그러한 기술이 사회에서 실현되는 과정에서 법적 문제가 나타날 것으로 예상된다. 그러므로 초연결 사회에 대한 접근 방법은 법적·제도적 접근, 기술적 접근, 시장적 접근, 그리고 사회적 접근이 균형을 이루는 통합적 접근 방법이 요구된다고 할 것이다.

참고문헌

구혜경·나종연. 2012. 「소비자 - 기업 가치공동창출활동의 개념화 및 척도개발에 관한 연구」. ≪소비자학연구≫, 제23권 제1호.

김민중. 2011. 「미래 인터넷에서 콘텐츠의 보호와 관련한 이슈에 대한 검토」. ≪법학연구≫, 제32집.

김성수·홍원기·최미정. 2009. 「미래 인터넷의 연구동향과 관리 방안 연구」. ≪OSIA Standards & Technology Review≫, Vol. 37, No. 4.

김의중. 2008. 「IT 6 Mega Trend: Green IT & Cloud Computing」. 삼성 SDS정보기술연구소.

김종권. 2010. 「미래 인터넷 연구동향」. ≪정보과학회지≫, Vol. 28, No. 1.

김현중. 2012. 「초연결 시대로의 변화와 대응 방향」. 정보통신산업진흥원.

남동규. 2010. 「사물지능통신의 의미와 활용 분야」. ≪통신연합≫, Vol. 52.

방송통신위원회. 2010. 「사물지능통신 활성화를 위한 법·제도 연구」. 방송통신정책연구.

백은경 외. 2009. 「미래 인터넷에서의 서비스 제공」. ≪OSIA Standards & Technology Review≫, Vol. 37, No. 4.

변성혁. 2009. 「미래 인터넷 아키텍처 연구동향」. ≪전자통신동향분석≫, 제24권 제3호.

서계원. 2010. 「공정이용 법리(fair use)의 국내법 편입에 대한 실증적 연구」. ≪법학연구≫, Vol. 51, No. 4.

서동일·장종수·조현숙. 2009. 「미래 인터넷 정보보호 요구사항」. ≪한국 인터넷 정보학회≫, 제10권 제4호.

신명기. 2007. 「미래 인터넷 기술 및 표준화 동향」. ≪전자통신동향분석≫, 제22권 제6호.

심동욱·주용환. 2006. 「이용자 보호를 위한 인터넷 안전장치 제도화」. ≪Internet Issue Report≫. 한국인터넷진흥원.

이인호. 2007. 「개인정보의 보호현황과 입법과제」. 『인터넷과 법』. 한국법제연구원.

이창범. 2007. 「인터넷 보안과 입법과제」. 『인터넷과 법』. 한국법제연구원.

정진명. 2012. 「미래 인터넷 법제의 전망과 과제」. ≪법학논총≫, 제36권 제1호.

_____. 2009. 「미디어서비스에 대한 소비자법리의 적용과 그 한계」. ≪법학논총≫, 제33권 제1호.

_____. 2007. 「UCC의 보안과 인증」. ≪정보법학≫, 제11권 제1호.

최경진. 2012. 「사물지능통신의 입법론적 고찰」. ≪경원법학≫, 제4권 제3호.

최정열. 2003. 「인터넷상의 디지털 정보에 관한 권리 보호: 데이터베이스의 보호를 포함하여」. ≪재판자료≫, 제99집.

_____. 1999. 「인터넷 시대의 프라이버시」. ≪시민과 변호사≫, 제66호.

한국정보화진흥원. 2013. 『2013 국가정보화백서』.

_____. 2010. 「사물지능통신에 대한 법제도적 고찰」.

_____. 2009. 「미래 인터넷 추진 동향 및 시사점」, ≪미래이슈≫, 2009-01.

황주성 외. 2008. 「방통융합에 따른 콘텐츠 패러다임의 변화와 미래 소비자정책이슈」. ≪정보통신정책연구≫, Vol. 15, No. 3.

Baladron, C. et al. 2009. "User-centric Future Internet and Telecommunication Services." G. Tselentis et al.(eds.). Towards the Future Internet.

Clark, D. 2007. "Contemplating a future internet." Internet Innovation Workshop (http://clif.ucdavis.edu/internet_futures/workshop.html).

EIFFEL. 2009. Towards the Future Internet: A European Research Perspective. IOS Press BV.

Feldmann, A. 2007. "Internet Clean-State Design: What an Why?" ACM SIGCOMM Computer Communication Review. Vol. 37, No. 3.

Kostopoulos, A. 2009. "A Tussle Analysis for Information-Centric Networking Architectures." in G. Tselentis et al.(eds.). Towards the Future Internet.

Papadimitriou, Dimitri et al.(eds.). 2009. Future Internet.

Sorge, C. and J. Girao and A. Sarma. 2009. "Privacy-enabled identity management in the Future Internet." in G. Tselentis et al.(eds.). Towards the Future Internet.

Tselentis, Georgios et al.(eds.). 2009. Towards the Future Internet: A European Research Perspective. IOS Press.

Zahariadis, T. et al. 2010. "Towards a Content-Centric Internet." in G. Tselentis et al.(eds.). Towards the Future Internet.

제9장

초연결 사회의 구현 사례

최민석

제1절 초연결 도시(스마트 시티) 조성 사례

2013년 5월 기준으로, 전 세계에서 초연결 도시로 업그레이드되고 있는 곳[1]은 100여 개다(GSMA, 2013). 프로젝트 차원에서는 2013년 11월 말 기준으로, 전 세계적으로 2,124개의 스마트 시티 프로젝트가 진행 중인 것으로 파악된다.[2]

세계이동통신사업자협회는 영국 셰필드대학교와 공동으로 개발한 스마트 시티 지수를 통해 현재 10개 도시를 스마트 시티로 선정했다. 이 지수는 총 31개 측정 지표를 통해 모바일 기술을 활용한 스마트 시티의 경제적·사회적·인프라 차원의 효과를 측정하고자 했다. 이런 측정 지표를 이용해서 스페인의 바르셀로나와 네덜란드의 암스테르담, 핀란드의 헬싱키, 독일의 베를린, 아랍에미리트의 두바이, 싱가포르, 홍콩, 상하이, 대한민국의 서

---

1 여기에는 IBM의 스마터 시티(Smarter Cities) 프로젝트와 시스코의 S + CC(Smart + Connected Communities)등의 프로젝트가 포함된다.
2 http://gsmworld.com/connectedliving/tracker/

〈그림 9-1〉 전 세계 스마트 시티 프로젝트

자료: GSMA(2013).

울, 미국의 뉴욕과 샌프란시스코를 세계 10대 모바일 스마트 시티로 선정
했다.[3]

31개의 측정 지표는 대체로 0~1 사이의 값을 가진다. 한편, 세계이동통
신사업자협회는 NFC POS(Points of Sale) 단말 수와 도시 행정에 모바일 앱
을 통한 피드백 제공 가능 유무, 도시에서 만들어 제공하는 앱 수, 도시 안
전을 위한 실시간 감시 카메라 시스템 존재 유무, 오픈 데이터 정책 이행 수
준, 광대역 모바일(3G와 LTE) 보급률을 6대 주요 측정 지표로 제시한다. 예
를 들면, 싱가포르는 스마트폰 보급률이 70%이고 오픈 데이터 정책 이행
정도에서 만점인 1.00을 받았으며 모바일 앱 수 0.96, 시민들이 앱을 이용
해서 도시 행정에 피드백을 제공할 수 있는 등 우수한 것으로 평가받았다.
그러나 감시 카메라 시스템과 광대역 모바일 보급률은 각각 0.60과 0.25로

---

3 http://smartcitiesindex.gsma.com/smart-cities/

〈표 9-1〉 스마트 시티 관점에서의 서울, 샌프란시스코, 암스테르담의 비교

구분	서울	샌프란시스코	암스테르담
면적(km^2)	605.4	600.6	219.4
인구(명)	10,528,774	3,273,190	1,209,419
가구 수	4,192,752	780,971	약 400,000
GUC(세계 순위)	9	6	27
GCI(세계 순위)	8	17	26
ICS(세계 순위)	28	2	6
유선 초고속 인터넷 보급률(%)*	36	27.3	38.5
초고속 인터넷 보급 가정 비율(%)*	97.5	68.2	79.5

주 1: GUC(Global Urban Competitiveness, 글로벌 도시 경쟁력), GCI(Global Cities Index, 글로벌 도시 지수), ICS(Innovation Cities Survey, 혁신 도시 조사).
주 2: *는 국가 비교를 의미함.
자료: Lee and Hancock(2012).

낮게 평가받았다. 미국의 샌프란시스코는 싱가포르와 마찬가지로 스마트 폰 보급률이 70%였다. 광대역 모바일 보급률과 NFC POS 단말 개수는 각각 0.86과 0.80으로 높았다. 반면에 오픈 데이터 정책 이행 정도와 도시 제공 앱 수, 그리고 카메라 감시 시스템이 각각 0.12와 0.18, 0.19로 낮았다. 스페인의 바르셀로나는 스마트폰 보급률이 74.4%였다. 바르셀로나는 NFC POS(0.96)와 카메라 감시 시스템(0.92)에서 강점이 있었으며, 모바일 앱 수(0.38)와 오픈 데이터 정책 이행(< 0.10)에 약점이 있었다. 한편, 스마트폰 보급률이 75%인 서울은 모든 분야에서 0.6과 0.7대 점수를 얻었다.

대표적인 기후 변화 대응 전략가인 보이드 코헨(Boyd Cohen)에 따르면, 여러 도시 중에서 10대 스마트 시티[4]로 오스트리아의 비엔나를 비롯해서

---

4   혁신도시(innovation city), 지역적 친환경 도시(regional green city), 삶의 질(quality of life), 디지털 거버넌스(digital governance)의 네 가지를 기준으로 평가한다.

캐나다의 토론토, 프랑스의 파리, 미국의 뉴욕, 영국의 런던, 일본의 도쿄, 독일의 베를린, 덴마크의 코펜하겐, 스페인의 바르셀로나, 홍콩을 선정했다 (Cohen, 2012).

한편, 서울과 샌프란시스코, 그리고 암스테르담의 인프라를 비교한 결과는 〈표 9-1〉과 같다. 서울의 경우, 두 도시에 비해 혁신성에서는 뒤처지지만, 정보통신 인프라에서는 앞서 있다.

1. 미국의 사례

1) 미국의 기가급 광인터넷 도시 건설

미국에서는 최초로 테네시 주의 채터누가에서 도시 주민 전체를 대상으로 최대 1Gbps(Gbps = 1,000Mbps)의 다운로드와 96Mbps의 서비스를 월 350달러에 제공했는데,[5] 최근 구글 파이버(Google Fiber)의 등장으로 그 노력이 본격화되고 있다. 구글은 기존의 인터넷 접속 서비스보다 100배 빠른 인터넷을 표방하면서 도시 단위의 인프라 업그레이드 프로젝트를 시작했다. 미국 전역에서 도시 단위로 지원을 받아 첫 대상 도시로 캔자스시티를 선정했고, 이후 텍사스 주 오스틴과 유타주 프로보도 선정되었다. 2014년 3월 현재 이 세 도시에는 이미 구글 파이버 서비스가 제공되고 있다. 그리고 9개 도시, 즉 오리건 주 포틀랜드, 캘리포니아 산호세, 애리조나 주 피닉스, 유타 주 솔트레이크시티, 텍사스 주 샌안토니오, 조지아 주 애틀랜타, 테네시 주 내시빌, 노스캐롤라이나의 샤롯과 롤리 - 더럼을 차기 서비스 제공 지역

---

5 이 서비스는 시 정부 소유의 회사인 EPB 파이버 옵틱스(Fiber Optics)와 알카텔 - 루슨트(Alcatel-Lucent)가 10만 달러를 투자해 공동으로 구성한 백본 네트워크를 통해 600제곱마일에서 이루어지고 있으며, 스마트 그리드와 연계되어 활용된다(www.brightsideofnews.com 기사 참고).

으로 선정했다.[6] 구글 파이버 외에도 루이지애나 주 라파예트에서 기가비트 서비스를 제공하는 LUS Fiber를 비롯해 다수의 사업자들이 도시 단위의 업그레이드에 적극적으로 나서고 있다(Spiker, 2013).

구글 파이버의 경우, 지하에 광케이블을 매설할 때 많은 비용이 드는 문제를 전봇대에 광케이블을 걸치는 방식으로 해결했다. 구글의 캔자스시티 서비스의 실제 다운로드 속도와 업로드 속도는 모두 900Mbps 정도 되는 것으로 확인된다.

US 이그나이트(US Ignite)는 GENI(Global Environment for Network Innovations)[7] 등의 미래 인터넷 인프라에서 활용할 수 있는 애플리케이션 개발과 적용에 좀 더 초점을 둔 정부 사업이다. 현재 테네시 주 채터누가와 오리건 주 크렘슨·포틀랜드, 오하이오 주 클리블랜드, 루이지애나 주 라파예트, 플로리다 주 레이크노나, 캘리포니아 주 샌린드로에서 도시 전체에 미래형 애플리케이션을 실제 적용하고 있다. 예를 들면, 채터누가에서는 총 17만 가구를 대상으로 스마트 미터링에 기반을 둔 스마트 그리드를 구축했고, 일명 심센터 채터누가(SIMCenter Chattanooga)에서 도시 전역에 설치한 센서로부터 수집된 정보를 실시간 시각화해 도시 현황을 파악할 수 있는 시스템을 개발 중이다.[8]

한편, 1Gbps의 구글 파이버가 처음 도입되는 캔자스시티에 위치한 캔자스 대학(University of Kansas)의 의료센터 연구소(Medical Center Research Institute Inc.)는 US 이그나이트 프로그램의 일환으로 약 30만 달러의 치매 환자 간병인 보조를 위한 실내 모니터링 기술개발 과제(In-Home Monitoring in

6   구글 파이버 웹페이지(https://fiber.google.com/cities/).
7   이는 미국 국립과학재단(NSF)에서 지원하는 미래 인터넷 테스트베드이다.
8   US 이그나이트 웹페이지(http://us-ignite.org/city-stories/).

Support of Caregivers for Patients with Dementia, 2012.10.1~2014.9.30)를 수행하고 있다. 이 외에도 US 이그나이트 과제에는 긴급 통신을 위한 네트워크 슬라이싱 기술개발 과제(Network Slicing for Emergency Communications, 약 28만 달러)와 구급차의 음향-영상 애플리케이션을 지원하기 위한 네트워크 설계 기술개발 과제(An Application-Aware, Cross-Layer Design for Audio-Visual Applications in Medical Ambulances, 약 30만 달러) 가상현실 기반의 수술 환경을 이용한 외과의 수련이 가능한 초고속 네트워크 탐색 연구 (Exploring Ultrafast Networks for Training Surgeons Using Virtual-Reality Based Environments, 2개 기관의 공동 연구, 총 30만 달러)가 있다.

2) 미국 와이파이 공공 인프라 구축 시도

미국의 로스앤젤레스 시의회는 2011년 11월 5일에 시 전역의 네트워크 인프라를 광통신[9]과 공공 와이파이 기반으로 업그레이드하는 계획을 13명 전원의 만장일치로 통과시켰다. 이 계획은 약 30억~50억 달러의 예산이 소요될 것으로 보이는데(Santos, 2011), 그중에서 공공 와이파이는 약 0.6~1억 달러가 소요될 것으로 예상한다(*LA Times*, 2011.11.8). 로스앤젤레스 시는 2007년 2월에도 같은 계획을 발표했으나 예산 부족으로 실행에 옮기지 못하고 2009년에 사업을 포기했다(DeCastro, 2013). 한편 일각에서는 이미 중심 상업 지구에 와이파이망이 잘 구축되어 있는데 굳이 시 전역으로 확대할 필요가 있을까 하는 의문과 함께 구축 후 운영 비용을 감당할 수 있을지 우려하고 있기도 하다(DeCastro, 2013).

샌프란시스코도 2004년부터 시 전역을 커버하는 공공 와이파이를 계획해 2006년 4월에 어스링크(Earthlink)와 구글을 계약기간 4년의 컨소시엄

---

9 2~5Mbps는 무상으로 제공하고, 그 이상의 속도에 대해서는 유료로 제공한다.

(consortium) 사업자로 선정했다. 당시 소요 비용은 약 1,400~1,700만 달러였다. 그러나 2007년 9월에 서비스 운영자인 어스링크의 사업 수익성이 악화되면서 이 사업은 폐기되었다(*The Associated Press*, 2007.8.31). 최근 구글이 60만 달러를 기부해 샌프란시스코 시의 31개 공공 공원에 무료 와이파이를 설치할 것이라고 밝히면서 공공 와이파이 계획의 명맥은 유지되고 있다(Grey, 2013).

두 도시 외에도 전 세계 많은 도시들이 공공시설에서 공공 와이파이 서비스를 제공한다. 미국 내에서는 구글 본사가 있는 마운틴뷰와 팰로앨토, 산타모니카, 시카고, 뉴욕 등이 있다. 미국 외에서는 런던, 파리, 싱가포르, 홍콩 등이 있다.[10]

한편, 지금까지의 공공 와이파이 시도는 기존의 인터넷 액세스 서비스를 보완하려는 목적에서만 이루어지면서 사업성 악화, 법적 문제 등의 이유로 많은 경우에 성공하지 못했다. 예를 들면, 시애틀은 2012년 4월 29일 자로 일부 지역에서 7년간 제공하던 실험적인 공공 와이파이 서비스를 중단했다(Silbey, 2012). 샌프란시스코와 마찬가지로 필라델피아는 2004년에 이미 공공 와이파이 구축에 나섰다. 135제곱마일(약 350제곱킬로미터)의 넓은 면적에 유·무선 네트워크 인프라를 구축하려는 계획을 발표한 것이다. 이 계획에는 길거리에 와이파이를 촘촘하게 설치하는 것까지 포함되어 있었다. 무엇보다 디지털 격차를 해소하기 위해 저소득층에게 저렴한 가격으로 유료 서비스를 제공하고자 했다(Marguerite Reardon, 2005). 그러나 통신 서비스 업체인 버라이즌 커뮤니케이션스가 시 정부가 유료 서비스를 제공하는 것에 대해 소송을 제기했고, 필라델피아 시와 버라이즌 커뮤니케이션스는 가까스로 합의에 이르렀다(Lawson, 2004). 결과적으로, 필라델피아의 공공 와

---

10 iPass.com의 블로그(http://www.ipass.com/blog/sf-finally-joins-city-wide-wi-fi/).

이파이 사업은 소송으로 인해 그 추진력을 상실했다고 볼 수 있다.

2. 유럽의 사례

1) 스페인 산탄데르의 WSN(Wireless Sensor Network) 프로젝트

이 프로젝트는 스페인 북쪽 해안에 위치한 인구 18만 명의 산탄데르 도심[11]에 약 1만 2,000개의 센서를 설치해서 도시 차원의 테스트베드를 구축하는 것을 말한다. 프로젝트의 핵심은 센서와 액추에이터, 카메라, 스크린으로 구성된 플랫폼을 통해 시민들에게 유용한 정보를 제공하고 참여하게 함으로써 도시 운영의 효율을 높이는 것이다(강미선·강현우·정윤수, 2013). 이 프로젝트를 통해 건물의 에너지 효율을 25% 향상시키고, 쓰레기 처리 비용은 20% 절감시킬 것으로 기대한다(Matlack, 2013).

산탄데르에 사용된 애플리케이션으로는 도시 환경 모니터링(약 2,000개의 IoT 디바이스 이용)과 옥외 주차 공간 관리(센서 375개 이용), 모바일 환경 모니터링(공공 차량 약 150대에 센서 장착), 교통 혼잡 모니터링(도심의 주요 입구에 디바이스 60개 설치), 무료 주차 공간 안내, 공원과 정원의 관개시설 지원(디바이스 약 50개 활용)이다. 이 외에도 도심에 부착된 RFID 태그와 QR 코드 레이블(label)을 이용한 증강현실 서비스와 시민 참여형 센싱 서비스가 있다.[12]

프로젝트[13]의 총책임자는 칸타브리아대학교의 루이스 무뇨스(Luis Muñoz)이며, 스페인의 통신회사인 텔레포니카(Telefonica) I+D, WSN 솔루션 업체

---

11 약 6제곱킬로미터(= 2.3제곱마일)

12 스마트 산탄데르(Smart Santander) 프로젝트 홈페이지.

13 FP7-ICT-2009-5-257992.

인 리벨리움(Gascón, 2011)과 협력해 약 900만 유로[14] 규모로 추진하고 있다 (Evers, 2013). 프로젝트는 2010년 9월에 시작되었으며, 수행 기간은 총 3년이었다. 리벨리움은 자사의 솔루션인 와스모트(Waspmote)를 대거 도입할 예정이고, 실제 시스템 설치 작업은 IDOM과 TTI 노르테(Norte)가 담당할 것이다(Bielsa, 2013).

스마트 산탄데르(Smart Santander) 프로젝트의 논리적 설비 구성은 사물인터넷 노드(IoT node)와 게이트웨이, 그리고 테스트베드 서버로 구성되어 있다. 센서를 장착한 각종 디바이스와 같은 IoT 노드와 그 노드로부터 발생한 정보를 외부로 전송하기 위한 게이트웨이(gateway), 그리고 그 전송된 정보를 관리하는 중앙 테스트베드 서버로 구성된다. 예를 들면, 주차 관리의 효율을 높이기 위해 도시 전체를 22개 구역으로 나누어 각 구역마다 한 대의 클라우드 연결 게이트웨이를 설치해서 야외 무료 주차 공간의 바닥에 설치한 총 375개의 센서로부터 전송되는 정보를 저장하고 클라우드로 전송한다. 이 센서들은 모두 자기장을 이용해서 주차 여부를 감지한다(Bielsa, 2013). 클라우드 연결 게이트웨이로 모아진 정보는 5분 단위로 업데이트 되어 가로등에 부착된 스크린을 통해 일반 시민들이 볼 수 있다. 또 클라우드로 전송된 데이터를 종합하고 이를 지도에 표시해 서비스를 제공함으로써 도시 전체의 야외 무료 주차 공간의 이용도를 확인할 수 있다. 또 스마트폰을 통해 주차 공간의 이용 유무를 확인할 수 있다.

2) 포르투갈의 플랜아이티 밸리

플랜아이티 밸리(PlanIT Valley)는 포르투갈 제2의 도시인 포르토 북쪽 근교의 파레데스 지방에 세워지는 신개념의 실험 도시이다. 2015년 완공 예

---

14 약 1,170만 달러로, 대부분을 유럽연합으로부터 지원받는다.

정인 이 도시는 1,670에이커[15]의 면적에 약 23만 명이 거주할 예정이다. 이 도시가 지향하는 바는 사물인터넷 등의 신기술을 이용한 친환경 도시인데[16] 센서[17] 약 1억 개가 사용될 예정이다(Ryan, 2013).

이 실험 도시 개발 프로젝트는 포르투갈 중앙 정부의 적극적인 후원 아래 도시 운영 플랫폼인 UOS™(Urban Operating System)[18]을 제공할 리빙 플랜아이티(Living PlanIT)[19]사를 중심으로 진행되고 있다. 리빙 플랜아이티는 플랜아이티 밸리의 정보통신 인프라 설계를 담당할 주관 기관으로 시스코 시스템스[20]를 선정했다.[21] 이 외에도 마이크로소프트와 아마존, IBM, 도이치텔레콤, GE, 필립스, 히타치(hitachi) 등이 전략적 파트너로 참여했다. 또 영국의 엔지니어링 회사인 뷰로 해폴드(Buro Happold)가 중요한 역할을 담당하고 있다.

이 프로젝트의 핵심인 UOS™은 소프트웨어 기반의 빌딩 관리 시스템과 중앙관제 시스템, 클라우드 컴퓨팅의 집합체로서 각종 센서로부터 수집된 데이터의 통합과 실시간 중앙에서의 원격 통제, 데이터 분석 엔진, 이력 관리를 위한 데이터베이스, 애플리케이션 플랫폼 등을 포함한다. UOS™의 아키텍처는 센서·액추에이터 네트워크 계층과 통제 계층, 중앙 감독(supervisory) 계층, 응용 계층으로 구분되어 있다. 즉 센서로부터 수집한 데이터

---

15 약 6.76제곱킬로미터.
16 플랜아이티 밸리(PlanIT Valley) 홈페이지.
17 주민 한 명당 약 450개의 센서가 사용되는 것이다.
18 도시의 모든 인프라에 장착된 센서에서 생성되는 데이터를 통합하는 미들웨어(middle-ware)이다. 링크드인(Linkedin)의 리빙 플랜아이티 웹페이지.
19 스위스에 본사를 둔 소프트웨어 회사로 세계경제포럼(WEF)의 2012년 테크놀로지 파이어니어 어워드(Technology Pioneer Award) 수상자이다.
20 Smart + Connected Communities 부문에서 담당한다.
21 플랜아이티 밸리 홈페이지.

가 유·무선의 통신 프로토콜을 통해 지역적 통제 계층에 전달된다. 이때 저전력 기술이나 에너지 하베스팅(harvesting) 기술이 추가되면 센서의 수명과 활용도를 최대한 높일 수 있을 것으로 기대한다. 한편, 통제 계층으로부터 전달된 신호는 액추에이터를 통해 도시의 물리적 환경에 영향을 줄 수 있다. 통제 계층은 다양한 센서·액추에이터로부터 수집된 데이터를 실시간으로 통합 관리한다. 여러 지역의 통제 계층에서 수집된 정보는 자산의 구별과 모니터링, 관리, 분석, 그리고 개인의 프라이버시 침해 방지 등을 종합적으로 고려한 감독이 이루어진다. 마지막으로 감독 계층을 통해 이용할 수 있는 데이터들이 집적되어 분석되고 도시 차원의 통합된 애플리케이션에 사용된다.

3. 중국의 사례: 지혜 도시(스마트 시티) 사업

도시 업그레이드를 국가 전체의 어젠다(agenda)로 삼고 적극적으로 추진하고 있는 것은 중국이다. 서구 선진국과 한국, 일본, 싱가포르 등의 아시아 신흥국들에 비해 도시화율이 낮고 도시 기반 시설이 열악한 것을 자각하고 개선하기 위해 국가적인 차원에서 나선 것이다. 중국의 스마트 시티 사업은 중앙정부, 특히 주택도농건설부에 의해 강력하게 주도되고 있다. 중국 정부는 2011년부터 2015년까지 5년간 약 5,000억 위안(약 88조 원)을 투자해서 스마트 시티 320개를 건설할 계획이라고 밝혔다. 중국 정부는 전반적인 도시 인프라 향상에 약 3,000위안을 투자하고, ITS에만 별도로 2,000억 위안을 투자할 계획이다(공간정보 해외협력센터, 2013). 이 계획은 차기 13차 5개년 경제사회발전계획(2016~2020년)에서 중국 전 국토를 본격적으로 스마트 시티화하기 위한 기반 조성이자 시범 추진 단계라고 볼 수 있다. 대표적인 시범 추진 분야는 〈표 9-2〉와 같다(황종성·차재필, 2013).

<표 9-2> 중국정부의 스마트 시티 추진 사업

보안 시스템과 인프라	운영 시스템	계획과 실행 방안, 조직 설계, 정책과 규정, 자금 활용, 시스템 운영·관리
	네트워크 인프라	무선 네트워크, 광대역 네트워크, 차세대 방송
	공동 플랫폼과 데이터베이스	도시 공공 기반 데이터베이스, 정보 보안, 도시 공공 정보 플랫폼
스마트 시티 건설·거주	도시 건설·관리	도시 계획 수립, 디지털 도시 관리 방안, 건설 시장 관리 법률, 부동산 관리, 조경 관리, 역사와 문화 보호 방안, 그린 빌딩, 건물 에너지 효율화 방안
	도시 기능 향상 방안	상하수도 시스템, 수자원 활용 방안, 가스 시스템, 폐기물 분류·처리 시스템, 조명·열처리 시스템, 지하 파이프라인과 공간 통합 처리
스마트 관리·서비스	정부 서비스	의사결정 효율화 방안, 정보 공개, 온라인 업무 처리, 행정 서비스 시스템
	공공 서비스	공공 교육, 노동법 서비스, 사회
	특별 지원 서비스	지능형 교통, 에너지 관리, 환경·토지 관리, 응급 서비스, 보안, 물류, 사회 보안망, 스마트 홈, 결제 서비스, 지능형 금융
산업·경제 스마트화	산업 계획	산업 계획과 혁신 투자
	산업 발전	전통 산업 요소 변화
	신산업 개발	첨단 산업, 현대 서비스 산업, 기타 신흥 산업

자료: 코트라 해외비즈니스 정보 포털 글로벌 윈도우(www.globalwindow.org).
　　원출처는 중국 국가주택도농건설부.

　　중국의 스마트 시티 건설 사업은 각 도시별로 특색을 두고 진행된다. 베이징 시는 인구정보 시스템과 스마트 미터기, 도시 보안·감시 시스템, 시민 면허 시스템, 무정차 지불 시스템 등과 같은 시범 사업과 같이 도시 통제에 집중되어 있다. 상하이 시는 초고속 통신망 구축에 초점을 두고 있다. 이 밖에 선전 시는 스마트 그리드를 중점적으로 구축 중이다(황종성·차재필, 2013).
　　한편, 중국 정부의 발전개혁위원회에서는 총 36개 도시를 저탄소 시범지구로 선정해 탄소 배출을 줄일 수 있는 형태로 도시의 산업을 재편하고 온실가스 배출 통계와 관리 시스템의 구축을 주요 골자로 하고 있다.

중국의 스마트 시티 사업은 사물인터넷과 밀접하게 맞물려 있다(Peng, 2013: 1). 중국에서 사물인터넷에 대한 관심이 본격적으로 증폭된 것은 2009년 8월 7일에 당시 원자바오 총리가 센서 네트워크 연구·개발의 핵심 부문인 우시의 중국과학기술원 마이크로-나노 센서네 트워크 엔지니어링기술 연구센터(Micro-nano Sensor Network Engineering Technology Research Center) 방문할 때 '감지 중국(感知中國, Sensing China)' 개념을 이용해서 그 필요성을 주장하며, 사물인터넷연구센터〔感知中國中心〕의 설립을 지시했기 때문이다. 이에 대한 대응으로 2009년 11월 12일에 우시에 중국 사물인터넷 연구개발센터〔中國物聯網硏究發展中心〕를 설립했다. 이 연구개발센터는 사물인터넷 관련 주요 기술의 개발 연구와 국가 전략 차원의 기술적인 문제 해결(예: TD-SCDMA/LTE와 통합)을 위해 설립된 것이다.

중국의 사물인터넷 중심 지역은 크게 환발해 지역과 장강 삼각주 지역, 주강 삼각주 지역, 그리고 중서부 지역의 네 군데로 구분할 수 있다. 첫째, 환발해 지역의 대표적인 도시로는 베이징과 칭다오 등의 산둥 성(山東省)이 있다. 베이징은 사물인터넷 기술 연구와 표준화 연구의 중심이며, 응용 분야도 발달해 있다. 산둥 성은 RFID와 센서, 스마트칩 등 무선 네트워크 산업 인프라가 우수하다. 둘째, 장강 삼각주 지역의 대표 도시로는 상하이 시와 강소 성, 저장 성이 있다. 상하이 시는 사물인터넷 기술·응용의 초기 중심지였으며, 상하이 엑스포 당시 전자 장벽의 시범 서비스 등을 실시했다. 우시를 중심으로 한 강소 성은 베이징과 더불어 중국 사물인터넷의 중심 도시이다. 특히, 우시 시는 중국 과학원의 사물인터넷 연구센터가 건립되면서 중국의 사물인터넷 산업을 선도하고 있다. 현재 우시는 사물인터넷 시범 도시로 선정되어 있다. 항저우 시를 비롯한 저장 성은 현재 사물인터넷 산업 클러스터가 막 형성된 단계이다. 셋째, 주강 삼각주 지역에는 선전 시와 광저우 시, 여산 시, 둥관 시가 있는데, 이곳은 중국의 전통적인 전자부품 산업의 메카이자 홍콩 부근에 위치해 있어 국제화가 많이 이루어져, 이런 점을 활용하는 차원에서 사물인터넷과 관련된 기업이 많이 있다. 넷째, 중서부 지역의 충칭 시와 쓰촨 성, 산시 성, 후베이 성, 윈난 성은 아직 사물인터넷이 크게 융성하지는 않았지만 최근 충칭시가 사물인터넷 운영을 위한 인터넷 데이터 센터(Internet Data Center: IDC)를 유치하는 등 사물인터넷 산업 육성에 적극적이다.

4. 일본의 사례

1) 일본의 스마트 타운 사업

일본은 동일본 대지진과 같은 자연재해에 대비하는 방재와 에너지 절약 등 친환경, 그리고 저출산 고령화와 도시화 진행에 대한 대비, 여기에 더해 노후화된 도시 인프라의 업그레이드 등을 목적으로 하는 미래형 개발 사업, 일명 '스마트 타운(smart town)' 사업을 추진하고 있다. 이 사업은 도시 업그레이드에 공통 ID 사용, 센서 네트워크 구축, 빅데이터 수집·처리, 클라우드 서비스, 광통신 기반의 광대역 인터넷 구축, 무선 인터넷 등의 정보통신 기술을 중심으로 진행될 예정이다. 일본의 스마트 타운 사업에는 미래 도시 모델 프로젝트와 스마트 커뮤니티, 스마트 웰니스(wellness) 시티 등이 포함되어 있다.

그중에서 '스마트 커뮤니티'는 일본 정부가 2010년 1월에 시범 사업으로 공모해서 가나가와현 요코하마시와 아이치현 도요타시, 교토부 게이한나 학술연구도시, 후쿠오카현 기타큐슈시를 선정해서 사업을 진행했다. 요코하마시에서는 이산화탄소 배출량을 20% 감축한다는 목표하에, 대형 상업 건물 6곳에서 리튬 이온 배터리를 활용한 에너지 저장과 이를 이용한 빌딩 에너지 관리 시스템(Building Energy Management Systems: BEMS)을 운영했다. 또, 약 2,000가구에 가정용 에너지 관리 시스템(Home Energy Management Systems: HEMS)을 도입해서 시간대별 변동 요금제, 전력 피크일 추가 과금, 사용시간 지정 요금 할인 등을 적용할 예정이다. 도요타시는 전기 자동차 충전 시 과부하를 방지하는 방안을 시험하고, 게이한나 학술연구도시에서는 재활용 전기 자동차 배터리를 이용해서 주차 시 충전하는 방안을 시험했다. 기타규슈시도 요코하마시와 마찬가지로 시간대별 변동 요금제나 전력 피크일 추가 과금 등을 시범적으로 적용했다.

한편, 도야마현 도야마시에서는 콤팩트(compact) 시티 전략으로 철도를 비롯한 대중교통을 활성화하고 철로를 따라 주거, 상업, 업무, 문화 등 도시의 기능을 집적시켜 나감으로써 대중교통을 축으로 한 거점 집중형의 콤팩트한 도시 환경을 정비하고 있다. 구체적으로는 주민 기본대장 정보 등을 지리정보시스템(Geographic Information System: GIS)에 표시함으로써 도시구조와 변화를 파악·분석·가시화하고, 정비 시책의 입안과 효과 검증을 하는 도시계획 분석 모델을 통해 인구 감소, 초고령화, 저탄소화 등에 대응한 지속 가능한 도시 경영을 추진 중이다.

홋카이도에서는 지역의 매력을 상승시킨다는 관점에서 홋카이도의 음식과 관광 활성화를 위해 ICT를 활용한다. 예를 들어 스마트폰상의 AR 애플리케이션[22]을 활용해 문화, 역사·음식 산업 등 지자체의 관광 정보, AED(Automated External Defibrillator)[23]배치와 대피소의 위치 등 재해 긴급 정보, 이용자 소셜 미디어 정보 등과 스마트폰을 통해 취득한 도시의 위치 정보와

---

22 증강현실(augmented reality) 애플리케이션.
23 이는 심실세동(心室細動) 시, 기기가 자동적으로 분석해서 필요에 따라 전기적 쇼크(제세동)를 가해 심장의 움직임을 되찾는 의료 기기이다.

영상 정보를 융합시켜 화면상의 도시에 시설 정보를 겹쳐서 표시한 후 평상시, 비상시 정보가 같은 플랫폼에서 유통되는 환경을 구현했다.

또한 ID를 부여해 관리하는 추적 가능성(traceability) 등을 활용해 식품안전 정보(성분 정보, 생산자 정보 등)와 유통 정보(조리법 정보, 브랜드 정보 등), 소비자 평가 정보(소셜 미디어, POS 데이터 등) 등 음식을 즐길 수 있는 정보를 연계해 음식 산업의 활성화를 시도하고 있다.

미야기현 나토리시에서는 대피 장소, 의료 시설, 방재 창고, 공공시설의 위치 정보와 사진 정보 등 방재 관련 데이터를 지도상에 집약해 웹페이지나 메일로 정보를 제공한다. 또한 시민들이 스마트폰을 이용해서 방재 정보, 재해 정보, 이벤트 정보를 시에서 제공하는 템플릿(template)에 입력함으로써 시와 주민이 함께 방재 지도를 만들고 있다.

또한 이와테현 구즈마키마치에서는 TV 중계국, 고속 광대역 회선, 방재 행정 무선설비와 휴대전화 기지국도 없는 가운데 발생한 2006년 호우 재해로 인해, 사이렌이 울리지 않고 휴대전화 문자 메시지 확인도 되지 않았으며 대피 권고가 전달되지 않고 대피소를 확보할 수 없는 등 연락 수단에 대한 과제 사항이 드러났다. 이 때문에 재해에 강하고 안전하며 안심하고 생활할 수 있도록 하기 위한 정보통신 기반을 일체 정비하고 향후 이를 효율적으로 활용함으로써 고령화, 산업 진흥 등의 각종 과제를 해결하고자 한다.

에히메현 마쓰야마시에서는 대중교통 기관인 이요철도(주)의 버스, 전차의 위치 정보를 실시간으로 탐지해 공항, 시청, 역, 정류소 등에 표시함으로써 운행 상황을 안내하고 운행 감독과 시간표 편성에도 활용해 고도의 대중교통망을 구현하고 있다.

또한 마쓰야마시의 도고 온천 지역에서는 축적된 관광객 속성 정보, 위치 정보와 시간 정보 등을 활용해 관광객의 성별과 시간 등에 맞춘 푸시

(push)형 관광 정보를 자동으로 제공하는 서비스가 실시된다.

아이치현 나고야 시에서는 차내 랜(LAN)의 CAN(Controller Area Network) 데이터[24]와 GPS의 위치 정보 등을 활용해 발진 시 가속 상황, 주행 시 차간 거리 확보 상황, 감속 시 액셀 오프 상황과 정지 시 공회전 상황을 가시화해 종합 지표에 따른 에코 드라이브 랭킹을 실시한 결과, 평균 연료 소비량이 5.2% 절감되었다.

또한, 아이치현 도요타시에서는 프로브(probe) 정보[25] 등을 활용한 공통 플랫폼을 구축해 이를 공공 재단법인인 도요타 도시교통연구소가 운영한 다. 이 플랫폼에서는 정부, 지자체, 자동차 업체, 대학 등 다양한 주체로부터 교통규제 정보, 프로브 정보와 평상시·재해 시의 도요타시 정보 등이 등록되어 주차장 정보와 시영 버스의 위치 등의 교통정보가 시민들에게 제공된다.

5. 대한민국의 사례: U-City 사업

경기도의 경우에는 총 19개 시·군·구가 U-City 사업과 관련되어 있다. 시범 도시 3곳과 도시계획 승인(또는 인정) 지역 14곳, 기타 지역 2곳이 여기에 포함된다. 시범 도시로는 안산과 남양주시, 부천시가 있다. 안산시는 2011년에 정부로부터 15억 원을 지원받아 시민체감형 U-City 서비스, 자녀 행사 스마트 방송 등을 개발했다. 남양주시는 2011년부터 2013년까지 총 20억 원을 지원받았다. 도시계획 승인(또는 인정) 지역 14곳 중에서 화성시(4.5억

---

24 기기의 제어 정보 전송용으로 보급하고 있는 통신 방식으로, 자동차에서는 속도, 가속도, 연료 분사량, 액셀 개도, 엔진 회전수, 브레이크 상태, 고장진단 정보 등의 전송에 사용된다.

25 도시 내 자동차와 사람의 이동 정보.

> ### 인천 송도 신도시의 버스 정류장 정보 시스템
>
> 가장 대표적인 사례로는 인천의 송도 신도시가 있다. 예를 들면, 버스 정류장의
> 대형 스크린을 통해 버스의 도착 시간과 함께 빈 좌석 수를 알 수 있다. 또 지하
> 철역 벽면의 대형 터치 스크린을 통해 역사 인근의 식당을 조회하고 메뉴까지
> 예약할 수 있다.
>
> 자료: 송주영(2013).

원: 동탄 U-City 스마트 통합 운영 모델 구축)와 부천시(7.5억 원: U-치매 천국 원
격 진료 및 안심 보호 서비스)가 2013년에 사업을 시작했다.

기타 지역에서 시범 도시로 지정된 곳은 서울특별시의 은평구와 마포구,
인천광역시의 송도, 강원도의 강릉과 삼척이다. 도시계획 승인(인정) 지역
으로는 인천광역시와 대전 서남부권, 강원도의 원주, 충청남도의 천안과 아
산, 홍성이 있다. 이 외에도 기반 조성 사업 지역인 강릉과 제천, 충주, 계룡
이 있고, 기타 지역으로 금산이 있다.

한편, 한국에서도 공공 와이파이를 확대하려는 노력이 이루어지고 있다.
그런데 외국과는 다르게 도시에서 주도되는 것이 아니라 중앙 부처인 미래
창조과학부에서 주도한다. 미래창조과학부는 2013년 7월 12일에 '공공 와
이파이 확산 계획'을 발표했다. 이 계획에 따르면 현재 약 3,000여 개인 공
공 와이파이를 2017년까지 4배 늘려서 약 1만 2,000개까지 확대할 예정이
다.[26] 공공 와이파이의 위치는 한국정보화진흥원에서 구축한 웹페이지
(www.wififree.kr)[27]를 통해 확인할 수 있다. 그러나 기존에 설치된 공공 와

---

26 미래창조과학부, 2013.7.12, 「공공 와이파이 확산 계획」.
27 스마트폰 등의 무선 기기에서도 접속이 가능하다. 그러나 위치 기반의 검색 기능이
   없어서 불편하다.

〈표 9-3〉 경기도의 U-City 시범 도시

연도	지자체	주요 사업	성과의 활용
2011년	안산	실시간 재난 의사결정 프로세스	방재 서비스(재난 상황 지원 시스템)
		도시 보안 서비스	방범 서비스(민간과 공공 영역의 방범 CCTV 통합 관제 - 관리사무소 연계)
		자녀 행사 스마트 방송 서비스	정보 제공 서비스(안산 올림픽 기념관 공연장에 고화질 CCTV 구축, 실시간 동영상, VOD 서비스)
	남양주	에너지 사용 모니터링	에너지 관리 서비스(여성비전센터 내 전력 사용량 정보 수집·분석)
		신재생에너지	에너지 관리 서비스(태양광·풍력으로 전력 자급자족 운영)
		U-도시계획 수립	안산시 유비쿼터스 도시계획 수립
		U-안전 서비스	방범 서비스(승강장 내 CCTV, 방범 벨 설치)
		U-통합 민원 처리 시민 소통 서비스	정보 제공 앱 서비스[맵(map) 기반 실시간 민원 처리]
2012년	남양주	U-거버넌스 서비스	정보 제공 서비스(승강장, 관공서 등 주요 시설물에 NFC·QR 코드 도입)
		작은가게 큰거리 프로젝트	지역 상점을 위한 홈페이지·모바일 앱 구축, U-그린 마켓, U-아트 장터 등
		안전한 대중교통 네트워크	NFC 리더, 교통카드 단말기 위치 정보와 이동 경로 정보 제공, 교통+버스+재난을 통합 가공해 다양한 매체에 전파
		U-Eco City 통합 플랫폼 도입	성공적인 U-City 통합 운영을 위해 U-Eco City R&D 사업에서 개발한 통합 플랫폼을 도입
		통합 플랫폼 구축	이미 구축이 도입된 국토부에서 통합 플랫폼

연도	지자체	주요 사업	성과의 활용
2013년	남양주		을 우리 시 센터 소프트웨어와 연계해 통합 관제 서비스의 최적화·개선
		비즈니스 서비스 플랫폼 도입	구도심 재생을 위한 온라인 마켓, 안심 귀가를 위한 대중교통 네트워크 모바일 앱을 시범적으로 운영해 수익 모델 창출
		디지털 아티팩트(artifact) 서비스 도입	남양주시 지역 경제 활성화 프로젝트인 작은 가게 큰거리 프로젝트와 융합한 디지털 아트팩트 도입
	화성	U-Smart FMS 서비스	도시 기반 시설 데이터 송·수신 서비스와 도시 기반 시설물 검색 서비스 등
		U-Smart 맞춤형 자산분배 지원 서비스	LCC 분석 방법 서비스(유지 관리 특성에 따른 시설물의 생애 주기 분석 방법 제공)와 도시 기반 시설물의 의사결정 지원 변수 연동 서비스
		통합 플랫폼 구축	현재 4개 분야(안전, 환경, 미디어, 교통)에서 제공 중인 U-서비스에 대해 향후 통합운영 방안 마련과 비용 절감, 서비스 개선 효과에 대한 기반 조성
	부천	등록 관리 시스템 구축	치매 징후 대상자를 조기에 검사·진단 후 관련 정보의 등록과 체계적 관리 시행이 가능하도록 지원하는 시스템
		원격 진료 시스템 구축	치매 등록 환자의 보호자와 방문 간호사가 자택 혹은 경로당에서 IPTV를 기반으로 전문의와 원격 화상 상담을 통해 진료 가능, 치매 전문의 협진 지원 시스템 구현
		실종 방지 시스템 구축	병원 등에서 치매 환자 이탈 방지용 실종 방지 무선단말 도입, 가정에서 이탈을 방지용 웹캠-스마트폰 연계 서비스
		U-도시계획 수립	부천시 유비쿼터스 도시계획 수립

자료: 국토교통부(2013).

이파이 AP(Access Point)가 내부 직원의 사용을 고려한 위치에 있기 때문에 신호가 잘 잡히지 않는 경우가 많고, 사용자에 비해 부족한 AP로 인해 서비스를 받지 못하는 경우가 많은 것으로 확인되었다(김보경, 2013).

제2절 초연결 도시(스마트 시티) 운영 사례

1. 리우데자네이루의 도시운영센터 운영 사례

리우데자네이루 도시운영센터는 세계 최초로 도시의 복수 기능을 단일 운영 센터로 통합한 사례라고 볼 수 있다. 약 30개의 기관들이 관리하는 정보를 통합해서 도시 운영에 반영한다(Singer, 2012). 2010년 4월 5일 홍수로 인해 70여 명의 사망자가 발생한 것을 계기[28]로 당시 시장이었던 에두아르도 파에스(Eduardo Paes)의 주도로 도시 전체 상태를 빠르게 파악하고 심지어 위험을 예측해서 효과적으로 대응하기 위해 IBM[29]에 시스템 설계를 의뢰해서 2010년 말 운영 센터가 오픈했다(Hamm, 2012). 무엇보다 기존의 IT 자원을 최대한 활용함으로써 별도의 투자를 최소화해서 짧은 기간에 프로젝트가 완료될 수 있었다.[30]

이 도시운영센터에서는 도시 전체에 설치된 센서와 비디오 카메라, GPS 장착 장비에서 수집된 정보를 대형 화면과 개인별 모니터를 통해 실시간으로 파악할 수 있다. 이를 통해 위급 상황에 도시의 가용 자원을 효율적으로

---

[28] 2014년의 월드컵과 2016의 하계 올림픽을 개최할 예정이었던 점이 신속한 추진을 가능하게 한다.

[29] 스마터 시티(Smarter Cities) 부문에서 담당한다.

[30] IBM 홈페이지

활용할 수 있게 되었다. 심지어 시민들이 전화나 이메일, 문자 메시지 등으로 접수한 제보도 통합되어 실시간으로 확인할 수 있게 해준다. 그리고 알고리즘을 이용해서 수집된 모든 종류의 정보로부터 패턴과 추세를 추출한다. 예를 들면, 리우데자네이루 주변의 기상 변화를 예측해서 자연재해를 예고한다(Ryan, 2013). 이 외에도 쓰레기 수거의 스케줄을 효율화함으로써 비용을 절감하고 동시에 서비스를 개선할 수 있었다. 이 도시운영센터는 약 400여 명의 운영 요원이 24시간 365일 교대 근무를 하면서 운영된다.[31]

2. 영국 도시들의 대시보드 사례

리우데자네이루 도시운영센터가 시 당국의 공무원들이 도시 상태를 이해하기 위해 마련된 것이라면 영국의 런던을 비롯한 8개 도시의 대시보드(dashboard)[32]는 시민들이 도시 상태를 한눈에 이해할 수 있도록 마련한 것이다. 현재 도시 날씨(지역별 실시간 온도·습도, 강수 확률, 풍향 정보와 예측 정보)와 교통 상황(지하철 혼잡도, 버스·기차 운행 상황, 공용 자전거 운영 상태, CCTV 화면), 전기 사용량, 대기 오염 등과 런던 관련 뉴스·트윗 등을 한눈에 볼 수 있다. 또 2차원의 지도상에서 지역별로 각각의 정보를 확인할 수 있다.[33]

이 대시보드는 런던대학교[34]의 첨단 공간 분석센터(The Centre for Advanced

---

31 미국 환경청의 US-Brazil Joint Initiative on Urban Substantiality 웹페이지.

32 시티 대시보드(City Dashboard) 홈페이지의 도시 선택 웹페이지.

33 런던 시는 공식 대시보드를 별도로 두고 있다(http://data.london.gov.uk/london-dashboard). 이는 런던대학교의 대시보드보다는 다양한 정보를 대상으로 하지만, 실시간 업데이트가 이루어지지 않고 일정 간격을 두고 업데이트가 이루어진다.

34 http://www.ucl.ac.uk/

Spatial Analysis: CASA)[35]가 소셜 시뮬레이션을 위한 국가 전자 기반(National eInfrastructure for Social Simulation: NeISS)[36] 프로젝트의 일환으로 영국 정부의 공통정보시스템위원회(Joint Information Systems Committee: JISC)로부터 자금을 지원받아 실험적으로 구축해 2012년 4월에 오픈했다.[37] 현재 런던을 비롯해서 브링햄과 브라이튼, 카디프, 에든버러, 글래스고, 리즈, 맨체스터에서 해당 서비스가 제공된다. 이 서비스에 사용된 데이터는 공식 데이터뿐만 아니라 CCTV 관찰 정보, 소셜 미디어까지 다양하다. 런던 시장 사무실에 설치된 아이패드 기반의 도시 상황판을 운영 중에 있다(Wakefield, 2013.8.18).

참고로 2007년에 설치된 영국 정부의 기술전략위원회(Technology Strategy Board: TSB)는 2012년에 런던, 선덜랜드, 벨파스트, 캠브리지, 브리스톨 등의 30여 개 지자체로부터 일명 '미래도시 사업(Future Cities)'의 제안서를 접수받았는데, 2013년 1월 25일 글래스고를 이 사업의 첫 대상 도시로 선정했다. 이 프로젝트를 통해 글래스고에는 분야별로 약 5만 파운드씩 총 2,400만 파운드가 지원될 예정이다. 주로 고성능 CCTV 등을 설치해 도시의 교통과 범죄, 상거래, 에너지, 환경 등의 문제를 해결할 예정이다.

3. 미국 도시의 운영 사례

1) 오벌린 시의 대시보드 사례

영국의 도시와 마찬가지로 미국 오하이오 주의 오벌린 시도 대시보드 서

---

35 http://www.bartlett.ucl.ac.uk/casa
36 http://drupals.humanities.manchester.ac.uk/neiss3/
37 시티 대시보드 홈페이지의 서비스 소개 웹페이지.

비스를 제공한다. 이 서비스는 주로 에너지 사용 현황, 상수도 이용 등과 같은 도시의 기본 생활 서비스에 초점을 두는데, 영국 도시의 대시보드와 비교하면 그래픽으로 확인할 수 있는 기능이 강화되어 있다. 특히, 기간을 자유롭게 선택할 수 있는데 마우스 움직임을 이용해 특정 기간의 사용량을 쉽게 확인할 수 있다. 이 사이트는 오벌린에 본사를 둔 빌딩 관리 운영체제와 대시보드 개발 전문업체인 루시드(Lucid)[38]에 의해 개발되었다.[39]

2) 보스턴 시의 교통 시스템 업그레이드

미국 보스턴 시는 2009년 가을부터 일명 '보스턴 컴플리트 스트리트(Boston Complete Streets)'라는 프로젝트를 시행하고 있다. 이 프로젝트는 차량 위주의 도로를 보행자 위주의 도로로 업그레이드하는 것이다. 이 프로젝트의 추진 방향은 자동차와 자전거, 버스 등의 여러 교통수단을 조화롭게 이용할 수 있게 하는 것과 환경 부담을 최소화하는 것, 도로 교통과 관련된 정보를 이용해 효율적으로 이용자 편의를 증대하는 것이다.[40]

이 프로젝트는 버스 우선 차선 설계, 자전거길 확대, 보행자 공간 확장, 최소 너비의 도로 설계, 턱 없는 설계로 지체 부자유자·노약자의 이동 접근성 향상, 도로 가로수 등의 녹지 공간 확대, 지능형 신호 체계와 교통량 감지 카메라, 스마트 주차 요금 지불 시스템, 공유형 자전거·자동차 이용 공간, 전기 자동차 충전소, 스마트폰 기반의 디지털 태그 및 정보 패널, 도로 상황 관제센터 운영, 유지·보수 편의성 제고 등의 세부 과제를 포함한다(보스턴 시, 2013).

---

38 http://www.luciddesigngroup.com/
39 http://buildingdashboard.net/oberlincity/#/oberlincity
40 보스턴 시의 컴플리트 스트리트(Complete Streets) 프로젝트 웹페이지.

색다른 아이디어로는 공원 벤치에 태양열 발전 설비를 추가한 후에 배터리 충전이 가능하게 만든 것이 있다. 이 벤치는 MIT 미디어 랩(Media Lab)[41]의 방문학자 산드라 리히터(Sandra Richter)가 고안해서 만든 것이다. 이후 버전에서는 대기오염 측정 장치도 추가할 계획이다(Farrell, 2013).

한편, 보스턴 시는 2012년에 IBM에서 지원하는 33곳의 스마트 시티를 주요 프로젝트 중 하나로 선정했다. 보스턴 시에서 목표로 하는 교통 상황을 향상시키면서 친환경 도시로 거듭나기 위해서는 무엇보다 시 당국이 현재 보유하고 있는 데이터의 활용도를 높이고, 필요한 새 정보를 확보하는 인프라를 구축해 그 정보를 시민에게 전달할 수 있어야 했다. 보고서에 따르면, 교통국에서 관련 데이터를 표준화해 확보한 후에 자동으로 IT 부서로 전달하는 체계를 마련하고, IT 부서는 해당 데이터를 가공해서 그래픽 기반으로 오픈하고, 수집된 데이터를 분석해 교통 관리에 반영할 것을 권고한다(IBM, 2013).

3) 뉴욕 경찰의 실시간 범죄센터

초연결성이 갖추어진 도시의 생활을 가장 잘 보여주는 전형적인 사례는 범죄에 실시간으로 대응하는 경찰이다. 뉴욕 경찰의 실시간 범죄센터의 대형 데이터 벽(Data Wall)[42]을 보여준다.

이 센터는 IBM에 의뢰해서 1,100만 달러의 예산을 들여 2005년에 구축했는데, 약 40명의 분석 전문가들에 의해 운영된다. 이 센터는 범죄 관련 기록 1억 2,000만 건(911 신고 포함)과 500만 명 이상의 범죄자 기록, 미국 전역에서 발생한 약 3,100만 건의 범죄 기록을 모아놓은 데이터 웨어하우스(data

---

41 미국 매사추세츠공과대학(MIT) 내에 있는 세계적인 미디어 융합 기술 연구소.
42 일반 건물 2층 높이로 총 18개의 TV 화면을 연결하고 있다.

warehouse)를 통해 용의자를 분석하고 이를 형사에게 전달한다. 현재 이 데
이터하우스에 상습범에 관한 상세 정보(외모, 주소, 공범자)를 모아놓은 데이
터베이스를 구축하여 분석에 이용하려 한다(D'Amico, 2006).

뉴욕 경찰의 범죄 정보 시스템(Domain Awareness System: DAS)은 마이크
로소프트사와 함께 개발한 범죄자 검거 시스템으로, 약 3,000대의 CCTV와
경찰관에게 지급된 약 2,600대의 방사선 검출기(radiation detector), 자동차
번호판 판독 가능 스캔이 장착된 수백 대의 경찰차 등으로 구성되어 있다
(Edler, 2012). 최근에는 경찰서장인 레이 켈리(Ray Kelly)가 인터뷰에서 소형
무인 비행체인 드론(Drone)의 이용도 고려하고 있다고 밝혔는데, 사생활 침
해 등의 논란이 대두되고 있다(Kimmey, 2013; 황수현, 2013).

4. 네덜란드 암스테르담의 스마트워크센터 사례

네덜란드의 스마트워크(smart work)센터는 2008년 9월 암스테르담 동쪽
에 위치한 알메러 시에 건립된 것이 그 시작이었다. 이는 암스테르담까지
출퇴근에 평균적으로 3시간 이상이 소요되는 주민들의 불편을 줄이기 위해
설립되었는데, 휴렛팩커드와 시스코 시스템스에 의해 구축되었다. 당초 재
택근무도 아닌 형태라서 그 성공에 반신반의했지만 시민들로부터 큰 호응
을 얻어 성공했다.

이를 계기로 암스테르담 시 당국은 시스코 시스템스와 IBM, 네덜란드 최대 은행인 ABN 암로(Amro) 등에 투자를 유치하고 더블유(Double U) 컨소시엄을 구성해서 2010년까지 2년 동안 약 100여 개의 스마트워크센터를 건설했다.

예를 들어, 암스테르담으로부터 남쪽으로 약 7킬로미터 떨어져 있는 '자위다스'의 일명 '브라이트 시티(Bright City)'라는 스마트워크센터는 활발하게 운영되고 있다. 이 스마트워크센터는 화상 회의실과 발표장, 고급 레스토랑, 카페까지 갖춘 복합 업무 공간이다.

결과적으로 암스테르담의 스마트워크센터는 자동차 등의 교통 이용을 줄이고 자전거와 같은 친환경 이동 수단의 이용을 촉진하면서 친환경 도시로의 전환에 도움이 되었다. 또한 암스테르담은 2009년부터 스마트 그리드 기술을 이용해 2025년까지 이산화탄소 배출량을 1990년의 40% 수준으로 줄이는 것을 목표로 하는 '암스테르담 스마트 시티' 시범 사업을 진행 중이다.

제3절 정책적 시사점

세계 주요 도시의 초연결화 프로젝트를 살펴보면, 다음과 같은 점에서 한국과 차이가 있다. 첫째, 도시의 주요 목표를 지속 가능 성장에 초점을 두고 친환경 도시로 전환하기 위해 다양한 ICT 기술을 적극적으로 도입했다. 대표적으로, 에너지 소비의 효율을 높이기 위해 주차 공간 관리나 교통 상황 모니터링·통제와 관련된 애플리케이션을 최우선적으로 도입했다. 둘째, 시 당국의 분할되어 있는 기능적 한계를 극복하기 위해 리우데자네이루와 같은 통합도시운영센터를 구축하려 한다. 셋째, 시 당국에서 수집한 데이터를 시민들에게 적극적으로 공개한다. 예를 들면, 영국의 런던 등에서는 대시보드를 만들어서 제공한다.

넷째, 정보통신 인프라 측면에서는 대부분의 도시에서 공공건물에 무료 와이파이 서비스를 제공하고 있다. 여기서 한발 더 나아가 대규모 예산을 투자해서 시 전역에 공공 와이파이를 구축하려는 시도도 있다. 그러나 이런 시도가 아직까지 성공한 사례는 없다. 따라서 이에 대한 면밀한 검토가 필요하다. 그렇지만 대한민국의 공공 와이파이 정책은 개선해야 할 부분이 많고, 특히 도시 차원에서의 적극적인 개선이 필요하다. 다섯째, 스페인의 산탄데르나 포르투갈의 플랜아이티 밸리와 같이 소규모 도시 전체를 대상으로 초연결 사회의 모습을 실험하는 테스트베드를 구축하는 사례가 있다. 지금까지 대한민국은 다년간 U-City 사업을 추진해왔다. 그러나 U-City 사업이 시범 서비스 차원에서 분절화되어 있기 때문에 U-City 지역 거주자가 그 혜택을 실감하지 못하는 한계가 있다. 따라서 지금 이 시점에 도시 전체에 복수의 서비스를 제공하는 특구 전략이 필요하다 할 것이다.

참고문헌

강미선·강현우·정윤수. 2013. 「미래 도시를 위한 센서네트워크 응용 서비스 사례」. ≪주
    간기술동향≫, 6월호.
공간정보 해외협력센터. 2013.2.13. 「중국, 전국 60여 개 도시 스마트 시티로 전환」.
    http://occgi.kasm.or.kr/?p=535
국토교통부. 2013.10.7. 「U-City의 개념 및 추진현황」.
김보경. 2013.8.13. "'접속' 하늘에 별따기 공공 와이파이, 먹통에 분통." ≪아시아경제≫.
김상훈. 2011.1.3. "암스테르담, 근무 개념을 바꾸다." ≪동아일보≫.
미래창조과학부. 2013.7.12. 「공공 와이파이 확산 계획」.
송주영. 2013.10.11. "시스코가 보여준 네트워크 스마트시티." ≪ZDNet 코리아≫.
일본 총무성. 2012.6. ICT를 활용한 도시환경정비와 글로벌 전개에 관한 간담회.
황수현. 2013.3.25. "하늘에도 CCTV … 빅 브라더 뉴욕?" ≪한국일보≫.
황종성·차재필. 2013.12. 「해외 Smart City 열풍과 시사점」. ≪IT & Future Strategy≫, 제
    11호.

Bielsa, Alberto. 2013.3.1. "The Smart City Project in Santander." *Sensors Magazine*.
_____. 2013.2.22. "Smart City project in Santander to monitor Parking Free Slots."
    http://www.libelium.com
Cohen, Boy. 2012.1.11. "The Top 10 Smart Cities On The Planet." http://www.fast
    coexist.com
D'Amico, Joseph. 2006.9 "Actual Cases from Real Time Crime Center." The Police Chief
    홈페이지(http://www.policechiefmagazine.org/magazine/index.cfm?fuseaction=
    display&article_id=995&issue_id=92006).
DeCastro, Bpb. 2013.11.6. "Los Angeles Looking to Offer Free Wi-Fi to Residents."
    http://www.worldnow.com
Edler, M. 2012.8.20. "NYPD, Microsoft Push Big Data Policing Into Spotlight."
    informationweek.
Evers, Marco. 2013.3.14. "Urban Planning Goes Digital in Spanish 'Smart City'."
    Spiegel Online.

Farrell, Michael B. 2013.11.5. "Seat-e can recharge phones as users take a rest." *The Boston Globe.*

Gascón, David 2011.10.28 "WSN in the Real World." ZigBee Alliance 홈페이지 (http://www.zigbee.org/portals/0/documents/events/2011_10_28_wsn/8_libeliu m-presentation.pdf).

Grey, Melissa. 2013.7.24. "Google donates $600,000 to bring free Wi-Fi to San Francisco parks." http://www.engadget.com

GSMA. 2013.6.24. "Connected Living - Smart Cities."

Hamm, Steve. 2012.3.4. "Smarter Leadership: How Rio de Janeiro Created an Intelligent Operations Center." A Smarter Planet의 블로그(http://asmarterplanet. com/blog/2012/03/smarter-leadership-how-rio-de-janeiro-created-an-intelligent-o perations-center.html).

IBM. 2013. "Smarter Cities Challenge Boston."

Kimmey, Samantha. 2013.1.11. "NYPD 'looking into' drones to survey crowds." *The Raw Story.*

LA Times. 2011.11.8. "Does L.A. need free Wi-Fi?"

Lawson, Stephen. 2004.12.2. "Philadelphia Wi-Fi Plans Move Forward." *PCWorld.*

Lee, Jung-Hoon and Marguerite Gong Hancock. 2012. "Toward a Framework for Smart Cites: A Comparison of Seoul, San Francisco & Amsterdam."

Marguerite Reardon, Jim Hu. 2005.4.7. "Philadelphia reveals Wi-Fi plan." *CNET News.*

Matlack, Carol. 2013.5.16. "Spain's Santander, the City That Runs on Sensors." *Business Week.*

Peng, Liu. 2013.4.16. "Smart Cities in China." *Computer.* Issue, 99.

Powers, John. 2013.7.12. "Citi Bike-The Latest NYC Surveillance." BlogSpot 블로그 (http://johnjpowers.blogspot.kr/2013/07/citi-bike-latest-nyc-surveillance.html).

Ryan, Tim. 2013.1.6. "How Smart Cities are Leveraging the Real-time Availability of Data." http://www.psfk.com

Santos, Alexis. 2011.11.5. "Los Angeles moves forward with proposal for free citywide broadband." http://www.engadget.com

Schmidt, Michael S. 2010.2.17. "Have a Tattoo or Walk With a Limp? The Police May

Know" *The New York Times*.

Silbey, Mari. 2012.5.8. "Seattle ends free Wi-Fi." *SmartPlanet*.

Singer, Natasha. 2012.3.12. "Mission Control, Built for Cities." *The New York Times*.

Spiker, Max. 2013.7.4. "Where in America Can You Get Gigabit Internet(Right Now)?" http://HighSpeedGeek.com

The Associated Press. 2007.8.31. "EarthLink Abandons San Francisco Wi-Fi Project." *The New York Times*.

Wakefield, Jane. 2013.8.18. "Tomorrow's cities: Do you want to live in a smart city?" *BBC News*.

_____. 2013.1.25. "Glasgow wins 'smart city' government cash." *BBC News*.

Yigitcanlar, Tan and Sang Ho Lee. 2013. "Korean ubiquitous-eco-city: A smart-sustainable urban form or a branding hoax?" *Technological Forecasting and Social Change*.

City Dashboard 홈페이지의 도시 선택 웹페이지(http://citydashboard.org/choose.php).

Google Fiber 출시 행사(미국 Kansas City, 2012년 7월) 동영상 자료 중 48분 24초.

IBM 홈페이지(http://www-03.ibm.com/software/products/us/en/intelligent-operations-center/).

iPass.com의 블로그(http://www.ipass.com/blog/sf-finally-joins-city-wide-wi-fi/).

Living PlanIT 홈페이지(http://www.living-planit.com/design_wins.htm).

Smart Santander 프로젝트 홈페이지(http://www.smartsantander.eu/index.php/testbeds/item/132-santander-summary).

Sustainable Mobility 홈페이지(http://www.sustainable-mobility.org/innovating-for-tomorrow/services/planit-valley---the-new-smart-city-in-portugal-.html).

링크드인의 리빙 플랜 아이티 웹페이지(http://www.linkedin.com/company/living-planit-sa).

미국 환경청의 US-Brazil Joint Initiative on Urban Substantiality 웹페이지(http://www.epa.gov/jius/).

보스턴 시. 2013. "Boston Complete Streets Guidelines." http://bostoncompletestreets.org/pdf/2013/0_2_BostonsCompleteStreets.pdf

보스턴 시의 Complete Streets 프로젝트 웹페이지(http://bostoncompletestreets.org/about/).

第7回 高效率・省資源の街—世界で動き出すスマートシティー計畵. http://techon.nikkeibp.
　　co.jp/article/FEATURE/20100816/184978/?SS=imgview&FD=3561930
코트라 해외비즈니스 정보 포털 '글로벌 윈도우' http://www.globalwindow.org(원 자료:
　　중국 국가주택도농건설부).

http://www.bartlett.ucl.ac.uk/casa
http://www.brightsideofnews.com
http://www.buildingdashboard.net/oberlincity/#/oberlincity
http://www.data.london.gov.uk/london-dashboard
http://www.drupals.humanities.manchester.ac.uk/neiss3/
http://www.gsmworld.com/connectedliving/tracker
http://www.luciddesigngroup.com/
http://www.smartcitiesindex.gsma.com/smart-cities
http://www.techon.nikkeibp.co.jp/article/FEATURE/20100816/184978/?SS=imgview&
　　FD=3561930
http://www.ucl.ac.uk/

제10장

국내외 초연결 사회의 정책 동향

유영성 · 천영석

제1절 국외 정책 동향

1. 유럽연합[1]

'유럽 디지털 어젠다(Digital Agenda for Europe)'는 유럽 정부의 디지털화 계획인 유럽 2020 전략 수행을 위한 계획이다. 구체적으로 '유럽 디지털 어젠다'는 일곱 가지 추진 계획으로 이루어지며 목적과 핵심 내용은 다음과 같다. 첫째, 디지털 단일 시장을 창출해 공동 저작권 관리 지침을 정하고 전자상거래를 확산하며 온라인 분쟁해결 절차 간소화와 유럽연합 정보보호 규제 프레임워크를 개선한다. 둘째, IT 부문의 표준화 정책 재검토와 표준화 지원 등을 통해 상호 호환성을 확대한다. 셋째, 유럽 네트워크 정보보안청(European Network and Information Security Agency: ENISA) 기능 강화와 정

---

[1] 유럽연합 정책 동향은 정보통신산업진흥원의 ≪IT R&D 정책 동향≫, 2011-1과 ≪IT R&D 정책 동향≫, 2012-9의 내용을 재구성했다.

〈표 10-1〉 유럽연합 사물인터넷 액션 플랜(action plan) 주요 내용

번호	액션 플랜	주요 내용
1	거버넌스	IoT 거버넌스를 구성하는 기본 원칙을 정의하고 분산된 관리 수준을 갖춘 아키텍처를 구축하기 위한 노력을 실시
2	개인정보 보호를 위한 모니터링	IoT에 대한 정보보호법안의 적용을 재검토하고, RFID 애플리케이션 운영 시 준수해야 할 유럽연합 법률을 올바르게 해석하기 위한 가이드라인 제공
3	서비스 해지 (The silence of the chip)	네트워크 연결을 원치 않는 개인에게 필요한 네트워크 연결 해지 권리에 대해 기술적·법적 측면에서 논의를 진행
4	위험 요소의 규명	사생활 침해와 정보보호에 대한 위험을 해결하기 위한 규제적·비규제적 대응책 마련
5	경제와 사회의 필수 자원으로서의 사물인터넷	사회적·경제적으로 중요한 정보 인프라로서 IoT를 간주하고, 이를 보호하기 위한 활동을 수행
6	표준화 권한 위임	기존의 표준이 IoT와 관련된 내용을 포함하는지를 조사하고, 새로운 표준이 필요한 부분에 대한 분석과 모니터링을 지속적으로 지원
7	연구 개발(R&D)	IoT 관련 분야(에너지 저장 기술, 유비쿼터스, 무선통신 기반 스마트 시스템 네트워크, 시멘틱, 보안, 인공지능 소프트웨어 등)에 대한 제7차 프로젝트에 지속적으로 예산을 투자
8	민관 파트너십	IoT 분야가 특히 중요한 역할을 할 것으로 예상되는 '그린 카', '에너지 고효율 빌딩', '미래 공정', '미래 인터넷'등의 분야에서 민관 협력 체계를 구축
9	혁신과 시범 사업	IoT 활용을 촉진하기 위해 e-헬스, 기후 변화, 정보 격차 해소 등과 같이 파급 효과가 큰 시범 사업을 수행
10	제도적 인식	유럽연합은 정기적으로 의회 등에 IoT 개발 상황을 보고
11	국제 협력	IoT의 모든 분야에서 국제 협력 기관과의 소통을 강화하고 관련 정보와 모범 사례의 공유를 장려
12	RFID 태그 재활용	RFID 태그 재활용의 어려움, 이득, 혜택 등을 평가하는 RFID 태그 재활용을 위한 연구 진행
13	활성화 측정	2009년 12월부터 유럽 통계청(Eurostat)이 발표할 RFID 기술에 대한 통계를 기반으로, IoT 관련 기술의 보급을 모니터링하고 사회적·경제적 관점에서 IoT가 미치는 효과 측정
14	진화에 대한 평가	IoT 진화를 모니터링하고, 이해관계자들을 소집해 상기 대응 방안의 이행 여부 감시

자료: 정보통신산업진흥원(2012).

보 시스템에 대한 사이버 공격 대응 관련 법제를 정비해 인터넷에 대한 신뢰와 보안을 강화한다. 넷째, 유럽지역개발기금(European Regional Development Fund: ERDF) 등을 통한 자금 지원, 차세대 네트워크 접근성(Next Generation Access Networks: NGAN)에 대한 투자 촉진 등을 통해 초고속 인터넷에 대한 접근성을 확대시킨다. 다섯째, FP7(제7차 유럽연구개발 프레임워크) 동안 매년 IT R&D 예산을 20% 증액하고 IT R&D 공공 부문에 대한 지출 금액을 110억 달러로 확대하는 등 연구와 혁신을 확대한다. 여섯째, 유럽사회기금(European Social Fund: ESP)을 활용한 디지털 활용 능력 제고 방안을 마련하고 또한 유럽 IT 전문성 프레임워크를 개발해 디지털 숙련도와 리터러시(literacy)의 향상, 사회통합을 이룬다. 마지막으로 일곱째, 환경 보호, 의료 분야, 공공 디지털 도서관에서의 IT 기술을 적극 활용하는 IT를 이용한 사회적 편익을 제공한다.

사물인터넷은 유럽연합의 디지털화 계획인 '디지털 어젠다'의 가장 중요한 테마 중 하나이다. 유럽연합은 사물인터넷이 향후 15년 내에 생활환경과 사회 전반에 극적인 변화를 가져오고 삶의 질 향상과 신사업 제공을 통한 일자리 창출 효과를 발생시키므로 결과적으로 유럽연합 경쟁력 강화에 이바지할 것으로 기대한다. 또한 사물인터넷을 단순히 '사물 간 연결'로만 그치는 것이 아니라 '사람을 위한 사물 간 인터넷'으로 구축하기 위해 정책 방향을 설정했다. 이를 위해 유럽연합은 2009년 6월 연구·개발과 클러스터 구축 사업 등에 769억 원을 투자해 사물인터넷 서비스와 그 활용에서 발생할 수 있는 보안·사생활 침해 등의 사안에 대한 대응 마련을 위해 14가지 행동 계획(action plan)을 제시했다(〈표 10-1〉 참조).

카사그라스(Coordination And Support Action for Global RFID-related Activities and Standardisation: CASAGRAS)는 i2010^{2}의 후속으로 '사물인터넷' 관련 연구를 진행하는 프로젝트로 독일, 영국, 프랑스 등 유럽연합 회원국 외에

한국, 미국, 중국, 일본 등도 참여한다. 프로젝트 목적은 첫째, 미래 사회의 정보통신 기반 구조가 수십억의 인구와 수조에 달하는 사물과의 연결을 수용할 수 있도록 하기 위해 네트워크와 관련 서비스의 구축을 추진하고 둘째, '사물인터넷'에서 정부와 공공 기관의 역할을 강조하며 안전하고 신뢰할 수 있는 서비스를 위해 강력한 개인정보 보호와 프라이버시 보장을 권고한다. 마지막으로 사물인터넷 실현을 위한 애플리케이션과 서비스 모델 연구에 초점을 맞추고 이를 위해 사물인터넷을 정의하고, RFID를 비롯한 사물인터넷 관련 주요 활용 기술에 대한 표준, 규제, 기타 이슈를 검토했다. 카사그라스2(CASAGRAS2) 프로젝트는 총92만 5,000유로의 연구 자금이 지원되며 글로벌 단위의 이니셔티브(initiative)로서 사물인터넷의 실현을 위한 기반 조성과 협력 운영의 필요성이 강조되었으며 기존 참여국에 러시아, 인도, 말레이시아, 브라질이 추가되었다. 카사그라스2 프로젝트는 첫째, IoT 거버넌스, 둘째, IoT 사물 고유 식별 코딩, 셋째, 표준과 규제, 넷째, 정책과 지적재산권, 다섯째, IoT 아키텍처, 여섯째, IoT 서비스와 애플리케이션, 일곱째, IoT 홍보와 교육 등에 관한 연구를 진행하고 있으며 사물인터넷 유럽 연구 클러스터(IoT European Research Cluster: IERC)에서 추진하는 사물인터넷 관련 프로젝트 40여 개를 지원한다.

---

2   i2010은 유럽연합이 2005년부터 2009년까지 지식 정보사회의 추진을 위해 제시한 전략으로 이 전략은 IT 기술이 도입되면서 나타날 것이라 예상되는 전반적인 사회 변화에 능동적으로 대응하기 위해 단일 정보사회 공간 구축, R&D 혁신과 투자 강화, 성숙한 정보사회 구축 방안을 제시했다. 또한 유럽연합은 이를 통해 정보사회·미디어 시장 개방과 경쟁력을 촉진하고 공공 서비스와 삶의 질을 향상시켜 경제 성장과 고용 창출 효과를 기대한다.

2. 미국[3]

미연방 정부는 미래의 고용과 성장, 가치 창출의 원천이 될 혁신을 강화하기 위해 2009년 9월 '국가혁신전략'을 제시했다. 이 전략은 '첨단 IT 생태계' 조성에 필요한 초고속 인터넷망에 대한 접속 확대, 가상공간의 보안 강화, 차세대 IT R&D 지원 기술 활용을 위한 최고기술책임자(CTO) 임명에 관한 세 가지 핵심 정책을 포함한다.

미국의 사물인터넷 관련 동향은 크게 두 가지로 나누어 볼 수 있다. 하나는 공공 부문의 서비스 향상을 위한 부분으로 미국 국립표준기술연구소(National Institute of Standards and Technology: NIST)를 중심으로 하는 스마트 그리드의 개발·확산 노력이며 또 다른 하나는 이동통신의 새로운 서비스 모델로 보는 M2M과 관련된 움직임이다. 미국 국립표준기술연구소는 스마트 그리드의 개발·확산을 위해 3단계 계획을 수립했다. 첫 번째 단계는 적용 가능한 현재의 표준 기술과 새롭게 추가되는 요구 사항 간의 격차를 분석하는 것이며, 두 번째 단계는 장기적으로 요구되는 기술을 개발하고 도입하기 위해 공공 부문과 민간 간에 협력 체계를 구축하는 데 필요한 지원을 하는 것이다. 마지막 세 번째 단계는 개발된 프레임워크를 테스트하고 인증하는 것으로 이를 토대로 2010년부터 실질적 개발에 착수했다. 민간 부문에서는 모토로라 등 통신 단말기 업체를 중심으로 M2M 통신 지원을 위한 솔루션을 내놓고 있으며, 주요 이동통신사인 티-모바일(T-Mobile)을 비롯해, AT&T, 버라이즌 와이어리스(Verizon Wireless), 스프린트 넥스텔(Sprint Nextel) 등이 M2M 분야의 서비스를 전기·가스 미터링, 보안 알람 등에서 자동차와

---

3 미국 정책 동향은 정보통신산업진흥원의 ≪IT R&D 정책 동향≫, 2011-1과 ≪IT R&D 정책 동향≫, 2012-9의 내용을 재구성했다.

〈표 10-2〉 미국 '첨단 IT 생태계' 조성을 위한 다섯 가지 중점 항목 실행 계획의 목표와 핵심 내용

항목	핵심 내용
초고속 인터넷망 확대	무선 주파수 활용도 제고를 위한 10개년 계획 등
브로드밴드 보급률 제고	미 「경기부양법(ARRA)」 예산 69억 달러 투입
사이버 공간의 보안 강화	획기적 R&D의 프레임워크, 보안 강화를 위한 자동 업데이트 도구 개발·활용, DNS 체계 보완 주도 등
전력망 현대화	스마트 그리드 투자 보조금과 시범 사업을 위한 예산 42억 달러를 포함, 미 「경기부양법」 예산 110억 달러 투입
차세대 IT R&D 지원	NITRD*의 펀딩 프로그램 운영, 차세대 IT 촉진 및 활용을 위한 대통령 과학기술 자문위원회의 R&D 방향 제안 등

주: *는 네트워크 및 정보기술연구개발(Networking and Information Technology Research and Development: NITR).
자료: 정보통신산업진흥원(2011).

여러 서비스 영역으로 확장해나가고 있다(김형준, 2010).

2011년 2월 '국가혁신전략'은 기존의 3대 핵심 정책 내용을 고도화하고 '첨단 IT 생태계' 조성과 관련한 신규 항목을 추가했으며 새로운 정책인 전력망(electric grid)의 현대화를 제시하는 갱신 작업이 이루어졌다. '첨단 IT 생태계' 조성을 위한 다섯 가지 중점 항목 실행 계획의 목표와 핵심 내용은 〈표 10-2〉와 같다.

미국 국가정보위원회(National Intelligence Council: NIC)는 사물인터넷을 2025년까지 국가 경쟁력에 지대한 영향을 미칠 수 있는 여섯 가지 현상 파괴적 기술(Disruptive Civil Technology)로 선정했다. 또한 사물인터넷의 발전 방향을 RFID에서 시작해 센서를 활용한 기술로 발전하고 이후에는 모든 사람과 사물이 연결되어 상호 간의 위치 정보를 통해 모니터링과 제어가 가능한 방향으로 발전해갈 것이란 로드맵을 제시했다. 또한 각양각색의 기술을

<표 10-3> 미국 국가정보위원회가 제시한 사물인터넷 관련 기술

직접 관련 기술	간접 부가가치 부여 기술
M2M	위치 태그 기술
마이크로 콘트롤러 기술	바이오매트릭
무선통신 기술	컴퓨터 영상기
RFID 기술	로보틱
에너지 수집 기술	증강현실
센서 기술	텔레프레즌스
액추에이터 기술	생명 기록과 개인용 블랙박스
위치 정보 기술	유형의 UI
소프트웨어	청정 기술

자료: ETRI(2010); 정보통신산업진흥원(2012).

사물인터넷과 직접 연관된 기술과 간접적으로 사물인터넷에 부가가치를 부여하는 기술로 분류했다.

3. 중국[4]

중국은 2009년 9월 공업정보화부를 중심으로 사물인터넷 표준 플랫폼 구축과 핵심 기술의 국제 표준화 주도를 목적으로 센서 네트워크 표준화위원회를 설립했다. 표준화위원회는 총 8개의 프로젝트팀으로 발족되었으며 그중 6개 팀은 표준화를 추진하고 나머지 2개 팀은 연구 개발을 목적으로 한다.

중국 국무원은 2009년 11월 사물인터넷 활용 영역으로 공업, 보안, 교통, 환경보호, 빌딩 관리, 보세 지역 관리, 의료, 전력, 물류 등 9개 분야를 설정

---

4 중국 정책 동향은 정보통신산업진흥원의 ≪IT R&D 정책 동향≫, 2011-1와 ≪IT R&D 정책 동향≫, 2012-9의 내용을 재구성했다.

<표 10-4> 센서 네트워크 표준화 위원회 프로젝트팀 구성

주요 활동	프로젝트팀
표준화 추진	1. 표준화 체제와 시스템 프레임워크
	2. 인터페이스 기술
	3. 표준 기술
	4. 정보 보안 기술
	5. 통신·정보 교환 기술
	6. 공동 정보처리 기술
연구 개발	7. 국제 표준화를 위한 조사 연구
	8. 전력 산업에 적용하기 위한 조사 연구

자료: NTT DATA(2011); 정보통신산업진흥원(2012).

<표 10-5> 신흥 IT 산업 지원 정책 방향

분야	내용
3망 융합	- 유선 TV, 통신, 인터넷 등 3개 망을 단계적으로 통합 - 2012년까지 라디오, TV, 통신 등의 양방향 개통 시범 시행 - 3망 통합을 위한 정책 시스템과 기구를 순차적으로 준비
사물 네트워크화	- 센서, 집적회로, 소프트웨어, 단자, 플러그 앤 플레이, 네트워크 등 산업 사슬을 완비해 국제 경쟁력을 갖춘 선도 기업을 육성하고 지능적 물류 산업의 발전을 추진
첨단 소프트웨어	- 중국산 소프트웨어 산업의 혁신 능력을 향상시켜 전자정보 산업 중 소프트웨어 부문 비중을 현재의 12%에서 15%로 확대 - 핵심 전자부품, 첨단 범용 칩, 기초 소프트웨어 제품에 대한 전문적이며 집중적인 프로젝트를 시행
신형 평판 디스플레이	- '전자정보산업 조정과 진흥 계획'에 의거해 산업 클러스터를 조성하고 경쟁력이 있는 선도 기업 5~8개를 육성함
초고속 집적회로	- 초고속 집적회로의 수입 의존도를 낮추고 중국산으로의 대체를 위해 산업 기술 향상과 구조 조정 유도

자료: 정보통신산업진흥원(2011).

300 초연결 사회의 도래와 우리의 미래

하고 관련 시범 프로젝트를 사물인터넷 1호 시범 도시인 강소 성 무석 시에서 시행했다. 시범 사업에는 IBM, SUN과 같은 글로벌 제조업체를 비롯해 중국과학원과 대학 연구 기관, 차이나 모바일, 차이나 유니콤 등과 같은 중국 통신 사업자들이 대거 참여했다.

중국은 '중장기 과학기술 발전 계획(2006~2020)'에서 사물인터넷 분야에 6조 원을 투자한다고 발표했다. 2010년에는 10대 유망 기술로 사물지능통신을 선정하고 1,342억 원을 투입해 상하이 인근에 '사물지능통신센터'를 세계 최초로 구축했다. 중국 공업정보화부는 2011년 11월 '사물망 12·5 발전 규획'을 수립해 국가 차원의 프로젝트와 지원 정책을 추진했다. 사물인터넷 12차 5개년 계획의 세부 전략 테마에는 첫째, 핵심 기술 개발, 둘째, 관련 표준 체계의 구축, 셋째, 센싱·통신·서비스 등 관련 산업의 발전, 넷째, 기간산업의 육성, 다섯째, 경제·비즈니스, 인프라·보안, 보안 관리·공동 서비스 분야에서의 애플리케이션 모델 개발, 여섯째, 보안 기술·시스템 등 정보 보안 강화가 있다. 또한 12차 5개년 계획을 통해 향후 5년(2011~2015년)간 중국 경제가 전략적으로 육성할 신흥 산업 중에서 차세대 정보 기술 분야로 방송 - 통신 - 인터넷 융합, 차세대 이동통신, 사물 네트워크, 클라우드 컴퓨팅, 소프트웨어 서비스 발전 등을 선정했다. 신흥 IT 산업 지원 정책 방향은 〈표 10-5〉와 같이 요약 정리할 수 있다.

4. 일본[5]

일본 총무성은 2009년 9월 사물인터넷 사회의 도래에 필요한 기술적·제

---

5   일본 정책 동향은 정보통신산업진흥원의 ≪IT R&D 정책 동향≫, 2012-9를 재구성했다.

〈표 10-6〉 사물인터넷 시대 실현을 위한 선결 과제

구분	해결 과제
제도적 측면	- 사생활과 개인정보 보호 - 센서 네트워크와 전자 태그 이용에 다른 사생활 침해 여부의 검토 - 신규 서비스에 대한 관리 - 글로벌화에 따른 국제 협력 - 기술 혁신에 대한 대응 - 문제 발생 시 대응 대책 마련 - 네트워크의 대규모화에 따른 대응책 마련
서비스적·비즈니스적 측면	- 차세대 인터넷 주소 IPv6 이행 홍보 - 서비스 품질 확보를 위한 관계자 간의 역할 담당 - 보안 확보를 위한 대책 추진 - 혁신의 추진 - 사물의 인터넷 접속 비용을 절감하기 위한 통신 서비스 제공 - 다양한 시범 서비스 개시
기술적 측면	- 연구·개발의 촉진과 표준화 추진 - 국제 협력과 해외 진출 전개

자료: 일본 총무성(2009); 정보통신산업진흥원(2012).

도적 요소들을 검토하기 위해 워킹그룹을 구성했다. 워킹그룹은 사물인터넷의 궁극적 목표를 ICT 기술 활용을 통한 인간 사회의 편의성 향상에 두고 크게 네 가지 항목을 검토했다. 첫 번째 검토 항목은 차세대 인터넷 주소 IPv6에 기반을 둔 사물인터넷 활용인데 이는 약 43억 개의 주소만 생성 가능한 기존 IPv4로는 사물인터넷 관련 서비스 이용에 제한이 있기 때문이다. IPv6는 기존 IPv4와 달리 주소를 43억 개까지 생성할 수 있기 때문에 거의 무한대로 주소 생성이 가능하고 이러한 기반 위에서라야 원활한 사물인터넷 세상을 기대해볼 수 있기 때문이다. 두 번째는 사물인터넷 사회 실현을 위한 방향성, 세 번째로 사물인터넷 사회 실현을 위한 선결 과제를 각각 검토했다. 마지막으로 의료·복지, 환경, 재해 대책, 교통·물류, 산업, 생활·오락 등 분야별 사물인터넷 가상 서비스 모델 사례도 검토했다. 또한 워킹 그

〈그림 10-1〉 사물인터넷 구현을 위한 전략 범위

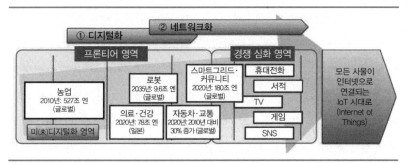

자료: 일본 경제산업성(2011); 정보통신산업진흥원(2012).

룹은 민관 협력 체계를 조성해 사물인터넷 사회의 추진 현황에 대해 지속적 모니터링과 제도적·서비스적·기술적 과제에 대비할 것을 요구했다.

한편 경제 산업성은 2011년 8월 사물인터넷 관련 내용을 포함한 'IT 융합에 의한 신산업 창출 전략'을 발표했다. 이 전략은 사물인터넷 실현을 통해 글로벌 마켓에서 경쟁 우위를 선점하기 위해 다양한 기술적 기반 확보를 목표로 한다. 전략 내용으로는 첫째, 부품 기술 의존 시장에서 벗어난 신시장 창출, 둘째, 처음부터 국내용이 아닌 글로벌 시장을 목표로 하고 셋째, 디지털화·네트워크화를 통한 사물인터넷 시대, 이렇게 세 가지 내용을 담고 있다. 또한 사물인터넷 시대가 도래하면서 새롭게 나타날 산업 분야 중 아직까지 IT 기술이 미치지 못하는 '프론티어(frontier) 영역'과 이미 초기 시장에 진입해 점차 경쟁 심해지는 '경쟁 심화 영역'으로 전략 범위를 분류하고 이 중 특히 산업구조 변화와 신규 비즈니스 창출의 기회가 많을 것으로 예상되는 산업 분야에 집중 투자할 계획이다.

또한 경제 산업성은 신산업 창출 전략의 세 가지 비전 달성을 위해 공통 세부 전략과 액션 플랜(action plan) 과제를 제시했다. 세부 전략은 총 네 가지로 첫째, 융합 시스템 포럼 운영, 둘째, 융합 시스템 설계·개발·수출 지원,

셋째, 사업화 리스크 관리 지원, 넷째, 전략적 표준화 활동의 촉진 등이 있다. 세부 전략 이행을 위한 액션 플랜은 총 6개 분야에 집중되어 있는데 ① 스마트 농업 시스템, ② 스마트 커뮤니티의 국내외 전개 가속화, ③ 스마트 헬스케어 산업, ④ 사회 시스템에 적합하게 설계된 로봇, ⑤ 정보 단말기를 활용한 자동차·교통 시스템, ⑥ 콘텐츠·창조적 비즈니스 등이다. 또한 비전과 전략 목표 달성을 위한 과제로 ① 보안 대책, ② 빅데이터를 통한 가치 창출, ③ 융합형 인재 육성, ④ 국제 협력 도모, ⑤ 신규 사업자의 시장 진출 촉진 등의 선결 과제를 제시했다.

제2절 국내 정책 동향

1. 중앙정부의 정책

1) 방송통신위원회

방송통신위원회는 초연결 사회 도래를 위한 사물지능통신의 활성화를 위해 2009년 10월 '사물지능통신 기반 구축 기본 계획'을 수립했다. 이 계획은 사물지능통신의 기반 구축, 서비스 활성화, 기술 개발, 확산 환경 조성이라는 네 가지 분야별 추진 과제를 담고 있다.

(1) 사물지능통신 기반 구축 기본 계획[6]

사물지능통신 기반 구축을 위한 기본 방향은 공공 부문에서 먼저 사물지

---

6   방송통신위원회, 「사물지능통신 기반구축 기본계획」(2010.4)의 내용을 참조해 정리했다.

능통신 기반을 구축함으로써 민간 부문으로의 확산을 촉진하는 데에 있다. 구체적으로 국가기관, 지방자치단체, 공공 기관의 사물정보 수집·이용을 위한 목적으로 사물지능통신 공공망을 구축하고 다음으로 통신사업자가 보편적인 사물지능통신 서비스를 제공하기 위해 사물지능통신 공중망을 구축한다. 마지막으로 전국 규모의 상용망 수준으로 사물지능통신 선도망을 구축해 관련 제도의 도입, 기술·서비스·장비를 시험하고 검증할 수 있는 기반을 조성하는 데 있다.

사물지능통신 서비스 활성화를 위한 기본 방향으로, 공공 부문에서 초기 수요를 창출하고 민간 부문으로까지 수요를 확산·촉진시키는 것을 정하고 있다. 구체적으로 U-City 등의 공공 부문에서 선도 서비스 모델을 발굴하고 민간 분야와 함께 공공 정보를 공유하고 활용을 장려함으로써 다양한 공공 정보와 민간 정보 간의 연계 서비스를 발굴해나갈 수 있으며 더 나아가 저탄소 녹색 성장의 기반이 되는 융합 ICT 서비스까지 확산하고자 한다.

그런데 이러한 것들은 사물지능통신 기술 개발이 뒤따라야 하는데, 이는 효율적인 사물지능통신 기반 구축과 운영을 위해서 네트워크 구조·기술 규격, 서비스 제공 기준에 맞는 표준 모델의 개발과 보급이 선행되어야 한다.

〈표 10-7〉 사물지능통신 기반 구축 방안

개념	목표
사물지능통신 공공망	2012년까지 국가·지방자치단체 등 공공 기관이 저렴하고 안전하게 이용할 수 있는 사물지능통신 공공망 구축·운영
사물지능통신 공중망	통신사업자는 광대역 방송통신망을 기반으로 누구나 안전하고 저렴하게 이용할 수 있는 사물지능통신 공중망 구축
사물지능통신 선도망	사물지능통신 관련 기술·서비스 등을 시험·검증할 수 있는 사물지능통신 선도망 구축

자료: 방송통신위원회(2010.4).

그다음으로는 사물지능통신 무선 접속, 정합·네트워킹, 안전성을 위한 정보보호, 서비스 플랫폼과 인프라 구축 관련 기술 개발이 차례로 요구된다. 마지막으로 사물지능통신에 적합한 접속 규격에 관한 표준화가 필요하며 국제 표준화 선도와 함께 지적재산권 확보가 수반되어야 한다.

한편, 사물지능통신 확산을 위해서는 안전하고 효율적인 사물지능통신 서비스 제공을 위한 식별 체계와 정보 보호 방안이 마련되고 법제도 정비가 필요하다. 또한 사물지능통신 기반 구축에서 중복 투자 방지와 사물 정보의 공동 활용, 전용 주파수 확보와 정부 정책 제안 등을 위한 산학연관 협력 체제가 구축되어야 한다. 사물지능통신 확산을 위한 환경이 조성되기 위해서는 무엇보다도 관련 전문 인력이 양성되어야 한다. 이는 국가 간의 경쟁에서 우위를 점하고 시장을 선도해나가면서 더 많은 일자리 창출로 이어지는 데 필요한 선행 요건이라 할 것이다.

(2) 방송통신미래서비스 전략 발표[7]

방송통신위원회는 애플, 구글 등에 의해 주도되는 신규 비즈니스 모델 등장에 의해 기기 중심의 국내 ICT 산업 성장 패러다임에 대한 위기의식이 높아져 가는 상황 속에서 시장 성숙 단계에 접어든 한국 ICT 산업이 미래 ICT 기술을 선점해 지속적으로 성장·발전해나갈 수 있는 토대를 마련하기 위해 2010년 5월 7일 '방송통신미래서비스 전략'을 발표했다.

이에 의하면 지속적인 성장이라는 미래서비스 전략 목표를 이루기 위해 방송통신위원회는 방송통신 분야의 프로젝트 매니저(Project Manager: PM)를 중심으로 미래 기술 트렌드를 분석하고 여러 차례 전문가 의견을 수렴해

---

7 방송통신위원회, 「미래 방송통신 서비스의 청사진을 제시」, 방송통신위원회 보도자료(2010.5.7)의 내용을 참조해 정리했다.

약 6개월간의 작업 끝에 10대 미래 서비스를 선정했고 이에 대해 집중 R&D 투자를 계획했다. 또한 개방형 R&D 체계(Open Research Center)를 구축해 그동안의 폐쇄적이고 수직적인 연구 체계에서 벗어나 혁신적인 아이디어와 창의력이 개발되고 반영될 수 있는 환경을 조성했다.

관리 위주의 평가 시스템도 중장기 평가 시스템 도입으로 안정적인 연구 환경을 조성했고 창의성 극대화를 통한 혁신적인 연구 성과물이 나올 수 있도록 공개평가제도를 시행했다. 또한 국제 공동연구 활성화를 통해 국제 협력 기반을 확대해 글로벌 연구 생태계가 조성되도록 했고 중소기업에 대한 지원도 확대해나갈 계획을 세웠다. 이와 같은 방송통신 미래서비스 육성을 위해 필요한 재원은 연간 약 3,600억 원 이상이 소요될 것으로 방통위는 예측한다. 재원은 기획재정부 등 예산 당국과 협의를 통한 신규 주파수 할당 대가 수입과 2010년 3월에 제정된 「방송통신발전기본법」에 따라 2011년부터 신설된 방송통신발전기금으로 마련할 계획이다.

방송통신위원회는 10대 미래서비스 육성을 통해 2014년까지 9조 원의 시장 창출과 3.8만 명의 고용 유발 효과가 있을 것으로 보고 콘텐츠와 관련 기기 시장에도 동반 성장을 촉진할 것으로 보았다. 또한 이 전략을 통해 미래 ICT 산업의 성장뿐만 아니라 고령화, 에너지 효율화 문제, 일자리 창출 등 여러 사회적 현안 해결에도 ICT가 기여할 수 있을 것이라 기대한다.

'방송통신미래서비스 전략'은 두 가지 측면에서 의미를 지닌다. 첫째, 방송통신위원회 출범이후 최초의 방송통신 분야 종합 R&D 계획이며 미래 방송통신 서비스를 대비하기 위한 청사진을 제시했다는 점이다. 둘째, 성숙 단계로 진입한 기존의 ICT 시장과 세계적 수준으로 성장한 민간 기업에 과거의 하드웨어 성장 전략에서 벗어나 새로운 ICT 육성 전략으로 전환하도록 한 부분이다.

10대 미래서비스의 주요 내용은 다음과 같다[8].

① 4G방송은 기존보다 4~16배 선명한 초고화질(UHD)과 주로 10채널 이상의 음향을 제공하는 3D TV(3-Dimensional TV), UHD TV(Ultra High-Definition TV)을 통해 서비스되는 방송을 말한다.

② 터치(touch) DMB(DMB + 와이브로)는 기존 DMB보다 2배 선명하며, 입체(3D) 영상 등을 제공하면서 와이브로와 결합해 개방형 방송 플랫폼을 통해 이동 중에도 이용자가 직접 방송에 참여할 수 있는 방송 서비스를 말한다. 이는 한국이 자체적으로 개발한 와이브로와 DMB를 결합해 저렴한 가격으로 양방향 방송을 구현함으로써 상호 시너지 효과 제고가 기대되며 위치 기반 모바일 광고 등을 통한 광고 시장 활성화에 기여할 것으로 예상되는 서비스이다.

③ McS(Mobile Convergence Service)는 이동 중에 활용 가능한 무선망을 능동적으로 기기 스스로가 찾아 100Mbps급의 속도를 보장하는 서비스이다.

④ 사물지능통신은 모든 사물에 센서·통신 기능을 부과해 지능적으로 데이터를 수집하고, 상호 전달하는 네트워크로서 다양한 디바이스를 통해 상황 인식, 위치 정보 파악, 원격 제어·모니터링 등을 가능하게 해주는 지능형 서비스를 말한다.

⑤ 미래 인터넷 서비스는 전송 품질, 이동성, 보안 등 현 인터넷의 구조적 문제점을 해결함으로써 빠르고 안전하게 다양한 인터넷 응용 서비스들을 이용할 수 있는 환경을 제공한다. 미래 인터넷이란 특정 기술의 지칭이 아닌, 현재 인터넷의 구조적 한계를 해결할 수 있는 다양한 대안적 기술과 서비스를 포괄하는 개념이다.

⑥ K-Star(방송통신위성)는 우리 기술로 자체 위성을 확보해 S대역(2GHz,

---

8   방송통신위원회, 「미래 방송통신 서비스의 청사진을 제시」, 방송통신위원회 보도
     자료(2010.5.7)를 참고했다.

<그림 10-2> 스마트 스크린 서비스 개념도

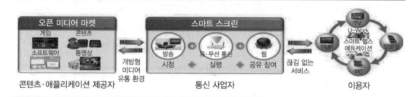

자료: 방송통신위원회(2010.5).

위성 IMT 대역) 위성·지상 공용 휴대통신, 실감형 위성방송(3D/UHD TV), 고정밀 위성항법, 재난 통신 등 새로운 위성 서비스를 개척하고 그린 네트워크의 인프라로 활용될 수 있는 서비스 분야이다.

⑦ '스마트' 스크린 서비스는 클라우드 컴퓨팅(가상화) 기술과 개방형 미디어 마켓을 활용해 언제 어디서나 IPTV, PC, 모바일 단말로 게임, 소프트웨어, 콘텐츠 등을 끊김 없이 이용할 수 있는 서비스이다. 예를 들면 드라마, 문서 편집, 교육 콘텐츠 등을 회사 출근길에 버스에서 모바일로 보다가, 점심시간에 회사 PC에서 다음 화면부터 보고, 퇴근 후 집에서 TV로 계속해서 이어볼 수 있는 서비스를 말한다.

⑧ 넥스트-웨이브(Next-Wave) 서비스(미래 전파 응용)는 신개념 전파 서비스로서 전파를 활용해 종양, 충치 등을 저렴한 가격으로 MRI 수준의 정밀도로 진단 치료하고 언제 어디서나 휴대전화 등 모바일 기기를 선 없이 충전해 이용할 수 있는 서비스이다.

⑨ 인지형 통합 보안 서비스는 사이버 공간상의 각종 보안 위협을 해소하고 안전한 생활환경을 제공하는 정보 보호 서비스로서 하드웨어, 운영체제, 네트워크, 애플리케이션을 포함한 통합 시스템 차원에서 정보 보호 서비스를 제공하고 간단하고 편리한 이용자 중심(User-centered)의 정보 보호 서비스를 실현한다.

〈표 10-8〉 10대 미래 서비스

10대 미래 서비스	계획
4G방송(3D TV / UHD TV)	2013년: UHD(4K) 실험 방송(위성) 2017년: UHD(8K) 실험 방송(위성)
Touch DMB(WiBro+DMB)	2011년: 3D DMB 실험 방송 2013년: 시범 서비스 2016년: 상용 서비스
McS (Mobile Convergence Service)	2012년: 4G 상용 서비스 2013년: 가입자당 평균 수익(ARPU) 중 모바일 데이터 비중 40% 달성
사물지능통신	2012년: 개방형 테스트베드 구축 2015년: 전국 규모 시범 사업 추진
미래 인터넷	2013년: 미래 인터넷 테스트베드 구축 2016년: 10Gbps급 시범 서비스
K-Star(방송통신위성)	2016년: 방송통신 위성 1기 확보 2017년: 고정밀 위성 항법·개인 휴대 이동통신
'스마트' 스크린 서비스	2012년: 컴퓨터 on TV 상용 서비스 2014년: 스마트 스크린 상용 서비스(n-screen)
넥스트-웨이브 서비스(미래 전파 응용)	2012년: 영상 투시 기술·조명 생활정보 서비스 2015년: 전자파 암 진단 서비스
인지형 통합 보안 서비스	2012년: 클라우드 보안 2014년: 사이버·물리 공간 통합 보안 서비스
통합 그린 ICT 서비스	2011년: 방송통신 탄소 인벤토리 구축 2013년: 통합 그린 ICT 상용 서비스

자료: 방송통신위원회(2010.5).

⑩ 통합 그린 ICT 서비스는 ICT와 에너지 분야 기업과 공동으로 그린 방송통신 기반의 에너지 수요 관리·환경 모니터링 등 생활 영역의 에너지 관리 서비스를 제공하고 이를 통해 정체된 방송통신 서비스 시장에 신성장 동력을 제공할 수 있다.

(3) 7대 스마트 신산업 육성 전략[9]

방송통신위원회에서는 2012년 업무 계획으로 시장 성장 가능성과 산업 연관 효과가 크고 국민의 일상생활에 큰 변화를 가져올 7대 신산업과 벤처 육성 등을 통해 젊은층을 위한 신규 일자리 1만 개 창출을 계획했다. 7대 신산업으로는 스마트 TV, 클라우드 서비스, 사물인터넷, 근접 통신(NFC), T-커머스(commerce), 3D TV, 위치 기반 서비스, 신산업 R&D가 있다. 각각의 신산업에 대한 구체적인 육성 방안으로 첫째, 스마트 TV 서비스 활성화를 위해 제조사, 방송사, 콘텐츠 제작사, 통신사업자 간 협력적 생태계를 조성하고 클라우드 서비스 도입 확대를 위해 전산 설비 구비 의무를 완화하고 이용자 보호를 위해 서비스 장애와 정보 유출을 다루는 클라우드 법의 제정 추진 계획을 들 수 있다.

둘째, 사물인터넷 활성화를 위한 전략으로 누구든 시간·공간·단말기의 제한 없이 주위의 다양한 기기를 인터넷으로 연결해 이용할 수 있는 사물지능통신을 통해 복지 서비스 향유가 가능하도록 서비스 개발 추진 계획을 세웠다. 근접 통신 활성화 전략으로는 편의점, 주유소 등 7대 전략 가맹점뿐 아니라 모바일 후불 교통카드 상용화와 모바일 전자지갑을 통한 할인 쿠폰 발급, 사용 규격과 NFC 콘텐츠 카드 등을 위해 표준화를 추진하고 여기에 신규 응용 모델을 계속 발굴해나감으로써 활성화시키는 계획이 있다.

셋째, T-커머스 활성화 계획이 있다. T-커머스란 TV와 커머스(commerce)가 결합된 단어로 인터넷 TV를 통한 전자상거래를 말한다. 국내 T-커머스 이용 규모는 13년까지 약 193~272만 가구로 추정되며, 2015년 매출 전망은 7조 8,000억 원에 이를 것으로 추정된다. 이에 대한 활성화 정책으로 시범

---

9 방송통신위원회, 「스마트 선진국으로의 도약을 위한 2012년 방송통신 핵심과제」, 2011.12.29 보도 자료를 참고했다.

신산업	내용
스마트 TV	스마트 TV 서비스 활성화를 위해 제조사, 방송사, 콘텐츠 제작사, 통신 사업자 간 협력적 생태계 조성
클라우드 서비스	클라우드 서비스 도입을 어렵게 하는 전산 설비 구비 의무를 완화하고, 서비스 장애, 정보 유출 등으로부터 이용자를 보호하기 위해 클라우드 법 제정 추진
사물인터넷	사물지능통신을 통해 주위의 다양한 기기를 인터넷으로 연결시킴으로써, 누구나 시간, 공간, 단말의 제약 없이 복지 서비스를 향유할 수 있도록 서비스 개발 추진
근접 통신(NFC)	공항, 구내식당 등 시범 사업의 거점 확대, 종이 없는 '그린(green) 영수증' 등 신용용 모델 발굴과 '여수 세계 EXPO' 등 국제 행사에서 시연 추진
T-커머스	드라마, 오락 등 실시간 방송과 연동해 광고, 물품 구매, 결제 등이 가능한 TV 전자상거래 시범 서비스 추진
3D TV	실험 차원의 기술 검증 단계에서 정규 방송의 주파수·설비를 활용한 시범 방송으로 고화질 3D 방송 상용화 추진
위치 기반 서비스	진입규제 완화, 위치 정보 활용 고지·동의 절차 개선 등 관련 법·제도 개선 추진
신산업 R&D	방송통신 기술은 UI / UX 홀로그램과 같은 감성 기술, 빅데이터 처리·상황 인식 등과 같은 지능화 기술, N-스크린·클라우드 컴퓨팅과 같은 연계 기술 등을 중심으로 발전

서비스 추진과 인터넷 TV뿐만 아니라 개인 휴대용 단말기(스마트폰, 스마트 패드)에서도 전자상거래가 가능하도록 하는 개발을 계획하고 있다.

넷째, 3D TV는 실험 차원의 기술 검증 단계에서 정규 방송의 주파수와 설비를 이용해 고화질 3D방송의 상용화를 추진하는 계획이 있다. 또한 3D 관련 기술의 국제 표준화(ATSC 등)를 추진하고 양질의 3D 콘텐츠 제작을 위한 가이드라인 V2.0을 마련할 계획이다.

다섯째, 위치 기반 서비스 관련 활성화 전략으로 우선 진입 규제를 완화하고 개인 위치 정보 활용에 대한 고지·동의 절차 개선 등 관련 법·제도 개선 추진 계획이 있다. 여섯째, 마지막으로 신산업 R&D 활성화를 위해 신산업으로 분류된 음성·동작 인식, 오감 방송 등 UI/UX, 빅데이터 처리, 사물인터넷 플랫폼 등에 신기술 개발이 이루어질 수 있도록 집중적으로 지원하고 더 나아가 대학·중소기업이 상호 공생할 수 있는 발전형 R&D 모델을 확립하는 계획이 있다.

(4) 방송통신 기본 계획 수립[10]

이 외에도 방송통신위원회는 2011년 11월 11일 네 가지 핵심 과제를 담은 '방송통신기본계획'을 수립했다. 4대 핵심 과제는 ① '글로벌 ICT 허브 코리아 실현', ② '스마트 생태계 조성 및 신산업 창출', ③ '디지털 선진 방송 구현', ④ '방송통신 이용자 복지 및 정보 보호 강화'가 있으며 각각의 과제는 세부 과제와 실천 과제를 담고 있다.

첫 번째 핵심 과제인 '글로벌 ICT 허브 코리아 실현' 관련 세부 과제와 실천 과제는 지금보다 10배 빠른 네트워크 구축을 위해 유선 네트워크를 고도화하고 차세대 이동통신망 구축하며, 와이파이를 확충하고 이용 환경을 개선하는 것을 말한다. 또한 모바일 광개토 플랜을 추진하기 위해 모바일 광대역 주파수 발굴, 공공 주파수 이용 효율화, 비면허 주파수 이용 활성화, TV 유휴 대역 활용, 주파수 관리 체계 선진화를 실천한다. 미래 인터넷의 글로벌 허브로의 도약 관련 실천 과제는 국내외 미래 인터넷 테스트베드 구축, 스마트 인터넷 기술 경쟁력 강화, 차세대 인터넷 주소(IPv6) 전환 촉진, 스마트워크 활성화 추진이 있다. 글로벌 신성장 동력 기반 강화를 위해 차세대 원천 기술을 개발하고 글로벌 표준 경쟁력 강화, 녹색 방송통신 환경

---

10 방송통신위원회, 「방송통신기본계획 수립」, 2011.11.11의 보도 내용을 참조해 정리했다.

조성, 방송통신 융합 서비스 확산, 생활밀착형 전파 산업 육성, 방송통신 기기 적합성 평가 체계 선진화를 실천 과제로 두고 있다. 인터넷 기반 사회의 대응 역량 강화를 위한 실천 과제로 인터넷의 사회 전반에 대한 영향 대응, 인터넷 이용 환경의 개선, 인터넷 이용 원칙 정립 등이 있다.

두 번째 핵심 과제인 '스마트 생태계 조성 및 신산업 창출'에 관한 세부 과제와 실천 과제는 다음과 같다. 세부 과제로는 7대 스마트 서비스 활성화, 혁신적 생태계와 벤처 인프라 조성, 방송통신 서비스 경쟁 촉진, 공정한 경쟁 원칙 확립, 방송통신 해외시장 진출의 확대가 있다.

① 7대 스마트 서비스 활성화에 관한 실천 과제로는 클라우드 서비스 활성화, 사물지능통신 서비스 기반 구축, 근접 통신(NFC) 기반 산업 창출, 스마트 TV 서비스 경쟁력 강화, TV 전자상거래 활성화, 위치 정보(LBS) 기반 산업 활성화, 3D 방송 서비스 활성화가 있다.

② 혁신적 생태계와 벤처 인프라 조성에 관한 실천 과제로는 혁신적 스마트 생태계 조성, 벤처기업 성장 촉진, 벤처기업 기술력 제고, 대·중소기업 공생발전 지원, 홈쇼핑을 통한 중소기업 지원 강화가 있다.

③ 방송통신 서비스 경쟁 촉진에 관한 세부 과제는 신규 방송 활성화, 유료방송 시장 개선, DMB 활성화 지원, 방송 사업 허가·재허가 제도 선진화, 지상파 다채널 방송서비스 정책 방안 마련, IPTV 서비스의 견실한 성장 지원, 통신 시장의 건전한 경쟁 촉진, 기간 통신 사업자 허가 M&A 제도 개선이 있다.

④ 공정한 경쟁 원칙 확립에 관한 실천 과제는 방송시장 공정 경쟁 기반 조성, 통신시장의 공정한 거래 질서 확립, 방송통신의 분쟁 해결과 심결 지원 체계화가 있다.

⑤ 방송통신 해외시장 진출 확대에 관한 실천 과제로는 방송통신 서비스 해외 진출 지원, 국제 ICT 협력활동 주도, 방송통신 부문 통상협상 대응, 개

도국 지원활동 전개, 전파방송 시스템 해외진출 지원, 방송통신 남북협력 추진을 들 수 있다.

세 번째 핵심 과제인 '디지털 선진 방송 구현'에 관한 세부 과제는 글로벌 미디어 기업 성장기반 마련, 방송통신 콘텐츠 글로벌 경쟁력 제고, 광고시장 확대로 미디어 산업 견인, 방송의 디지털 전환 추진, 고품격 청정 공영방송 구현을 들 수 있는데 각각에 관한 실천 과제는 다음과 같다.

① 글로벌 미디어 기업의 성장 기반 마련에 관한 실천 과제로는 방송 사업 소유·겸영 규제를 개선하고 방송법제 선진화와 지상파 방송 재송신 제도 개선을 들 수 있다. 또한 방송 시장에 관한 경쟁 상황 평가와 시청 점유율 조사·검증 체계의 확립, 방송 편성과 평가제도 개선, 지상파 방송의 TV 방송시간 규제 완화를 들 수 있다.

② 방송통신 콘텐츠의 글로벌 경쟁력 제고 방안으로는 우수 방송 콘텐츠의 제작 경쟁을 촉진시키고 방송 콘텐츠의 제작 기반을 지원, 방송통신 사업 전문 인력의 양성, 방송통신 콘텐츠의 시장 활력 제고와 외주 제작사 역량 강화를 위한 방송 제도의 개선이 있다.

③ 광고 시장 확대로 미디어 산업 견인에 관한 실천 과제로는 방송광고 판매 시장의 경쟁 체제 도입와 효율성 제고, 중소방송 지원 방안 마련, 방송 광고 편성·운영 규제 개선, 스마트 광고 기반 조성, 인터넷 광고 시장의 활성화 기반 조성이 있다

④ 디지털 방송 전환 추진에 관한 실천 과제로 디지털 방송 수신 환경 개선, 시청자 지원 강화, 케이블 방송의 디지털전환 추진, 라디오 방송의 디지털화 추진, 방송 장비 산업의 육성이 있다. ⑤ 고품격 청정, 공영방송 구현에 관한 실천 과제는 공영방송 재정 기반 선진화와 공적 기능 제고, 방송 프로그램의 품격 제고, 지역 방송 활성화 유도, 공동체 라디오 방송 활성화, 공익채널 제도 개선이 있다.

〈표 10-10〉 방송통신위원회 사물지능통신 활성화 관련 정책

연월일	제목	내용
2009.10.14	사물지능통신 기반 구축 기본 계획 수립	- 사물지능통신 기반 구축 - 사물지능통신 서비스 활성화 - 사물지능통신 기술 개발 - 사물지능통신 확산 환경 조성
2009.12.10	미래네트워크 (Future Network: FN) 2020	- FCN(Future Convergent Network) - FIN(Future Intelligent Network) - FON(Future Open Network) - FUN(Future Ultra-Broadband)
2010.5.7	방송통신미래서비스 전략 발표	〈10대 미래 서비스〉 ① 4G 방송(3D TV / UHD TV) ② Touch DMB(WiBro + DMB) ③ McS(Mobile Convergence Service) ④ 사물지능통신 ⑤ 미래 인터넷 ⑥ K-Star(방송통신위성) ⑦ '스마트' 스크린 서비스 ⑧ Next-Wave 서비스(미래 전파 응용) ⑨ 인지형 통합 보안 서비스 ⑩ 통합 그린 ICT서비스
2011.5	사물지능통신 종합 지원센터 구축	사물지능통신 활성화와 이용 확산, 국내 기업의 서비스 창출 역량 강화를 지원하고 신규 서비스와 창의적인 아이디어를 사업화로 연계시킬 수 있는 핵심 역할
2011.10	7대 스마트 신산업 육성 전략	① 스마트 TV ② 클라우드 서비스 ③ 사물인터넷 ④ 근접 통신(NFC) ⑤ T-커머스 ⑥ 3D TV ⑦ 위치 기반 서비스 신산업 R&D
2011.11.11	방송통신 기본 계획 수립	- 글로벌 ICT 허브 코리아 실현 - 스마트 생태계 조성과 신산업 창출 - 디지털 선진 방송 구현 - 방송통신 이용자 복지와 정보 보호 강화

네 번째 핵심 과제인 '방송통신 이용자 복지 및 정보 보호 강화'에 관한 세부 과제로는 통신 서비스 요금 부담의 완화, 저소득층·소외 계층 지원 강화, 방송통신 서비스 이용자 권익 증진, 인터넷 문화 선진국 구현, 사이버 세상 보안 기반 강화가 있다. 먼저 통신 서비스 요금 부담의 완화를 위한 실천 과제로 통신사 간 요금 경쟁 촉발, 통신 요금 부담 경감, 단말기 유통 구조 개선, 이동전화 서비스의 번호 이동성 확대, 전기통신 설비의 공동 구축 활성화가 있다. 다음으로 저소득층·소외계층 지원 강화에 관한 실천 과제로는 장애인의 방송통신 접근성 제고, 장애인용 UI / UX 개발, 농어촌 광대역 통합망 구축, 시청자 미디어센터 활성화, 보편적 시청권 강화, 보편적 통신 서비스 확대가 있다. 세 번째로 방송통신 서비스 이용자의 권익 증진에 관한 실천 과제는 이용자 알 권리 제고와 피해 구제의 강화, 방송통신 서비스 이용 환경의 개선, 발신 전화번호 표시제도 개선, 전자파 대응 체계 강화, 3D 시청 안정성 제고, 방송통신 재난 대응 강화가 있다. 네 번째로 인터넷 문화선진국 구현에 관한 실천 과제로는 선진 인터넷 이용 문화 조성, 불법·유해정보 유통 차단 강화가 있다. 마지막으로 사이버 세상 보안 기반 강화에 관한 실천 과제는 사이버 보안 대응체계 강화, 모바일 보안 위협 대응, 개인정보 보호 조치 강화, 사이버 보안 글로벌 리더십 확보가 있다.

2009년부터 진행되어온 방송통신위원회의 사물지능통신 활성화 정책은 〈표 10-10〉과 같이 정리할 수 있다.

2) 국가정보화전략위원회[11]

정보화추진위원회는 2008년 12월 3일 국가정보화 기본 계획을 마련해

---

11 정보화추진위원회, 「국가정보화 기본 계획」(2008.12); 정보화추진위원회, 국가정보화 기본 계획(수정 계획)(2012.3)을 참고해 정리했다.

〈표 10-11〉 국가정보화 기본 계획 5대 목표 분야

5대 목표 분야	추진 전략
창의적 소프트파워	- 지식의 창출·활용을 위한 개방·공유·협업 기반 마련 - 국가 지식의 보호·활용 선순환 구조 확립 - 지식 인프라 구축 - 창의적 두뇌 양성 - 소프트파워 친화적 생태계 조성
첨단 디지털 융합 인프라	- 국가 네트워크 융합 인프라 선진화 - 융합 촉진형 기술 개발과 제도 개혁 - 지식 기반 신사회간접자본(SOC) 조성
신뢰의 정보사회	- 건강한 사이버 세상 구현 - 장애인·취약 계층 정보 격차의 해소 - 걱정 없는 일상생활 보장 - 선제적 재난·위기 대응 체계 실현
일 잘하는 지식정부	- 성과를 창출하는 지능형 행정 체계 확립 - 국민에게 편리한 생활 공감 서비스 창출 - 국민과 소통하는 디지털 민주행정 실현 - 지속 가능한 정보화 발전 기반 강화
디지털로 잘 사는 국민	- 그린 ICT와 협업 상생의 지속 가능한 경제구조 - 첨단 U-city 기반 생활·문화·복지 서비스 - 융합형 개방형 산업 기업 정보화 - 선진 지식 정보화를 위한 ICT 산업 기반의 강화

기존의 정보화 촉진 중심 정책의 한계와 문제점들을 해결하려 했다. 국가정보화 기본 계획에는 5대 분야 추진 과제가 제시되어 있는데 그 내용은 창의적 소프트파워, 첨단 디지털 융합 인프라, 신뢰의 국가정보화, 일 잘하는 지식정부, 디지털로 잘 사는 국민으로 구분되어 있다. 5대 분야 추진 과제 상세 내역은 〈표 10-11〉과 같다.

2011년 10월 국가정보화전략위원회에서는 대용량 정보가 급증하는 빅데이터 시대에 정부 역량 강화를 위해 빅데이터를 활용한 스마트 정부 구현 방안을 보고했다. 빅데이터 활용을 위한 추진 과제로서 정부가 먼저 빅데이

터의 활용과 인프라 기반 조성을 위한 '빅데이터 활용 추진단'을 신설하고 산학연 협력을 통해 원천 기술을 개발해 빅데이터 핵심 기반을 확보하는 것을 제시한다. 이를 통해 빅데이터 경쟁력을 함양시키자는 것이다.

2011년 11월에 제2기 국가정보화전략위원회가 출범하면서 최근의 IT 패러다임과 기술 변화를 반영하기 위해 기존에 수립된 기본 계획(2008년 11월)을 수정·보완하는 작업이 진행되었고 2012년 4월 6일 국가정보화 기본 계획 수정안을 발표했다. 주요 수정 사항으로 스마트 사회, 소셜 미디어와 같은 정보화 시대상과 고령화·다문화 사회를 반영하는 새로운 정책 수요에 대한 창의적 대응 방안을 제시했으며 IT 기술 환경의 변화와 발전 방향을 제시했다.

3) 미래창조과학부

(1) 인터넷 신산업 육성 방안[12]

미래창조과학부는 아이디어가 세상을 바꿀 수 있도록 인터넷 환경을 구현하여 창의적인 아이디어가 상상에 그치지 않고 이를 경쟁력 있는 사업으로 구현하는 인터넷 신산업에 대한 정부의 종합 육성책을 마련하고자, 2013년 6월 5일 인터넷 신산업 육성 방안을 발표했다. 육성 방안은 2017년까지 클라우드, 빅데이터, 사물인터넷과 같은 새로운 인터넷 사업 기반을 이용하는 창조 기업을 1,000개 육성하고, 인터넷 신산업 시장을 10조 원으로 확대하며, 창의적인 일자리를 창출해 5만 개의 고용을 창출하는 것이다. 이를 위해 창의적 아이디어 구현이 가능한 인터넷 서비스 맞춤형 플랫폼을 구현할 계획이다. 구체적으로 사물인터넷을 통해 다양한 융합 인터넷 서비스 출

---

12 "미래창조과학부 인터넷 신산업 육성 방안 - 아이디어가 세상을 바꾸는 인터넷 구현", ≪임베디드 월드≫, 2013년 6월 5일 자를 참고해 정리했다.

〈그림 10-3〉 인터넷 신산업 육성 비전과 추진 전략

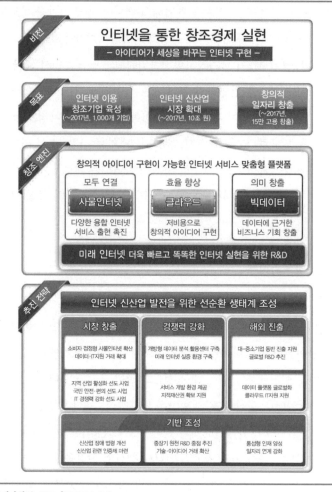

자료: 미래과학부 보도자료(2013.6.5).

현을 촉진하고 저비용으로 창의적 아이디어를 구현할 수 있도록 클라우드 서비스를 활성화한다. 또한 데이터에 근거한 비즈니스 기회를 창출하기 위해 빅데이터를 이용해 의미가 창출되도록 하는 환경을 조성할 계획이다.

인터넷 신산업 발전을 위한 선순환적인 생태계를 조성하기 위해, ① 신산업 장애 법령을 개선하고 신산업 관련 인증제를 마련할 계획이다. ② 중장기적으로 원천 R&D를 중점적으로 추진해 핵심 기술을 확보해나가고 이렇게 습득된 기술과 아이디어의 거래가 원활히 이뤄질 수 있도록 기반을 조성하며 통섭형 인재 양성이 일자리와 연계될 수 있도록 기반을 조성할 계획이다. ③ 인터넷 신산업 시장을 창출하기 위해 먼저 인터넷 신산업 생태계가 조성되도록 소비자 접점형 사물인터넷 서비스 확산과 데이터 개방·활용의 촉진, 데이터·IT 자원 거래 확대, 스마트 신제품 개발 환경이 조성되도록 정책을 시행할 계획이다. ④ 또한 수요 창출을 위한 선도 사업으로 지역 산업 활성화, 국민 안전·편의 사업, 그리고 IT 경쟁력 강화 사업을 시행할 계획이다.

한편, 이 방안은 정책 과제로서 인터넷 신산업 경쟁력 강화를 위해서 클라우드 데이터센터 확산 지원, 개방형 데이터 분석 활용센터 구축, 글로벌 미래 인터넷 실증 환경의 구축을 통한 기업 지원 인프라의 구축을 추진한다. 또한 기업 성장 기반의 조성을 위해 인터넷 신산업 서비스의 개발 환경을 제공하고 인터넷 신산업 중소기업 육성을 위한 지원과 지적재산권 확보 및 활용 확산을 지원한다. 마지막으로 인터넷 신산업 해외 진출을 촉진시키기 위해 해외 시장 개척을 지원한다. 이의 구체적인 방안으로 해외 진출 지원센터를 구축하고 대·중소기업 동반 진출을 지원하며 글로벌 R&D 지원과 글로벌 협력 시범 사업을 지원한다. 그뿐 아니라 국내 플랫폼 글로벌 확산을 위해 데이터 플랫폼을 글로벌화하고 국내 클라우드 기술·서비스의 해외 진출을 지원하며 신산업 경쟁력 지수를 개발한다.

2. 최근 M2M 정책 동향

정부는 M2M 관련 정책과 R&D 투자를 통해 환경·인프라를 조성하는 한편, 시범 선도 사업을 통해 공공 분야를 중심으로 M2M 활성화를 도모한다고 할 수 있다. M2M 시장의 고질적인 장애 요인인 표준화 해결을 위해 2012년부터 M2M 분야 국제 표준화 협력체인 'oneM2M' 설립에 참여해 주도적인 역할을 수행하고 있으며, 작년 11월 M2M 기본료를 2,000원에서 30원으로 낮춰 M2M이 시장 주도적으로 보급될 수 있는 환경을 만들었다. 정부는 유럽이나 미국처럼 환경·에너지 산업에 M2M 기술 활용을 적극 장려하며 사업을 추진 중인데, 2012년 '그린 바이(Green by) ICT 사업 모델'의 3대 대표 모델 중 하나로 'M2M 기반 홈 에너지 관리 서비스'를 선정했다. 특히 2013년 들어 정부는 M2M 활성화를 위한 정책 지원에 본격적인 시동을 걸었다. 2013년 6월 5일 정부가 발표한 '창조경제 실현 계획'에 따르면 모든 산업에서 ICT와 과학기술이 만나 새로운 일자리를 창출하겠다'라는 내용을 기본 골자로 한다. 이를 통해 M2M 적용 범위는 전방위적으로 확대될 것이며, 정책 입안과 표준화 문제도 해결의 실마리를 찾을 수 있을 것으로 보인다.

3. 지자체 정보화 사업 추진

지자체의 정보화 사업 추진은 대표 사례로 경기도를 살펴보도록 한다. 경기도의 정보화 사업은 1996년에 한국전산원과 공동으로 정보화 기본 계획을 수립하면서 시작되었으며, 1997년에 「경기도 정보화추진위원회 설치 및 운영 조례」를 제정하면서 법률적 근거를 가지고 본격적으로 추진되었다. 대민 서비스 시스템인 '경기넷'의 구축은 1998년에 시작해 2001년에 시

〈표 10-12〉 경기도 정보화 기본 계획의 내용

구분	정보화 기본 계획(2007~2011년)	추진 실적
비전 목표	쾌적한 삶을 추구하는 동북아 최고의 U-경기 U-빠른 행정 실현, 도민 삶의 질 향상, 특화 사업 전략적 연계, U-city 공동 기반 구축	
과제 (27)	- 행정: 시책 관리, 전사 아키텍처(Enterprise Architecture: EA) 도입, 정보 마을 8과제 - 생활: U-lib, 복지, 건강, 보호 6과제 - 산업: U-문화 관광, 산업 단지 등 6과제 - 기반: 교통 기반, 환경 & 도시 관제 4과제 - 전략: U-에코 시티 등 3과제	정보 마을(61마을), 행정 정보 내실화, 정보화 교육, 사이버 침해 대응, 경기넷 고도화, U-화훼 지원 서비스, 공간 정보, 경기 누리맵, 13시·군 (23사업) 추진, 화성 완료
비용 (8,509억 원)	- 정보화: 2,989억 원(U-타운: 2,443억) - 전략 과제: 5,520억 원	- 투자 금액: 813억 원(전체 기준 14.7%) 2011년 126억 원〔(시스템 통합 (System Integration: SI) 29억 원, 전체 예산 기준 0.1%〕
추진 체계	- 1실 6담당 → 1국 4과 13담당 63명	- 1단(과) 7담당 39명 ※ 서울시: 1단 6과 213명

자료: 경기도(2011).

스템 구축을 완료하고 지방자치단체 중에서는 최초로 서비스를 개시할 수 있었다.

2006년과 2011년에는 각각 제2차와 제3차 경기도 정보화 기본 계획이 수립되었다. 첫 번째 기본 계획의 경우, 경기도는 경기 비전과 전략의 정보화 실천력 확보, 행정 업무 추진의 효율과 도민 서비스 제고를 위한 종합적인 정보화 계획의 수립, 거버넌스 체계 확립, 정보화 투자 확대와 안정적인 추진 체계가 필요함을 인식해 2007년 경기도 정보화 기본 계획(2007~2011년)을 수립했다.

경기도는 이 계획을 통해 '쾌적한 삶을 추구하는 동북아 최고의 U-경기' 정보화 비전을 정립하고 여러 가지 정보화 사업을 추진해왔다. 이 기간에 과제 27개(전략 과제 3개 포함)를 계획해 수행 과제 13건을 채워 48%의 이행

<그림 10-4> 경기도 정보화 기본 계획(2012~2016년)의 정보화 영역 내용

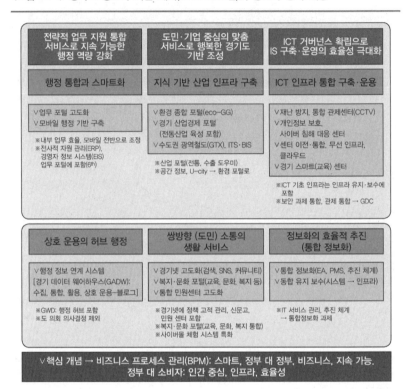

자료: 경기도(2011).

률을 달성했다. 투자 계획은 전체 8,509억 가운데 정보화 분야 2,989억 원
에서 813억 원을 집행했다(집행률 27.1%). 다만, 현실의 여건이 불비해 이 계
획에 담긴 사업들을 전반적으로 추진하기보다 최소 비용과 조직(인력)을 활
용한 기존 정보 시스템의 안정화(보안, 기초 인프라, 운영)에 중점을 두며 추
진해온 것으로 보인다.

두 번째 기본 계획의 경우, 경기도는 2011년 당시 민선 5기 도정 방침에
따른 경영 전략의 실천력 확보와 행정 업무의 효율화, 정보화의 특화 모델

발굴, 대민 서비스 제고 등의 변화하는 환경에 대한 대처와 통합적인 정보화의 추진 및 체계적인 정보 자원 관리의 필요성이 발생함에 따라 이를 위한 일관성 있는 정보화 추진 전략의 확보와 중장기(2012~2016년) 관점의 차세대 정보화 기본 계획을 수립했다.

여기서 정보화 비전을 '상호 운용 기반의 스마트 경기 정보화'로 삼고, 이를 달성하기 위한 목표를 '상호 운용의 정보 체계와 감동 서비스로 스마트 경기 구현'으로 설정하고 있다. 이러한 비전과 목표, 여러 가지 과제들을 추진하는 데 이를 정보화 영역별로 분류한다(〈그림 10-4〉 참조).

최근에는 스마트폰과 앱 기반의 정보 시스템으로 진화했다(한국지역정보개발원, 2012: 209~210). 예를 들면, 2011년 4월부터는 트위터 계정을 이용해 민원 문의를 접수받아 답변해주는 '경기스마트 120(@ggsmart120)'을 운영하고 있는데, 2011년 말까지 이 서비스를 이용해서 총 1,233건의 민원을 접수받았고, 접수된 민원의 약 절반을 1시간 이내에 처리했다. 이렇듯이 지금까지의 경기도 정보화 사업은 공간 정보 시스템과 행정 정보 시스템, 경기넷, 정보화 마을을 중심으로 추진되어왔다고 할 수 있다.

경기도 본청의 정보화 추진 체계는 최근까지 정보화 기획 담당관(담당 업무: 정보 기획, 미래 정보, 정보 문화, 행정 정보)과 정보화 운영 담당관(담당 업무: 시스템 운영, 방송통신, 정보 보호), 뉴미디어 담당관(담당 업무: 인터넷 언론, 뉴미디어, 소셜 미디어)으로 나누어져 있다(한국지역정보개발원, 2012: 287). 또 위에서 밝힌 본청의 정보화 부서에 배치된 정보화 인력은 약 40명이고, 타 부서에 배치된 인원까지 합하면 약 120명으로 전체 공무원의 약 1.30%가 정보화 인력이다(한국지역정보개발원, 2012: 304). 시·군 단위에서는 대부분 과 단위에서 운영되고, 전체 공무원 수 대비 정보화 인력의 비율이 2.0~10.0으로 다양하다(한국지역정보개발원, 2012: 289). 그런데 경기도 본청의 경우 2013년 5월 1일 자로 정보화 관련 업무를 통합하는 정보화 기획관 직책을 신설했다(김순기, 2013).

경기도의 정보화 사업은 평균 100억 이상의 대규모 사업을 본격적으로 시작한 2004년부터 확대되기 시작했다.[13] 2005~2007년의 3년간 약 3,600억 가량의 예산을 사용했는데, 그중 2007년에 가장 많은 예산을 투자했다. 그러나 2008년부터 1,000억 대로 줄어들어서 2011년에는 500억 원이 채 되지 않은 예산이 정보화 사업에 사용되었다. 한편, 경기도 본청의 정보화 사업 총수는 2005년 이후 줄곧 두 자리를 유지했다. 이에 비춰 볼 때 사업의 수는 유지되면서 사업의 규모가 축소되었다고 할 수 있다(한국지역정보개발원, 2012: 383~385).

제3절 정책적 시사점

지금까지 초연결 사회 도래에 필요한 ICT R&D 관련 각국의 정책을 살펴보았다. 각 국가별로 상이한 경제구조를 갖고 있음에도 주요 국가들은 초연결 사회로의 전환을 위해 ICT R&D 분야에 장기적·대대적인 투자를 계획하며 실행에 옮기고 있다. 이는 ICT 분야를 이제 하나의 산업이 아닌 2008년 금융위기 이후 잃어버린 성장 동력 회복과 ICT와 다른 산업 간의 융합을 통한 지속적인 성장 엔진을 얻을 수 있는 분야로 여기기 때문이다. 특히 미국과 유럽연합의 경우, 과거 우위를 점해오던 과학기술 분야의 약화에 따른 위기를 극복하고 새로운 경제성장의 모멘텀(momentum) 확보를 위한 수단으로써 ICT 생태계 조성에 필요한 혁신의 주요 분야에 집중적이며 대대적

---

13 경기도 본청은 2006년 1,054억 원의 사업을 1개 추진했으며, 시·군청에서는 총 266억 2,600만 원의 사업을 29개 추진했다(한국지역정보개발원, 2012: 383~385).

인 투자를 지속적으로 해오고 있다. 중국의 경우 ICT R&D정책을 통해 기존 산업구조를 개혁하고 새로운 성장 분야로 육성할 ICT 산업에 전략적인 투자를 감행하고 있다. 일본의 경우는 국제적으로 경쟁력 있는 ICT 분야를 전략 분야로 분류하고 이에 대한 지원을 집중하며 해외 주요 시장에서 지식재산권과 국제 표준을 전략적으로 획득하려 한다.

한국의 경우 2010년 EIU(Economist Intelligence Unit) 디지털경제지수 정부 정책과 비전 부문에서 70개국 중 2위를 차지할 정도로 뛰어난 정책 제시를 했지만 산업 경쟁력에서는 2011년 EIU IT산업경쟁력지수(19위)가 2008년(8위) 이후 지속적인 하락 추세에 있다. 이 결과는 한국이 그동안 세계 최고 수준의 ICT 인프라를 갖추며 인터넷 경제가 GDP 대비 7% 이상을 차지할 정도로 확대해왔으나 사물인터넷, 클라우드, 빅데이터와 같은 초연결 사회로의 전환에 필요한 ICT 신기술에선 2012년 기준, 세계 시장 대비 국내 시장의 비중이 사물인터넷 1.9%, 클라우드 0.5%, 빅데이터 0.2%에 그친 점과 일맥상통한다. 이는 한국의 정책이 ICT R&D 환경 부문을 개선해 관련 특허 출원 수 상승을 통해 IT 산업 경쟁력 제고를 위한 정책과 초연결 사회의 리더 국가가 되기 위한 선제적 정책 마련이 필요함을 시사한다. 또한 ICT 신기술 관련 민간 기업의 투자를 유도하기 위한 세제 지원과 시범 사업의 활성화, 대규모의 투자가 필요하며 민간에서의 데이터 활용을 통한 혁신을 유도하기 위해 공공 기관, 통신사, 포털 등의 데이터 공개·활용을 활성화하고 데이터 거래와 유통 환경을 조성해야 함을 의미한다. 2012년 한국 IT서비스산업 협회(ITSA)에 의하면 공공 데이터셋(dataset)을 기준으로 미국 4만여 개, 영국 8,000여 개 대비 한국은 400여 개로 공개 지수가 매우 낮은 수준이다.

경기도는 앞으로 다가오는 초연결 사회로의 전환을 위해 중국 상하이와 같이 지역 내에 사물인터넷통신센터와 산업 단지, 연구센터를 구축하고 사물네트워크 관련 산업 기금을 조성해 현재 건설 중인 '동탄2 신도시'나 건설 계획에 있는 평택 '국제 평화의 도시'에 스마트 시티를 조성해 초연결 사회로의 전환에 테스트베드로서의 기능을 수행할 시범 단지를 조성할 필요가 있다. 또한 ICT 신기술 관련 인력 부족 문제를 해결하기 위해 인재 양성의 핫베드(hotbed)로서 산학연 간 네트워크를 조성해 세계 최고의 인재 양성 정책을 추진할 필요가 있다.

참고문헌

정보화추진위원회. 2012.3. 「국가정보화 기본계획(수정계획)」.

정보화추진위원회. 2008.12. 「국가정보화 기본 계획」.

≪임베디드 월드≫. 2013.6.5 "미래창조과학부 인터넷 신산업 육성 방안 - 아이디어가 세
　　상을 바꾸는 인터넷 구현."

경기도. 2011. 「경기도 정보화기본계획(요약본)」.

김순기. 2013.5.1. "경기도 IT컨트롤타워 구축 … 정보화기획관 신설." ≪전자신문≫.

김형준. 「사물 간 통신네트워크의 이해」, ≪한국통신학회논문지≫, 제27권 제7호(2010).

미래창조과학부. 2013.10.24. 「ICT WAVE 전략으로 창조경제의 새 물결을 일으킨다」.
　　미래창조과학부 보도 자료.

방송통신위원회. 2011. 12. 29. 「스마트 선진국으로의 도약을 위한 2012년 방송통신 핵
　　심과제」.

_____. 2011.11.11. 「방송통신기본계획 수립」. 방송통신위원회 보도 자료.

_____. 2010.5.7. 「미래 방송통신 서비스의 청사진을 제시」. 방송통신위원회 보도 자료.

_____. 2010.4. 「사물지능통신 기반구축 기본계획」.

정보통신산업진흥원. 2012. 「주요국의 사물인터넷(Internet of Things) 정책동향」. ≪IT
　　R&D 정책 동향≫, 2012-9.

_____. 2011. ≪IT R&D 정책 동향≫, 2011-1.

한국지역정보개발원. 2012.10. 『2012 지역정보화백서』.

http://www.m.etnews.com/news/nationland/2759668_4439.html

제11장

초연결 사회, 한국의 수준과 대응 방향

유영성 · 김현중

제1절 초연결 사회 발전의 주요 변수

사회가 초연결 사회로 진화하고 발전하면서 나타나는 구체적인 모습은 어떤 변수들이 어떻게 작용하느냐에 따라 그 양태는 다양할 수 있다. 최민석·하원규·김수민(2013)은 그 변수들 가운데 중요하다고 판단되는 것들로 ① 커넥티드 사물과 통신 모듈의 가격 하락, ② 전원 공급의 한계 극복, ③ 프라이버시 침해, 빅브라더 등장의 우려 등 사회적 저항 해결, ④ 비즈니스 모델의 변화, ⑤ 데이터·지식·프로세스·시간·공간의 공개 문화 확산, ⑥ 끊임없는 창조적 도전과 혁신의 광범위한 모방 등을 든다.[1] 이들 변수에 대해 구체적으로 살펴보면 다음과 같다.

첫 번째 변수로 커넥티드 사물과 통신 모듈의 가격 하락을 들 수 있다. 사물인터넷에서 기기(디바이스)의 소형화와 고품질화와 더불어 가격 하락

---

[1] 이러한 다섯 가지 변수 이외에도 관련 기술의 성숙도·안정성 제고, 전용 주파수 부여 등을 초연결 사회로의 전환에 영향을 줄 변수로 볼 수도 있다.

은 시장 확대·발전에 핵심적 역할을 할 것으로 보인다. 그동안 지속적인 무선통신 모듈의 가격 하락으로 커넥티드 사물의 보급이 확대되어온 것이 사실이다. 그럼에도 아직은 본격적인 커넥티드 사물의 보급에 기여할 정도로 가격 수준이 낮지 않다고 할 수 있다. 향후 추가 가격 하락이 얼마나 되느냐가 사물인터넷 발전의 속도나 규모를 결정하는 데 크게 작용할 것이다. 한편, 기존 스마트폰이나 스마트 TV 등의 가격 하락은 기존 ICT의 지출을 줄여 다른 기기를 구매할 여력을 높이기 때문에 간접적으로 커넥티드 사물 보급에 긍정적인 영향을 미칠 것으로 보인다.

- 2007년 30달러 후반이던 2G 셀룰러 모듈의 가격이 2011년에는 13~17 달러까지 하락했고, 같은 해 3G 모듈의 가격은 35~47달러 수준으로 이는 셀룰러 모듈을 10만원 내외의 의료 기기에 장착할 때 부담스러운 수준이며, 추가로 통신 모듈 비용 외에 이동통신 서비스 비용도 지불해야 한다(GSMA and Machina Research, 2012).
- 수동형 RFID 태그의 가격은 5센트 이하로 하락했지만 1센트 수준까지 하락해야 바코드를 본격적으로 대체할 수 있을 것이다. (참고: 능동형 RFID 태그는 수동형 RFID 태그 가격의 약 10배).[2]
- 블루투스나 와이파이, 지그비 등의 다른 통신 모듈의 가격은 RFID와 셀룰러 모듈의 중간선에서 형성되고 있다(Keller, 2010; Lee, 2012). (참고: 와이파이와 블루투스 모듈은 아이폰4와 아이폰5에 각각 7.8달러와 5.0달러로 사용).
- 사물의 위치를 추적할 수 있는 GPS 수신 모듈의 가격은 1~2달러 수준이다(Keller, 2010). (참고: 스마트폰에 사용되는 GPS 모듈은 1~2달러 수준).

---

2   RFIDJournal.com; IntechOpen.com

두 번째 변수로 전원 공급의 한계 극복을 들 수 있다. 스마트 미터나 스마트 전등 등 대표적인 커넥티드 사물은 전력선 주변에서 주로 이용된다. 따라서 전원 공급의 제약 여부가 커넥티드 사물의 종류를 바꾸는 역할을 하게 된다. 현재 전원의 고성능화·소형화, 저전력화(예: 블루투스 LE133, 전력 반도체) 기술의 지속적 발전 등 이런 제약을 극복하고자 하는 노력이 지속적으로 진행되는 실정이나, 기술 완성도나 가격 경쟁력 측면에서 아직 충분히 성숙하지 못한 상태라고 할 수 있다(IERC, 2012).

세 번째 변수로 프라이버시 침해, 빅브라더 등장 우려 등 사회적 저항을 들 수 있다. 초연결 사회에서는 사적 행위도 열린 공간에 공개될 가능성이 높아지면서 인간 개입이 없거나 최소화된 커넥티드 사물이 개인 신상 정보를 당사자 모르게 수집할 가능성이 상존한다. 또한 비디오 센서를 장착한 커넥티드 사물이 감시 등 빅브라더 역할을 하는 것에 대한 거부감이 높은 것도 현실이다. 따라서 이러한 문제를 극복하는 차원의 법률이나 기술, 시장의 지속적인 문제 해결 노력이 요구된다.

네 번째 변수로서 비즈니스 모델의 변화를 들 수 있다. 비포-마켓(Before-Market) 모델[3]이 사물통신 시장을 지배하고 있어 비용 대비 효과에 대한 소비자들의 부정적 반응으로 인해 커넥티드 사물 보급이 더딘 것이 현실이다.[4] 따라서 커넥티드 사물을 위한 애프터-마켓(after-market)이 형성될 수 있느냐가 향후 초연결 사회 발전의 관건이 된다. 이는 시장 참여자들이 표준화된 오픈 플랫폼을 받아들이게 강제하거나 유도하는 정부의 개입 여부와 관련되는 요소이다.

---

3   기존 사물에 통신 모듈을 추가해서 커넥티드 사물로 변모시킨 후 기존 제품들과 경쟁하는 방식이다.
4   일반적으로 애프터-마켓 시장이 형성되면 폭발적으로 보급이 늘어난다.

다섯 번째 변수로서 데이터·지식·프로세스·시간·공간의 공개 문화 확산을 들 수 있다. 현재 부분적으로 오픈 데이터, 지식 공유, 크라우드 소싱 등이 인기를 얻고 있으나 일반적인 생활 변화까지 이르지는 못하고 있다. 일부 국가 정부에서 오픈 데이터 정책을 추진하고 있으나 아직 미진한 수준이고 향후 민간과 공공 부분을 모두 아우르는 광범위한 수준에서 초연결성 자원의 공개가 이루어지느냐가 초연결 사회 발전의 관건이 될 것이다.

여섯 번째 변수로서 끊임없는 창조적 도전과 혁신의 광범위한 모방을 들수 있다. 근로 생산성 향상, 자산 활용도 제고 등 초연결성을 활용해 생기는 경제적 측면의 효과는 혁신으로 나타나기 마련이다. 현재 일부 산업별 성공 사례들이 존재하지만 혁신 성과가 매우 제한적으로만 활용되는 실정이다. 따라서 초연결 사회의 발전은 이러한 혁신적 마인드와 성공 사례가 사회 전체에 광범위하게 퍼지고 활용될 수 있느냐에 달려 있다고 볼 수 있다.

초연결 사회 발전에 영향을 미치는 이러한 중요한 변수에 대한 향후 전망은 일단 밝다고 본다. 대세의 흐름이 초연결 사회로 진행되는 여정에서 극복해야 할 문제나 과제는 일종의 저해 기제로서 작동하기는 하지만 그것이 인류 도덕의 본질적 요소를 침해하는 것이 아닌 한 다소의 갈등이나 지체를 동반한다 하더라도 경제적 유인이 충분히 작동할 경우 해결되는 것은 시간의 문제이다. 초연결 사회가 도래하는 시간의 흐름 자체가 경제적 유인의 강화라고 할 수 있다. 그만큼 사람들이 필요로 한다고 할 것이다. 특히나 정책적 지지를 얻으면 발전적 요소가 긍정적으로 작동해 시장이 급속히 힘을 얻게 되는데 최근 들어 초연결성은 사회 변화와 경제적 활력을 얻는 동력으로 국가적 지원을 받고 있는 실정이다. 다만 기가 사회(Giga Society)[5]나 국가가 처해 있는 환경과 여건, 그리고 역량의 차이에 따라 초연결 사회 발

---

5   기가바이트 단위의 데이터 전송이 일상화되는 사회.

전의 정도와 양태는 달라질 수 있을 것이다.

제2절 초연결 사회를 맞이하는 한국의 역량

한국 사회가 초연결 사회로 세상이 변화해가는 도도한 흐름에서 이를 맞이하는 준비 정도나 역량이 어느 정도인지를 가늠해봄으로써 초연결 사회 발전 관련 한국의 현주소를 직시할 필요가 있다. 초연결 사회에 대한 대비 역량을 측정하는 방법이나 적용 지표들은 여러 가지가 있을 수 있다. 여기서는 크게 다섯 가지 항목에 초점을 맞춰 살펴보기로 한다. 첫째 항목으로 연결성 정도, 둘째 항목으로 창의적 인재 수준, 셋째 항목으로 산업 간 융합 수준, 넷째 항목으로 ICT 플랫폼화 가능성, 다섯째 항목으로 빅데이터 경쟁력을 들 수 있다.

1. 연결성 정도

제품, 서비스, 자본, 정보, 사람 측면에서 특정 국가가 나머지 국가들과 얼마나 많이(breadth), 얼마나 깊이(depth) 연결되어 있는지 정도를 가지고 지수화한 DHL의 연결 지수(Global Connectedness Index, 2012)에 따르면, 평가 대상국 140개국 가운데 한국은 2005년 이후 매년 상승해 2011년 종합 14위를 기록했다. 다만, 연결의 너비 측면에서는 8위로 비교적 높게 평가되었으나 깊이 측면에서는 44위로 낮게 평가되었다.

한국이 상대적으로 높은 순위를 기록한 배경을 세부 부문별로 보면, 교역(8위), 자본(18위), 정보(31위)가 큰 역할을 한 것으로 분석되었다. 특히, 자본과 정보는 동아시아·태평양 지역에서 각각 3위, 5위를 차지하며 이 지

〈표 11-1〉 연결 지수 순위별 국가(상위 5개국)

순위	2007년	2008년	2009년	2010년	2011년
1	네덜란드	네덜란드	네덜란드	네덜란드	네덜란드
2	룩셈부르크	스위스	싱가포르	싱가포르	싱가포르
3	스위스	룩셈부르크	스위스	스위스	룩셈부르크
4	벨기에	싱가포르	룩셈부르크	아일랜드	아일랜드
5	싱가포르	벨기에	아일랜드	룩셈부르크	스위스
한국 순위	30위	23위	22위	15위	14위

자료: Ghemawat, Altman, ISES Business School(2012).

〈표 11-2〉 한국의 연결 지수 부문별 순위와 점수

구분	순위		점수	
	2010년	2011년	2010년	2011년
깊이	56/140	44/140	25/50	28/50
너비	8/140	8/140	41/50	40/50
교역 부문	9/140	8/140	80/100	80/100
자본 부문	22/66	18/66	61/100	64/100
정보 부문	35/101	31/101	65/100	67/100
인적 부문	45/106	45/106	54/100	54/100

자료: Ghemawat, Altman, ISES Business School(2012).

역을 선도하는 것으로 풀이된다. 그러나 인적 교류(45위)는 제한된 이민으로 인해 그렇게 활발하지 못한 것으로 평가되어 전체 순위 상승에 대해 제약을 준다.

결과적으로 한국은 현재 거시적 측면에서 제품, 서비스 등 결과 부문은 다른 나라와 활발하게 연결되어 있으나 과정 부문으로서 생산 요소인 자본·정보·인적 부문에서는 아직은 미진한 상황이라고 판단된다. 향후 다양한 기회를 획득하기 위해 한국은 이러한 생산과정에서 필요한 요소들의 활발한 연결과 교류가 있어야 할 것으로 생각된다.

한편, 사회적·경제적 성과 창출과 연관이 있는 ICT 활용과 인프라의 양적·질적 평가를 통해 지수화한 연결성 지수(Connectivity Scoreboard) 2012에 따르면, 한국은 혁신 기반 국가 26개국 가운데 10점 만점에 5점으로 14위를 차지했다. 구체적으로 한국은 소비자 인프라 수준은 매우 높은 것으로 평가되고 있으나 정부의 활용·숙련도, 소비자의 활용·숙련도, 정부의 인프라 수준, 비즈니스 부문의 활용·숙련도, 비즈니스 부문의 인프라 수준은 최고 수준 국가와 비교해 상대적으로 떨어지는 것으로 평가된다. 참고로 혁신 기반 국가들 중 1위는 덴마크로 10점 만점에 6.67점이며, 다음으로는 스웨덴(6.59점), 미국(6.46점), 네덜란드(6.08점)순이다.

2. 창의적 인재 수준

마틴 경제발전 연구소(2011)에서 국제노동기구(International Labour Orga-nization: ILO)의 2004~2007년 자료에 근거해 전 산업 종사자 중 경제성장의 근간이 되고 문제 해결 능력이 중요시되는 과학기술, 경영, 의료, 교육, 미술, 문화, 엔터테인먼트, 스포츠, 법조계 등 종사자의 비중으로 추정한 한국의 창의적 인재 수준은 전체 78개국 중 51위(21.3%)를 보이는 것으로 추정된다. 물론 이는 질적인 평가가 아니라 양적인 평가라는 한계가 있지만, 한국의 인적 자본을 평가한 교육 수준이 78개국 중 2위를 차지한 것과 비교해 보면 매우 열악한 수준이다. 즉 한국은 제도권 내 교육은 전 세계에서 아주 우수한 평가를 받고 있으나 창의성을 근거로 한 창조적 생산 활동, 새로움에 대한 도전 의식 등에 제약이 있는 것으로 판단된다. 따라서 교육의 질적 전환이 필요한 시점이다.

〈표 11-3〉 창의적 인재 비중 상위 10개국

순위	국가명	비중	비고(인적 자본 순위)
1	싱가포르	47.3%	-
2	네덜란드	46.2%	24
3	스위스	44.8%	35
4	오스트레일리아	44.5%	12
5	스웨덴	43.9%	5
6	벨기에	43.8%	22
7	덴마크	43.7%	8
8	핀란드	43.4%	1
9	노르웨이	42.1%	7
10	독일	41.6%	31
51	한국	21.3%	2

자료: Martin Prosperity Institute(2011).

3. 산업 간 융합 수준

디지털 서비스에 대한 접근성, 저가격 이용 가능성, 연결 품질과 지속성, 네트워크 속도, 인터넷 사용의 용이성, 디지털 서비스에 대한 숙련도 등에 근거해 ICT 활용(융합) 수준을 평가한 결과, 한국이 150개국 중 3위를 차지하고 있는 것으로 나타났다. 그만큼 다른 산업이 ICT 기술을 활용해 경제적 성과를 창출하고 있는 것으로 추정된다(El-darwiche, Shigh and Ganediwalla, 2012).

다만, 18개 업종에 분포되어 있는 기업을 대상으로 조사한 결과에 따르면 미국, 일본, 독일 등 주요 선진국 대비 ICT 융합 기술 수준은 평균 74.4% 수준, 격차는 2.4년으로 추정되며, 상용화 R&D의 현장 적용과 사업화 연계 미흡, 수요 기업과 IT기업 간 네트워크 인프라 구축 등의 지속적인 확대가

〈그림 11-1〉 선진국 대비 한국 ICT 융합 기술 수준　　　　　　　　　(단위: %)

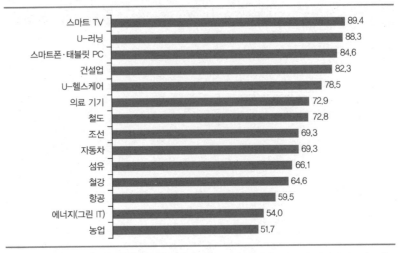

스마트 TV	89.4
U-러닝	88.3
스마트폰·태블릿 PC	84.6
건설업	82.3
U-헬스케어	78.5
의료 기기	72.9
철도	72.8
조선	69.3
자동차	69.3
섬유	66.1
철강	64.6
항공	59.5
에너지(그린 IT)	54.0
농업	51.7

주: 통계청의 10인 이상 사업체 4만 2,364개 중 IT 융합 관련 18개 산업의 모집단 9,965개 추출, 사전
　　조사에 응답한 1,444개 중 IT융합 사업 중인 기업 500개 대상을 조사.
자료: 한국산업기술평가관리원(2011).

필요한 것으로 조사되었다(한국산업기술평가관리원, 2011).

4. ICT 플랫폼화 가능성

　　최근 글로벌 ICT 환경은 소프트웨어, 콘텐츠 등의 창의적 경쟁 요소를 중
심으로 재편됨에 따라 하드웨어 중심의 성장에 대한 비판적 시각이 존재한
다. 특히 이종 산업 간 경쟁이 심화되면서 장기적인 관점에서 경쟁 요소 확
보의 필요성이 증대되는 가운데 한국은 하드웨어에 비해 상대적으로 열위
에 있는 소프트웨어 역량을 좀 더 확충하기 위한 노력을 전개 중이다. 한국
이 소프트웨어 역량을 확충하고자 하는 노력의 배경은 진정한 ICT 강국으
로의 도약은 물론 시대가 요구하는 ICT 플랫폼화를 위함일 것이다.

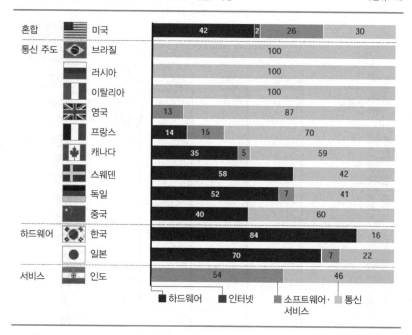

〈그림 11-2〉 주요 13개국의 ICT 영역별 매출 비중   (단위: %)

혼합	미국	42	2	26	30
통신 주도	브라질		100		
	러시아		100		
	이탈리아		100		
	영국	13		87	
	프랑스	14	15	70	
	캐나다	35	5	59	
	스웨덴	58		42	
	독일	52	7	41	
	중국	40		60	
하드웨어	한국	84		16	
	일본	70	7	22	
서비스	인도	54		46	

■ 하드웨어   ■ 인터넷   ■ 소프트웨어·   □ 통신
                              서비스

주: 인터넷은 전자상거래 업체를 제외한 것이며, 분석 대상 250개 기업 중 한국의 ICT 기업은 KT,
   LG전자, LG U+, SK하이닉스, 삼성전자, SKT가 포함.
자료: McKinsey Global Institute(2011).

매킨지 글로벌 연구소(McKinsey Global Institute, 2011)가 전 세계 250개 글
로벌 ICT 기업의 실적을 근거해 분석한 결과에 따르면, 한국은 각 ICT 영역
이 골고루 발전한 미국에 비해 하드웨어 중심의 산업구조를 가지고 있다는
평가이다. 즉 ICT 강국으로의 도약을 위해서는 소프트웨어 역량 확충이 무
엇보다도 시급한 상황이다.

특히 상기 보고서의 주요 13개국 대상 ICT 생태계 평가 결과에 의하면 한
국은 인적 자본(53점, 1위 미국 83점), 재무적 자본(34점, 1위 미국 84점), 비즈
니스 환경(56점, 1위 스웨덴 92점) 등이 약점으로 지적되었다.

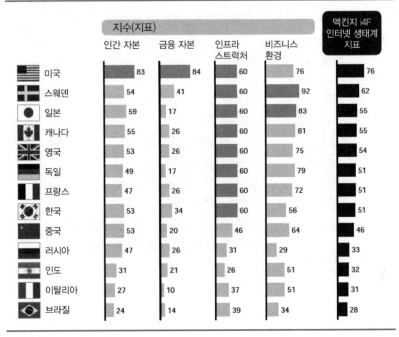

	지수(지표)				맥킨지 i4F 인터넷 생태계 지표
	인간 자본	금융 자본	인프라 스트럭처	비즈니스 환경	
미국	83	84	60	76	76
스웨덴	54	41	60	92	62
일본	59	17	60	83	55
캐나다	55	26	60	81	55
영국	53	26	60	75	54
독일	49	17	60	79	51
프랑스	47	26	60	72	51
한국	53	34	60	56	51
중국	53	20	46	64	46
러시아	47	26	31	29	33
인도	31	21	26	51	32
이탈리아	27	10	37	51	31
브라질	24	14	39	34	28

자료: McKinsey Global Institute(2011).

5. 빅데이터 경쟁력

한국은 유선 인터넷부터 최근 LTE 보급까지 세계 최고 수준의 ICT 기술 사용자 집단을 보유한 국가이며 2013년 2분기 기준으로 네트워크 속도 또한 다른 국가들에 비해 높은 수준이다(Akamai, 2013). 특히 스마트폰 보급이 확대되면서 데이터 생산량이 폭증하고 있다. 즉 세계 최고 수준의 빅데이터 분석·활용을 위한 기반을 갖추었다고 평가할 수 있다. 그러나 국내 빅데이터 기술 수준은 구글, IBM, 오라클(Oracle) 등의 해외 ICT 선도 기업들과 비교하면 2~6년의 격차를 보이고 있어 국내 시장이 이들에게 의존하고 있는

〈표 11-4〉 글로벌 네트워크 속도 현황

(단위: 속도는 Mbps, 가입률과 증감은 %)

순위	평균 네트워크 속도			초고속 광대역 가입률(10Mbps 이상)		
	국가	속도	증감(YoY)	국가	가입률	증감(YoY)
1	한국	13.3	-6.4	한국	45	-6.5
2	일본	12.0	11	일본	43	18
3	스위스	11.0	31	스위스	37	71
4	홍콩	10.8	21	라트비아	33	29
5	라트비아	10.6	22	홍콩	32	23
	세계	3.3	9.2	세계	14	38

주: 상위 5개국, 2013년 2분기 기준.
자료: Akamai(2013).

〈표 11-5〉 2012년 글로벌 빅데이터 시장 점유율(상위 10개 기업)

(단위: %, 100만 달러)

순위	전체		하드웨어		소프트웨어	
	기업명	점유율	기업명	점유율	기업명	점유율
1	IBM	11.3	델(Del)	8.2	IBM	18.4
2	HP	5.7	IBM	5.8	SAP	11.2
3	테라데이터(Teradata)	3.8	HP	5.2	HP	8.6
4	델(Del)	3.7	퓨전아이(Fusion-io)	3.2	오라클(Oracle)	6.4
5	오라클(Oracle)	3.6	테라데이(Teradata)	3.2	스플런크(Splunk)	6.0
6	SAP	3.2	시스코(Cisco)	2.9	마이크로소프트(MS)	6.0
7	EMC	2.9	넷앱(NetApp)	2.5	테라데이터(Teradata)	5.5
8	시스코(Cisco)	1.9	오라클(Oracle)	2.4	EMC	5.5
9	PwC	1.7	EMC	1.9	SAS	5.0
10	마이크로소프트(MS)	1.7	인텔(Intel)	1.5	플란티(Palantir)	3.1
규모	11,565		4,279		2,197	

자료: Wikibon(2013).

상황이다.

위키본(Wikibon, 2013)에 따르면, 2012년 빅데이터 시장은 IBM, 휴렛팩커드, 테라데이터(Teradata) 등 미국 기업들이 상대적으로 높은 점유율을 유지하고 있는 것으로 조사되었다. 특히 빅데이터 전문 기업들 중 매출액과 시장 점유율이 높은 기업들은 주로 빅데이터 관련 정보 관리와 분석 기술 측면에서 주목받는 베리티카(Veritica), 애스터데이터(AsterData), 스플런크(Splunk) 등 해외 기업들이다.

특히 한국을 포함해 미국, 일본, 영국, 중국, 인도 등 글로벌 ICT 산업의 주도권을 확보하고자 하는 국가들이 경쟁적으로 빅데이터 관련 정책들을 제시하고 있어 향후 산업 내 경쟁은 지금보다 심화될 가능성이 존재한다. 태동기에 있는 산업적 특성을 고려해볼 때, 경쟁력 수준 등에 대한 평가는 아직 이를 수 있으나 장기적인 관점에서 한국은 빅데이터 기술, 산업, 생태계 등에 대한 면밀한 검토와 육성 정책의 마련이 필요한 시점이다.

제3절 한국의 나아갈 방향

우리는 네트워크에 연결된 사물이 세계 인구를 초과한 상태에 살고 있다 (Evans, 2011). 특히, 에릭슨(Ericsson, 2011)은 네트워크에 연결된 기기의 수가 증가함에 따라 기존보다 높은 수준으로 성장하고, 가치 있는 거시 경제 트렌드의 변화를 가져올 것이라고 전망했다. 이런 맥락에서 초연결 사회의 인간은 가정, 직장, 이동 과정 등 모든 생활에서 시공간을 초월하는 차별적 가치의 제공을 기대할 것이다.

활발한 소통이 이뤄지고 즐거움을 줄 수 있는 공간인 가정에서는 연결된 생활이 제공할 수 있는 가치의 '허브(hub)' 역할을 수행하기 때문에 어느 공간보다 차별적 가치가 강조될 것이다. 특히 ICT와 다른 산업(에너지, 건설, 의료, 교육 등)의 다양한 융합 기술·서비스가 총체적으로 접근이 가능한 공간이기 때문에 선점이 매우 중요할 것으로 예상된다. 아마도 국내 삼성전자, LG전자가 최근 스마트 TV 시장 장악에 공을 들이는 것은 단순히 TV 시장이 아닌 연결된 생활공간인 가정 시장을 선점하기 위한 계획의 일환으로 진행되는 것이며, 양 사는 최근 TV에 이어 냉장고, 세탁기 등 주요 생활 가전으로의 연결 전략을 확대하는 것도 이러한 변화를 반영한 결과라고 판단된다.

직장은 경제적 활동을 하는 누구나 가정 다음으로 많은 시간을 할애하는 공간으로 생산성 향상, 업무의 효율성 등에서 가치를 창출시킬 수 있는 기회의 영역이 될 것이다. 최근 스마트폰, 태블릿 PC 등 이동성, 편리성 등이 강화된 모바일 기기가 확산되면서 모바일 오피스, 스마트 워크 등의 신개념이 등장하고 이를 구현하는 과정에서 기업들은 새로운 성장 기회를 모색하는 것도 이를 반영한 결과이다.

가정, 직장 등 공간적 개념을 연결한다는 것은 그동안 단절된 이동 과정을 연결하여 신(新)가치가 창출할 수 있음을 의미하는 것으로 공간 내 혹은 공간 간 연결성을 강화함으로써 인간에게 더 안전하고 편리한 기능적 가치뿐만 아니라 즐거움 등 차별적인 경험을 제공할 수 있게 되는 것이다. 이러한 연결을 통해 얻게 될 새로운 사업적 기회를 놓치지 않고 차별적 가치·경험을 제공하기 위해 기업들은 다양한 영역·산업 등과 협력(연결)을 강화하고자 노력하고 있다. 마이크로소프트, 애플, 구글 등 글로벌 ICT 기업들이 도요타, BMW, 아우디 등 글로벌 자동차 업체들과 전략적 제휴 관계를 형성하거나 무인 자동차 등 신개념 자동차를 직접 개발하고자 하는 노력은 이런 일환으로 풀이된다. 초연결 사회는 시간과 공간을 연결해야 한다는 추상적 개념을 구체화한 제품과 서비스를 먼저 제공할 수 있느냐에 따라 기업의 성패가 갈릴 것으로 예상된다.

한국은 그동안 ICT를 기반으로 불확실한 미래에 대한 선제적인 도전을 통해 경제 성장을 했다. 특히 환경 변화에 대응해 상대적으로 작은 국내 시장의 한계를 극복하며 글로벌 ICT 강국으로서의 위상을 확립해가고 있다. 그 예로서, 디지털 전환 시기의 능동적인 대처, 선제적이고 과감한 투자 등을 통해 메모리 반도체, 스마트폰, 디지털 TV 등 주력 ICT 품목에서는 점유율 1위를 기록하며 ICT 공여국으로 성장했다. 그러나 초연결 사회로 대변되는 미래 환경 변화에 대응하기 위한 역량 확충이 무엇보다도 절실히 요구된다. 전술한 바와 같이, 다른 경쟁국, 다른 경쟁 기업에 비해 매우 우수한 평가를 받는 부분도 있지만 일부에서는 아직 미흡한 수준이다.

현재 글로벌 ICT를 선도하는 기업들조차 초연결 사회로의 변화에 대응하기 위해 자신들이 구축해놓은 역량을 지속적으로 개선한다. 즉 이들은 선도적 지위에 있음에도 변화하는 환경에 대응하고 주도권을 강화하기 위해 그동안 강력하게 구축한 핵심 역량을 기반으로 취약한 역량을 지속적으로 보완하는 것이다.

따라서 기업과 정부도 지속적인 성장과 완성도 높은 경제 발전 등을 모색하기 위해 현재 구축한 핵심 역량은 더욱 강화하고 부족한 역량은 확충할 필요가 있다. 특히 신성장 동력 창출과 경쟁이 더욱 심화될 것으로 예상되는 초연결 사회에 변화하는 경쟁의 향방에 대한 제대로 된 진단이 필요하고, 현재에 안주하지 않고 다음 역량을 준비해 지속적으로 혁신을 추구해야 하며, 산업의 패러다임이 변화할 수 있을 정도의 미래 산업을 주도할 창의적 인재 확보와 육성이 필요하다. 또한, 더 질 좋은 산업 환경을 조성하기 위해 건전한 산업 생태계를 조성하고 이를 기반으로 가치 있는 아이디어를 발굴해 기술 혁신형 창업이 활성화되도록 노력해야 한다.

더불어, 중앙정부와 지방정부, 대기업과 중소기업, 사회적 강자와 약자 등은 경제 발전, 각종 불균형 해소 등 공동의 목적을 달성하기 위해 각자의 역할에 대해 충실할 필요가 있을 것이다.

참고문헌

한국산업기술평가관리원. 2011. 「융합신산업, The Next big Thing!」. 대한민국 산업기술
　　비전 2020.

Akamai. 2013. "The State of the Internet, 2013 2Q."

El-Darwiche, Bahjat, Milind Singh, and Sanddeep Ganediwalla. 2012. "Digitization and
　　Prosperity, The economic growth of nations in linked to one factor: a adoption
　　of information and communication technology." *Booz & Company*, Issue 68.

Ghemawat, Pankaj, Steven A. Altman, and ISES Business School. 2012. "DHL Global
　　Connectedness Index 2012: Analyzing global flows and their power to increase
　　prosperity."

GSMA and Machina Research. 2012.2. "The Global Impact of the Connected Life."

IERC. 2012. "The Internet of Things 2012: New Horizon."

Keller, Kevin. 2010. "iPhone 4 Carries Bill of Materials of $187.51, According to
　　iSuppli," from https://technology.ihs.com/388916/iphone-4-carries-bill-of-materials-
　　of-18751-according-to-isuppli

Lee, Cody. 2012. "New teardown reveals 16GB iPhone 5 parts worth $200," from
　　http://www.idownloadblog.com/2012/09/19/new-iphone-5-bom-200-bucks/

Martin Prosperity Institute. 2011. "Creativity and Prosperity: The Global Creativity
　　Index."

McKinsey Global Institute. 2011. "Internet Matters: The Net's sweeping impact on
　　growth, jobs and prosperity."

Nomura. 2012. "Smartphone Guide."

Wikibon. 2013. "Big Data Vendor Revenue and Market Forecast 2012-2017."

경기개발연구원 Gyeonggi Research Institute

경기개발연구원은 경기도와 31개 시·군, 그리고 지역기관·단체의 공동 출연으로 1995년에 설립되었으며, 경기도의 경쟁력 강화와 삶의 질 향상을 위한 정책개발 연구기관으로서 미래 비전, 자치경영, 도시 및 주택, 창조경제, 교통, 환경, 사회경제, 통일동북아, 지방의회 등의 분야에 대한 종합적이고 전문적인 정책연구를 수행하고 있다.

대표 저자

유영성 경기개발연구원 미래비전연구실 연구위원, 영국 뉴캐슬어폰타인(Newcastle upon Tyne) 대학교 응용경제학 박사.
주요 논저에 『경기도 실감미디어 직업체험체계 도입방안』(2013), 「저성장시대의 지역정책」(2014), 「녹색성장 정책의 진단 및 개선안」(2010) 등이 있다.

공동 저자(가나다순)

김현중 (정보통신산업진흥원 부설) 정보통신기술진흥센터 기술정책단 (산업분석팀) 수석, 충남대학교 경영학 박사과정 수료.
주요 논저에 「성공적인 웹사이트 구축을 위한 CSF에 관한 연구」(2001), 「IT산업의 해외직접투자와 국내 생산 및 고용」(2010) 등이 있다.

이상대 경기개발연구원 미래비전연구실장, 서울대학교 환경대학원 행정학 박사(도시·지역계획학 전공).
주요 논저에 『수도권 메가트렌드 2030』(2013), 「일터와 삶터가 함께하는 융복합도시 개발전략」(2012), 「경기도 종합계획(2012~2020)」(2012) 등이 있다.

정진명 단국대학교 법과대학 교수, 충남대학교 대학원 졸업(법학 박사).
주요 논저에 『가상공간법 연구(I)』(2003), 「사이버공간에서의 민사적 법익보호 모델에 관한 연구」(2008) 등 80여 편이 있다.

지우석 경기개발연구원 미래비전연구실 선임연구위원, 미국 서던캘리포니아 대학교(University of Southern California) 교통계획학 박사.
주요 논저에 「경기도 지역발전지수 개발·분석 및 발전방안 연구」(2013), 「제2차 경기도 교통안전기본계획 수립」(2012) 등이 있다.

천영석   경기개발연구원 미래비전연구실 연구원, 숭실대학교 경제학 석사.
주요 논저에 「민선 6기를 준비하는 경기도의 과제와 발전 전략」(2014), 「유가가 소비자의
자동차 구매패턴에 미치는 영향에 관한 실증적 연구」(2012) 등이 있다.

최민석   한국전자통신연구원 창의미래연구소 선임연구원, 한국과학기술원(KAIST) 경영공학과 박사.
주요 논저에 "Are Printed Documents Becoming Irrelevant? The Role of Perceived
Usefulness of Knowledge Repositories in Selecting From Knowledge Sources"(2014),
"User behaviors toward mobile data services: The role of perceived fee and prior
experience"(2009) 등이 있다.

한울아카데미 1709

초연결 사회의 도래와 우리의 미래

ⓒ 경기개발연구원, 2014

글쓴이 ┃ 유영성 외
엮은이 ┃ 경기개발연구원
펴낸이 ┃ 김종수
펴낸곳 ┃ 도서출판 한울
편집 ┃ 조인순

초판 1쇄 인쇄 ┃ 2014년 7월 25일
초판 1쇄 발행 ┃ 2014년 7월 30일

주소 ┃ 413-756 경기도 파주시 광인사길 153 한울시소빌딩 3층
전화 ┃ 031-955-0655
팩스 ┃ 031-955-0656
홈페이지 ┃ www.hanulbooks.co.kr
등록번호 ┃ 제406-2003-000051호

Printed in Korea.
ISBN 978-89-460-5709-8 93300

※ 책값은 겉표지에 표시되어 있습니다.